보물지도 18

이 책을 소중한

_____님에게 선물합니다.

_____ 드림

• 기적을 보길 원하는 이들의 꿈의 목록 •

보물지도18

기획 | 김도사 · 권마담

서주현 최인태 이주현 변도연 최경일
김효은 황나래 이은영 정희정 송은섭
이정림 김상수 안인숙 배선아

위닝북스

보물지도로
인생에 마법을 걸어라!

사람들은 모두 마음속에 꿈의 온도계를 가지고 있다. 한껏 끓어 오른 열정은 꿈을 위해 달려 나가게 만드는 동력이 된다. 이때에는 태양도 우리를 향해 반짝거린다.

버킷리스트는 인생이라는 바다에서 죽기 전에 해 보고 싶은 일 들을 적은 목록이다. 인생은 삶과 죽음의 사이에서 끊임없이 생겼 다가 사라지는 파도와 같다. 여기서 버킷리스트는 우리의 인생의 목표와 방향을 정해 주는 척도가 되는 것이다.

이 책《보물지도 18》의 저자들은 꿈을 이룰 수 있는 보물지도를 그리고 있다. 매일 꿈을 먹고 산다는 그들은 각자의 꿈을 찾고 이루기 위한 길을 나서며 "진정한 행복은 꿈을 이루었을 때 오는 법이다."라고 말한다.

지금까지 현실에 치여 꿈을 마음속에만 품고 있었다면, 이제부터 하나씩 밖으로 꺼내 보자. '내 인생의 주인공은 바로 나'라는 것을 서서히 알게 될 것이다.

우리에게는 솟아오르는 꿈이 있다. 그리고 앞으로 나아갈 희망이 있다. 인생은 꿈을 딛고 나아가는 여정이다. 우리의 꿈을 위한 여정은 붉은 꽃으로 피어난 내일의 태양이다. 지금부터 버킷리스트의 배에 올라타 보물지도를 들고 인생의 항해를 시작해 보자.

2019년 10월

이정림

· CONTENTS ·

PART 01

젊은 노년을
선물해 주는
의사 되기

- 서주현 -

서주현 내과 의사

내과 의사로, 호스피스 완화 의료 인증의로 겸직 중이다. 현장에 있으면서 병의 진단과 치료보다 예방적 관리의 중요성을 느꼈다. 앞으로 예방적 관리의 정보를 홍보하면서 건강한 대한민국을 위해 일조하고자 한다. 현재 노화 방지 및 질병 예방에 대한 개인저서를 집필 중이다.

능숙한 일본어로
노인 관련 사업 벤치마킹하기

나는 원래 일본을 아주 싫어했다. 어려서부터 배워 온 역사적 지식들, TV나 영화들을 통해 형성된 일본에 대한 견해는 최악이었다. 반일 감정은 〈여명의 눈동자〉 등 수많은 드라마를 보면서 서서히 자리를 잡았다. 지금 생각해 보면 어릴 때부터 마음속에 뿌리내리도록 계속 세뇌를 당했던 것 같다.

가만히 생각하고 따져 보면 지금의 일본인들은 전범세대가 아니다. 이 신세대 일본인들을 미워할 이유가 전혀 없는 것이다. 물론 역사를 잊어서는 안 되겠지만 21세기를 살면서 아직도 과거 식민지 시대에 갇혀 살면 안 된다고 생각한다.

일본을 너무 싫어해 일본어는 배울 생각조차 안 했던 내가 조금씩 변하기 시작했다. 몇 년 전 있었던 후쿠시마 원전 폭발 사건을 보고 정말 깜짝 놀랐다. 그 난리 통에 모든 시민들이 하나같이 질서를 지키고 침착하게 대피하는 모습을 보고 정말 감탄했다. '과연 선진 국민이 일류 선진국을 만드는 거구나'라고 생각했다. 그리고 그들이 부러웠다. 그래서 조금씩 호감을 갖고 일본을 공부하고 싶다는 생각이 들었다. 먼저 그들을 알기 위해서는 언어를 알아야 한다고 생각했다. 그래야 그들의 생각, 문화를 이해할 수 있을 것 같았다.

또한 곰곰이 생각해 보면 지금의 일본인들은 우리에게 악감정이 없는 이웃일 뿐이다. 우리는 너무 과거에만 얽매여 일본을 알아 온 것이 아닐까. 그들의 좋은 점들을 배우는 데 소홀한 것 같아 안타깝다. 나는 일본을 진정 이기는 길은 그들을 배척하는 게 아니라고 생각한다. 그들을 배우고 꼼꼼히 연구해 좋은 점은 보완해서 우리의 것으로 만들어야 한다고 생각한다.

대학 시절 엄마와 함께 하와이에서 가장 큰 쇼핑몰에 간 적이 있었다. 오전에 즐겁게 쇼핑한 후 점심식사를 하러 쇼핑몰 안에 있는 푸드코트에 갔다. 그런데 가장 줄이 길게 늘어선 곳이 일본 음식점이었다. 푸드코트 내 여러 가게들 중 가장 인기가 있는 만큼 맛있는 메뉴를 기대하고 우리도 줄을 섰다.

약 10~15분 정도 기다린 후, 드디어 트레이에 음식을 담을 차례가 되었다. 여러 일본 음식들 중 'Japanese barbecue'라고 적혀 있는 음식이 있었다. 그런데 이것이 다름 아닌 우리나라 갈비였다. 얼마나 놀랍고 화가 나던지…. 하지만 거기서 내가 할 수 있는 일은 없었다. 가게에 주인이 있는 것도 아니었고, 종업원들한테 얘기할 수 있는 내용도 아니었다. 외국인들이 맛있게 먹고 있는 우리나라 갈비가 그들에게 일본 음식으로 인식될 거라 생각하니 속이 쓰렸다.

그때는 그저 일본이 밉고 얄미웠지만 지금은 그들이 영리한 것이라는 생각이 든다. 다른 문화든 음식이든 좋은 것은 받아들여 자기 것으로 만드는 것이다. 그들은 이익을 위해 철저히 합리적인 선택을 하고 발전해 간다.

일본의 자동차, 가전제품들은 미국 제품들을 가져와 조금 더 심플하면서도 성능을 보완해 세계시장에서 'Made in Japan'으로 팔리고 있다. 그렇게 만들어진 1980년대 소니 워크맨(이어폰을 꽂고 걸어 다니면서 카세트를 들을 수 있는 작은 카세트플레이어)은 정말 대히트 상품이었다. 그 외에도 도요타, 혼다, 파나소닉 등 많은 우수한 일본 기업들이 있다. 이 기업들이 성장해 온 과정, 노하우 등을 배우려면 기본적으로 그 나라의 언어를 익혀야 했다.

두 사람이 있었다. 한 사람은 세계적인 베스트셀러 작가, 성공 코치이자 수많은 사람들, 심지어 CEO 또는 각계 지도자들의 정신적 스승이었다. 그리고 그에 따르는 엄청난 부를 누리는 사람이었다. 그는 40억이 넘는 저택에서 산다. 철저한 자기관리로 탄탄하고 건강한 몸을 유지하고 있다. 그리고 자신이 꿈에 그리던 여인과 사랑하고 결혼해 최고의 인생을 살고 있다.

또 한 사람은 대형빌딩 청소부다. 낮에 번듯한 정장을 입고 근무하는 로펌 변호사들, 금융회사에 근무하는 회사원들 사이에서 사무실 청소, 화장실 청소를 하며 하루를 보낸다. 스트레스와 운동 부족, 나쁜 식습관으로 몸은 비대하기만 하다. 퇴근 후에는 자취방에서 우울한 노래를 들으며 신세한탄으로 베개를 적시는 일밖에 할 수 없었다. 이성과의 만남은 꿈도 못 꾸었다. 이런 모습의 자신을 사랑해 줄 수 있는 이성은 없을 것이라는 걸 잘 알고 있었다.

이 두 사람은 바로 8년 전의 앤서니 로빈스, 8년 후의 앤서니 로빈스였다. 앤서니 로빈스는 불만족스러운 자신의 인생에 머물러 있지 않고 변화해 성공하기로 마음먹은 것이다.

그는 건강을 위해 엄격한 식단 조절로 살을 빼고 탄탄한 몸을 만들었다. 모든 생각을 긍정적으로 바꿨으며 모든 질문들을 건설적으로 바꿨다. 사고체계를 백팔십도로 바꾼 것이다. 독서를 통해 자기계발, 동기부여, 심리학 등을 배웠고 죽을 힘을 다해 변화심리학의 대가로 인정받게 되었다.

앤서니 로빈스처럼 나도 47세란 결코 적지 않은 나이에 일본어에 도전한다. 일본어를 배워 대한민국 내에서만이 아니라 일본 더 나아가 미국에서도 메신저 사업을 확장해 나가는 꿈을 꾼다. 나의 장점인 헬스, 건강, 노화 관련한 사업에서 일본을 벤치마킹하는 방법을 생각해 본다.

전 세계, 특히 선진국에 포함된 모든 나라들은 고령, 초고령 사회에 진입해 있다. 이러한 고령 사회에서는 단연코 노인학, 노화방지의학 등이 최고의 관심사가 된다.

일본은 우리보다 더욱 일찍 고령화 사회에 진입했다. 그러므로 노인 대상 의료, 의료기기 등의 사업이 발달되어 있다. 나는 일본어로 자유롭게 소통할 수 있게 되어 노인 관련 사업들에 대한 좋은 아이디어를 벤치마킹해 우리나라에 도입하고 싶다. 일본의 우수한 노인 사업을 벤치마킹한 후 우리 입맛에 맞게 더욱 보완해 나가는 것이다. 그러고는 역으로 미국, 일본, 유럽 등 고령화 사회로 진입한 국가들로 확장해 나가는 것이다.

모든 일에는 우선순위를 정하는 것이 중요하다고 생각한다. 과거에 집착해 우리가 일본과 할 수 있는 좋은 비즈니스들을 외면한다면, 오로지 과거 역사에 매몰되어 국익에 반하는 일을 한다면, 정말 어리석은 일이다.

1970년대 우리나라는 미국과 함께 베트남 전쟁에 참전했었다. 물론 베트남이 전쟁으로 인해 많은 인명 피해를 입은 것도 사실이다. 하지만 지금의 베트남을 보라. 그들은 실제 전쟁을 치른 미국과 좋은 파트너십을 유지하고 있다. 그리고 외국 자본을 받아들여 엄청난 경제 호황을 누리고 있다. 전쟁에 참여한 우리에게도 사과를 요구하지 않는다. 오히려 우리 대기업들의 투자를 호의적인 조건으로 유치하고 있다. 수많은 베트남 처녀들이 한국에 시집오는 일들도 그렇다.

시간은 강물 흐르듯이 계속 흘러간다. 그런데 우리는 과거에 매몰되어 시간을 역행하려 한다. 과연 베트남과 우리 중 누가 더 현명한 걸까? 10년 뒤 승자는 어느 쪽이 되겠는가? 나는 우리나라를 사랑한다. 나라가 있어야 내가 있기 때문이다. 그러므로 모든 일은 국익을 위해 하는 것이 맞다. 우리는 일본이라는 아킬레스건을 극복해야 한다. 그래서 오늘도 나는 세계 경제대국 일본을 배우기 위해 일본어를 배운다.

1년에 최소 3권 이상 책 써서
퍼스널 브랜딩하기

지금은 자기 PR 시대다. 예전에는 겸손함이 미덕으로 여겨졌다. 하지만 현재 우리는 자신을 더욱더 밖으로 드러내야 하는 시대에 살고 있다. 더 이상 사람들은 예전 세대가 만들어 놓은 스테레오타입에 따라 분류되길 원치 않는다.

나는 내과 의사로 근무 중이다. 아마 나는 국내 직업군에서 중간 세대 정도에 해당되지 않을까 생각된다. 지금 내 위치에서 윗세대와 아랫세대를 보면 정말 많은 변화가 있었다는 게 느껴진다. 윗세대 의사 선배들은 아무래도 권위주의적이고, 사회에서 많은 존경을 받고 희소성에서 오는 가치가 큰 세대였다. 환자를 볼 때도 의사 중심적, 즉 의사가 진단하고 환자를 일방적으로 치료하는 방식이다. 이 과정에서 환자는 치료법에 대한 자기 의견을 낼 수 없다. 무조건 의사가 제시하는 치료 방법을 따라야만 한다.

하지만 내 아랫세대 의사들은 선배 의사들에 비해 희소성이 많이 완화된 시대에 살고 있다. 그만큼 의사의 지위도 예전보다 떨어졌다. 환자들은 의사를 내 병을 고쳐 주는, 절대 따라야 하는 선생님으로 보지 않는다. 내가 내 돈을 지불하고 치료받는 서비스 종사자 정도로 생각하는 경향이 크다.

의사 또한 서비스를 제공하는 사람으로서 치료에 대한 정보를 제공한 후 환자가 원하는 바에 따라 선택하게 하는 경우가 많다. 그리고 예전에는 요구되지 않았던 가치들, 친절하고 설명을 잘하는 의사를 찾아 닥터 쇼핑하는 경우가 많아졌다. 그러므로 예전에는 없었던 TV 토크쇼나 광고, 잡지 등의 칼럼 등을 통해 자신을 적극적으로 알리는 의사들이 많아졌다.

여에스더 선생님과 홍혜걸 의학 전문 기자는 의사 커플이다. 여에스더 선생님은 의사로 근무하다가 지금은 유산균과 보조제 등에 관한 사업을 하고 있다. TV나 잡지, 요즈음은 유튜브 방송을 통해 자신을 알리고 있다. 남편 홍혜걸 기자도 일찍이 전통 의사의 가도에서 벗어나 의학기자로 활동 중이다. 각종 매스컴에서 의학적 지식을 전하는 기자로 유명세를 많이 탄 의사다. 요즈음 이 부부는 함께 유튜브 방송을 하면서 자신들의 주가를 올리고 있다. 이는 군대 못지않은 전통과 계급의식이 투철한 의사 집단에서 과히 돌연변이 같은 현상이 아닐 수 없다.

이 세상 모든 것은 상대적인 경우가 많은 것 같다. 우리는 절대적인 가치로 키 재기를 할 수 없는 시대에 살고 있다. 똑같은 음식점이라도 브랜딩을 어떻게 하느냐에 따라 2시간씩 줄을 서서 들어가는 맛집이 될 수도 있다. 또는 브랜딩에 따라 못생긴 배우도 개성 있게 생긴 배우로 탈바꿈될 수 있다.

기업도 포장하고 브랜딩하기에 따라 그 이미지가 굳혀진다. 인도에서 만들어진 삼성 광고들은 진한 감동을 주면서 기업의 이미지를 최고조로 끌어올려 준다. 유튜브 2억 뷰를 받은 삼성의 광고가 있다. 광고 중 소녀에게 준 선물 편이 그것이다. 이 광고 중에 항상 소녀의 곁에서 제일 친한 친구가 되어 준 엄마가 근위축성 측색 경화증이라는, 신경이 서서히 마비되는 희귀병을 앓게 된다는 내용이 나온다. 이후 엄마는 목구멍에 튜브를 꽂고 꼼짝없이 병원에 누워 있을 정도로 건강이 악화되었다. 하지만 소녀는 삼성의 AI voice assistant의 기능으로 생활 속에서 생생한 엄마의 목소리를 듣게 된다. 엄마의 목소리와 함께 책도 읽고, 비 오는 날에는 우산 챙기라는 엄마의 잔소리도 들을 수 있다. 마치 엄마가 집에 있는 것처럼 소소한 일상을 보낼 수 있게 된 것이다. 삼성 덕분에 어린 소녀는 조금이나마 엄마의 빈자리를 메울 수 있게 되었다.

5,000만 뷰를 받은 삼성 서비스맨 이야기도 감동적이다. TV 고장으로 신고가 접수된 건을 처리하기 위해 삼성맨이 밴을 타고 목적지를 향해 한참을 달린다. 산을 타고 좁은 길을 꼬불꼬불 올라가

다 그는 많은 장애물들을 만난다. 양떼가 길을 막자 그는 양떼를 이동시키며 겨우겨우 해가 질 무렵 목적지에 도착한다. 벨을 누르고 기다리니 집주인이 나온다. 삼성맨은 깜짝 놀란다. 집주인은 시각장애인이었다. TV를 고치고 가려는데 집주인이 고쳐진 TV를 보며 너무 좋아하면서 벨을 치기 시작한다. 그러자 위층에서 수많은 시각장애아들이 우르르 내려오기 시작한다. 각자 자리에 앉은 아이들은 그들이 즐겨 보는 게임쇼를 들으며 마냥 기뻐한다. 당신이 어디에 있든지 온 나라 구석구석까지 찾아가는 서비스를 제공한다는 훈훈한 삼성의 광고였다. 이런 광고를 보고 마음이 움직이지 않을 사람이 어디에 있겠는가? 한순간에 삼성은 최고의 기업이 되는 것이다.

이처럼 요즈음은 성공과 지위 등을 위해 개인의 퍼스널 브랜딩도 꼭 필요한 요소가 된다.

나도 현재 퍼스널 브랜딩을 위해 책 쓰기에 도전하고 있다. 내가 근 20년간 의사로 근무하면서 느낀 점들이나 경험들 또는 관심 분야인 안티에이징 등에 대해 진솔하게 세상과 나누고자 펜을 들었다. 내가 알고 있는 지식들을 최대한 정리해 평범한 대중들에게 가장 재미있고 쉽게 전달하고 싶다. 또한 나는 다른 아이템으로 책 쓰기에 계속 도전하고 싶다. 호스피스와 웰다이잉이라든지 일반인들을 위한 당뇨병과 같은 성인병에 대한 지침서 등 책을 쓸 소재는 무궁무진하다.

　나는 내 책을 내고 아이들에게 이 세상에서는 도전하고 꿈꾸는 자만이 자신이 원하는 꿈을 이룰 수 있다는 것을 보여 주고 싶다. 중년의 엄마도 작가에 도전해 이렇게 이름 석 자가 찍힌 책을 냈으니 너희들도 꼭 꿈을 향해 열심히 달려가는 사람이 되라고 말해 주고 싶다.

　나는 지금 막연하고 멀게만 느껴지던 책 쓰기에 도전하고, 그 노하우를 하나하나 배워 나가고 있어서 너무 행복하다. 곧 나올 내 책을 생각하면 너무 설레고 흥분된다. 2019년부터는 매년 최소 3권 이상의 책 쓰기에 도전해 확실한 퍼스널 브랜딩을 이룰 것이다.

슈퍼푸드
쿡 북 내기

"You are what you eat."

내가 먹는 음식이 결국 나를 결정한다는 명언이다. 이 말에는 정말 많은 것을 내포하고 있다. 음식을 통해 그 사람의 성격, 식습관, 결단력 등을 엿볼 수 있다는 말이다. 우리가 병 없이 장수하는 것 또는 사는 동안 건강하고 탄력 있는 몸매를 유지하는 것은 모두 음식이 결정한다고 해도 과언이 아니다. 내가 나 자신을 얼마나 열심히 관리하느냐에 따라 생물학적 나이가 결정된다. 결국 그 사람의 외모는 그의 건강 상태, 경제력, 성격 등을 파악하게 해 주는 것이다. 그럼으로써 첫인상, 'first impression'이 결정되는 것이다.

이전에 나는 아침에 일어나면 온몸이 쑤셨다. 머리도 늘 개운치 않아 고생했다. 피검사를 해도 특이 소견은 없었다. 충분한 수면을 취하고 쉬었지만 상태는 좀처럼 좋아지지 않았다.

그러던 중 슈퍼푸드에 대한 내용을 책과 잡지에서 접하게 되었다. 그 후 나는 슈퍼푸드와 노화에 대해 공부했다. 그러곤 식단에서 인스턴트식품을 거의 제외시켰다. 라면이 먹고 싶을 때가 제일 힘들었다. 라면은 우리나라에서는 빼놓을 수 없는 간식인데…. 그래도 나는 그 자리에 홀푸드와 슈퍼푸드를 채워 넣었다.

그리고 조리법도 바꿨다. 예전에는 지글지글 구워서 먹던 돼지고기도 삶아서, 기름을 제거한 후 먹었다. 닭고기도 가슴살 위주로 먹었으며 가급적이면 닭 껍질은 제거하고 요리했다. 예전에는 잘 안 먹던 크랜베리, 블루베리, 귀리, 브로콜리, 아몬드, 연어 등을 자주 식탁에 올렸다.

식단을 바꾸고 몇 개월이 지나자 몸에 서서히 변화가 나타났다. 아침에 가볍게 일어날 수 있는 것은 물론 체중과 체지방도 많이 빠져 예전보다 몸매가 살아났다. 제일 좋았던 것은 쑤시고 아팠던 온몸이 싹 회복되었다는 것이다. 몸이 가벼워지니 하루가 더 활기찼다. 실제로 나는 몸의 변화를 체험했다. 그러고 나니 '정말로 입으로 들어가는 음식이 나를 만든다는 말이 맞구나' 하고 100% 확신하게 되었다.

하나님께서는 광야에서 40년간 헤매던 이스라엘 백성들에게 하늘에서 만나를 내려 주셨다. 그랬던 것처럼 '이 땅에 우리를 보내시면서 생명을 유지하고 우리 몸에 꼭 필요한 음식들을 제공하시지 않으셨을까?' 하는 생각이 든다. 우리에게 필요한 모든 영양소가 이 땅에 있을 거라 생각한다. 단지 대량으로 생산하고자 GMO 식품과 바쁜 현대인에게 빠르게 음식을 제공하기 위해 인스턴트식품, 냉동식품이 등장했을 뿐이다.

그 결과 불행히도 오늘날 비만이 급등하고(심지어 소아 비만도 늘어나고 있다) 희귀성 난치병, 그리고 암이 늘어나고 있다. 인간이 만들어 낸 재앙이다. 우리가 하루빨리 인위적인 음식에서 자연 그대로의 음식으로 돌아가야 하는 이유다.

나는 요리를 잘 못한다. 의사가 되기 위한 과정을 밟느라 요리를 배울 엄두도 내지 못했다. 결혼하고 부엌에 들어가니 정말 막막했다. 정말이지 쌀 안치기, 달걀프라이, 라면 끓이기가 내 요리의 전부였다. 그래서 요리도 책을 사서 공부하듯이 했다. 또한 네이버에서 검색해서 요리를 했다.

처음에는 좀 생소했지만 모든 것이 그렇듯 요리도 할수록 실력이 늘면서 점점 재밌어졌다. 그리고 가족들이 맛있게 먹어 주면 자신감이 오르면서 정말 행복해졌다. 그래서 요즈음 맛있는 요리와 슈퍼푸드를 어떻게 접목해 이상적인 요리를 탄생시킬 수 있을까 고민 중이다.

'제이미 올리버'라는 사람을 아는가? 유명한 영국 쿡이다. 지난 20년간 영국뿐만 아니라 전 세계인들에게 슈퍼푸드를 사용한, 쉽고 영양가 있는 요리를 선보이며 많은 사랑을 받은 사람이다. 그는 정말 음식 재료들을 세심하게 고르고 영양가를 살려 조리하며 건강을 추구하는 요리사다. 그의 요리 채널이나 쿡 북을 보면 음식에 대한 진심이 느껴진다.

그는 그의 이름으로 된 레스토랑을 운영하기도 한다. 하지만 자신의 노하우와 영향력을 이용해 청소년들을 위한 학교 급식에도 관여한다. 그리고 일반 국민들이 더 좋은 먹거리로 건강을 지킬 수 있게 사회에 공헌한다.

예전에 요리는 우리 삶에서 그다지 중요한 부분은 아니었던 것 같다. 내가 어렸을 때만 해도 어른들이 커서 무엇이 되고 싶으냐고 아이들한테 물어보면 대부분 "대통령, 경찰, 의사, 변호사."라고 대답했다. "요리사."라고 대답하는 아이들은 없었다.

하지만 지금은 시대가 많이 바뀌었다. 직업에 대한 사람들의 인식에도 많은 변화가 왔다. 요리는 대부분 여자, 주부가 하는 것으로 인식되었다. 그러나 요즘에는 남자 쿡이 더 많은 것 같다. 자신이 좋아하고 잘하는 분야에서 성공하고 그 영향력으로 사회에 기여하는 삶은 아름답다. 제이미 올리버처럼 나도 슈퍼푸드에 건강, 노화 방지를 접목시켜 사회에 공헌하는 인생을 살고 싶다.

나에게는 완전히 생소한 영양학과 요리를 배우려고 한다. 노화와 건강에 대한 의학적 이론들과 실제 우리가 먹고 마시는 먹거리를 접목시킬 수 있는 방법을 찾아 나서려고 한다. 이론으로만 알고 있던 지식들을 쉽고 실용적으로 바꿔 대중들에게 다가가려고 한다. 요리하는 의사, 쿡 닥터 등으로 나를 브랜딩하고 싶다. 슈퍼푸드, 홀푸드로 쉽게 만들어 먹을 수 있는 요리들을 담은 쿡 북을 내고 싶다. 이를 바탕으로 나만의 유튜브 채널, 더 나아가 TV에 나만의 쿡 닥터 코너를 갖는 것도 꿈꾼다.

나는 전통적인 의사의 길에서 조금 벗어나려고 한다. 요즈음 유행하는 유튜브 크리에이터들처럼 상상력과 창의력을 발휘해 과거에 없던 직업을 만들고 블루오션을 개척해 보고 싶다. 이 세상에 없던 새로운 직업을 만들어 내는 것. 얼마나 흥분되고 가슴 뛰는 일인가?

의사의 스펙트럼은 정말 넓다. 물론 고도의 수술 기술로 환자를 살리는 의사도 있다. 또한 희귀 난치병을 다루는 의사들도 있다. 하지만 난 많은 사람들이 보편적으로 고민하는 건강 문제, 흔하게 접하는 질병을 치료하는, 대중 속으로 들어가는 의사가 되고 싶다. 일반인들에게 실제로 쉽게 따라 하고 건강한 식습관으로 건강을 지킬 수 있는 방법을 알려 주고 싶다.

꿈은 꾸는 자만이 누릴 수 있다고 했던가? 나는 슈퍼푸드 쿡 북을 꼭 내서 내 꿈을 향해 한 걸음 한 걸음 나아가려고 한다. 내 슈퍼푸드 쿡 북으로 많은 사람들이 건강의 가장 기초가 되는 음식을 해 먹으며 건강하고 행복하게 살았으면 하는 바람이다. 내가 건강해야 가족이 건강하고 더 나아가 사회가 건강해지는 것이다.

또한 제이미 올리버처럼 음식으로 사회에 공헌하고 싶다. 특히 청소년 건강에 기여하고 싶다. 예전에는 단어조차 없던 소아 비만 등이 사회 문제가 되고 있다. 외모적인 문제를 떠나 소아 비만이 급증하면서 지난 10년간 소아 당뇨병이 31% 증가했다는 통계가 있다. 많은 사람들이 알다시피 당뇨병은 합병증이 더 문제가 되는 질병이다. 합병증은 전신을 침범하는 아주 무서운 병이라고 생각하면 된다.

어린 나이에 이토록 심각한 병에 걸리면 정말 불행한 일이 될 것이다. 그래서 난 청소년 건강에 각별하게 관심을 둔다. 내 아이들도 지금 청소년이다. 부모의 입장으로 봐도 아이들이 일반적으로 먹는 먹거리들은 심각한 수준이다.

아이들은 늦잠 때문에 아침을 거르는 경우가 많다. 점심은 학교에서 급식으로 해결하게 된다. 아이들은 방과 후 학원으로 가기 전 배고픔을 달래기 위해 편의점으로 향한다. 편의점에서 도시락, 라면, 삼각 김밥 등으로 허기를 달랜다. 그러곤 밤 9시나 10시쯤에 집에 오게 된다. 그러면 이미 학원에서 간식거리를 먹고 귀가하기 때문에 "배부르다.", "입맛 없다."라는 이유로 집밥을 거르기 일쑤다. 이렇다 보니 '과연 이러한 식단으로 아이들의 건강을 지킬 수 있을까?'라는 생각을 안 할 수가 없다. 이 세상 모든 게 다 먹고 살자고 하는 일인데…. 이렇게 아이들이 영양가 있는 밥도 제대로 먹지 못하고 공부하러 다니는 걸 보면 마음이 무겁다.

아끼는 차일수록 고급 휘발유와 윤활유로 관리하듯이 결국 우리의 건강을 지켜 주는 것은 우리 입으로 들어가는 양질의 음식이다. 이처럼 우리 몸의 에너지가 될 수 있는 슈퍼푸드의 올바른 요리법으로 최고의 영양을 제공한다면 무병장수의 꿈을 이룰 수 있지 않을까? 슈퍼푸드 쿡 북의 건강한 식단으로 청소년, 더 나아가 일반인들이 질병 없는 활기찬 하루하루를 보낼 수 있기를 바란다.

가족과 1년에 2번 이상
해외여행 가기

"열심히 일한 당신 떠나라."

오래전에 유행했던 광고 문구다. 이 카피가 센세이션을 일으킨 이유는 많은 직장인들의 가슴을 울렸기 때문이다. 우리나라는 특별한 자원이 없어 인적 자원으로 먹고사는 나라다. 그러므로 전 국민의 70~80%가 대졸이라는 높은 학력을 자랑한다. 노동시간도 세계 어느 나라에 뒤지지 않는다. 그런 만큼 열심히 회사에 몸 바쳐 일한 당신은 훌쩍 멀리 여행을 떠나 쉴 자격이 있다는 메시지가 직장인들의 마음을 움직였던 것이다.

여느 직장인들과 마찬가지로 나 또한 주 40시간 이상 근무한다. 가장 기다려지는 날은 당연히 금요일이다. 주중 내내 신체적·정신적 에너지가 완전히 고갈된 상태로 집에 오면 정말 손 하나 까딱

하기 싫은 상태가 된다. 주말에 조금 쉬고 나면 좀 정신이 든다.

그렇게 집안일을 하고, 아이들과 조금 놀아 주고, 집안 행사에 참여하면 금방 월요일이 찾아온다. 월요병이란 말이 그냥 생겨났겠는가? 일요일 저녁부터 우울해지고 몸이 또 아파 오기 시작하면서 월요일이 악몽처럼 여겨지는 것이다. 아마 많은 직장인들이 이와 같은 생활을 반복하고 있을 것이다.

사실 경제적인 자유를 꿈꾸며 이와 같은 일상에서 벗어나고 싶지만 그것 또한 쉽지 않다. 내가 여태껏 공부한 것, 스펙 쌓기에 투자한 돈과 시간을 생각하면 이런 굴레에서 벗어나기는 정말 힘들다. 한 명의 의사가 탄생하려면 12년 정도의 공부 기간과 트레이닝 기간이 필요하다. 그렇기 때문에 의사는 더더욱 이 다람쥐 쳇바퀴 도는 것 같은 생활에서 내려오기가 힘들다.

얼마 전에 안타까운 소식을 전해 들었다. 모 병원 응급의학과 센터장이 만성적인 과로로 사망한 사건이다. 이 센터장은 주말에도 잠깐 집에 들러 옷만 챙겨 나왔다. 그러곤 다시 병원으로 복귀했다. 그렇게 일주일 내내 근무했다고 한다.

그런 살인적인 스케줄을 소화하던 그는 50대의 젊은 나이에 교수실에서 혼자 죽은 채 발견되었다. 과로로 인한 심장마비로 추정하고 있다. 이 사건을 접하면서 나는 너무 마음이 아팠다. 비록 과는 다르지만 같은 의사로서 그분이 처했던 상황과 고초를 알 수 있어서 마치 내 일처럼 많이 슬펐다. 고인을 생각할 때 한편으로는 왜 저리도 미련하게 사셨는지 안타까울 뿐이었다. 그렇게 죽도록 일하고 고생한다고 한들 누가 그를 기억해 주고 고마워할까? 시간이 조금 지나면 모든 사람들의 기억에서 지워질 뿐이다. 죽은 자와 그의 가족들만 손해인 것이다. 사명감도 좋지만 난 내 건강, 내 가족부터 챙기는 것이 먼저라고 생각한다.

앞의 사건을 보면서 나는 많은 생각을 하게 되었다. 의사로서 환자를 위해 최선을 다하는 것은 기본이다. 하지만 나는 나 자신을 안 챙기면 안 된다는 생각을 하게 되었다. 20대에 인턴, 레지던트로서 트레이닝을 받을 때는 1~2시간씩 자고도 주 100시간 이상의 노동을 견딜 수 있었다. 하지만 지금은 이런 혹독한 노동은 현실적으로 견디기 힘들다. 그래서 난 인식을 바꾸기로 결심했다. 조금은 이기적인 의사가 되기로 했다. 나는 나에게 충분한 휴식을 선물하기로 했다.

나는 나를 위해 1년에 최소 두 번, 아니 한 번이라도 해외여행을 갈 것이다. 그렇게 몸과 마음을 푹 쉬며 재충전해 주기로 했다. 그리고 또 해외여행을 가야 하는 이유는 아이들 때문이다. 아이들에게 세계를 보여 주고 많은 경험을 할 수 있게 해 주고 싶다. 책에서만 보고 간접경험을 하는 게 아니라 실제로 보고 체험하는 그런 경험을 해 보게 하고 싶다. 많은 경험을 하는 아이가 더욱 시야가 넓어지고 글로벌한 인재가 되는 것이다. 나는 내 아이들이 많은 경험과 체험을 통해 꿈을 크게 꾸고 이루어 나가는 멋진 인격체가 되기를 바란다.

나의 아버지의 직업은 외교관이었다. 그래서 아버지는 직업 특성상 3년에 한 번씩 여러 나라들을 다녀야 했다. 나는 다양한 나라에 살면서 다양한 사람과 문화를 접하고 경험했었다. 중학교 3학년 때의 일이었다. 방글라데시에 있는 미국인 학교에 재학 중이었다. 그 학교는 여러 나라 국적을 가진 아이들이 다니는 학교였다. 방글라데시 내국인들도 비록 소수였지만 우리와 함께 공부했다. 이들은 방글라데시의 최고의 특권층 자녀들이었다.

그중 S라는 방글라데시인 친구가 있었다. 그 친구의 아버지는 환경부 장관이었다. 마음이 잘 맞았던 친구였다. 그 친구를 사귀면서 그 나라의 문화, 종교 등에 대해 많은 공부를 할 수 있었다.

방글라데시는 옆 나라 인도의 영향을 많이 받은 나라로 카스트 제도가 존재했다. 하루는 S의 집에 놀러 갔는데 5층 집으로 으리으리했다. 집에서 일하는 인력만 15~20명쯤 되었다. 보모, 청소부, 요리사, 정원사, 문지기, 운전기사 등 집에 딸린 식구들이 어마어마했다. 식사도 주인이 먼저 음식을 먹고 남기면 아래 도우미 인력들이 남은 음식을 먹는 식이었다. 그들은 철저히 자신의 신분에 맞게 생활했다.

S의 말로는 자신은 어머니가 한 분이지만 많은 권력층, 부유한 사업가들은 많은 아내들을 거느리고 산다고 했다. 그것이 부의 상징이라고 했다. 자기 친구네는 시내에 있는 4층짜리 저택에 사는데 각 층마다 한 명의 부인과 그의 자식들이 산다고 했다. 부유한 사업가 한 사람이 몇십 명의 부인과 자녀들을 거느리고 사는 것이다.

하루는 S와 시장에 가서 쇼핑을 하고 있었다. S는 작년에 영국에서 유학하던 여학생이 귀국해 시장에 놀러 나왔다고 했다. 그녀는 외국에서처럼 짧은 치마를 입고 쇼핑하던 중이었다. 그때 그녀는 황산 테러를 당했다. 만행을 저지른 테러범은 그녀의 노출된 다리에 산을 부었다. 실제 이슬람에서는 여자의 노출된 부위는 죽어 지옥에서 영원히 타는 결과를 낳는다고 믿는다고 했다.

이렇게 때로는 우리의 정서와 문화와 너무 달라 이해하기 힘든 부분도 있었다. 하지만 실제로 그 나라에 살면서, 그 나라 사람들과 어울리며 체험하지 않으면 절대 알 수 없는 값진 경험과 지식을 쌓을 수 있었다.

해외여행을 떠날 때 아무 사전 지식 없이 가는 사람들이 있다. 나는 그들을 보면서 나름의 테마를 세워 여행하는 게 재미있을 것 같다고 생각했다. 예를 들어, 각 나라의 역사적 유적지 중심으로, 유명 관광지 중심으로 또는 유명한 쇼핑센터 내지는 특산품 중심으로 여행을 가는 것이다.

나는 나의 다음 해외여행 테마를 음식, 맛을 찾아 떠나는 여행으로 잡았다. 각 나라의 음식은 오랜 세월 동안 그 지역에서 나는 재료를 고유의 요리법으로 만들어 다음 세대에 물려준 것들이다. 그런 만큼 음식을 통해 그 나라의 역사, 문화를 엿볼 수 있을 것이다.

미국은 소스 위주의 음식 문화인 것 같다. 스테이크나 샐러드 등에 다양한 소스를 뿌려 맛을 낸다. 감자튀김, 햄버거에도 소스가 들어간다. 그리고 미국에 다녀온 사람들은 알겠지만 유난히 음식의 양이 많다. 아주 후하고 넉넉하게 준다. 우리나라의 1인분은 미국인들의 1인분이 아니다. 이는 넓은 대륙에 사는, 마음이 넉넉하고, 여유롭고 합리적인 미국인들의 성품을 엿볼 수 있는 부분이다.

일본은 음식이 컬러풀하고, 오밀조밀하다. 맛도 맛이지만 눈으로 보기에 화려하다. 일본의 스시가 그렇다. 여러 종류의 생선을 조금씩 먹으면서 맛을 음미한다. 스시를 만드는 과정에서도 밥의 온도, 생선의 신선도, 생선의 두께 등을 세밀하게 따진다. 일본인들의 특징은 매사에 꼼꼼하고, 아기자기한 디테일에 신경을 쓴다는 것이다. 그런 성품이 그들의 음식 문화에서도 그대로 묻어 나온다.

인도의 음식에는 여러 향신료가 가미된다. '더운 지방이니 만큼 음식의 부패를 막기 위해 많은 향신료를 쓰지 않을까?' 하는 생각이 든다. 탄두리 치킨, 카레가 대표적인 음식이다. 여기에는 대표적인 향신료, 강황(커큐민)이 들어 있다. 강황은 인도의 오랜 역사를 통해 대대로 전해 내려온 중요한 향신료로, 여러 효과 중 특히 뇌 기능을 향상시킨다. 뇌의 노화 방지에 중요한 대표적인 안티에이징 음식이다.

우리나라 음식은 깊이가 있고 정성이 많이 들어간다. 우리가 알고 있는 특유의 '손맛'이라는 게 이런 의미일 것이다. 한 가지 요리가 완성되기까지 수많은 재료들이 버무려지거나 오래 발효된다. 우리나라 대표 음식인 김치도 손맛이 중요한 음식이다. 배추를 소금에 반나절 절여서, 고춧가루, 새우젓 등 여러 재료를 섞어서, 버무린 후 땅에 묻어 발효시켜서 먹는 음식이다(물론 지금은 김치냉장고가 그 기능을 하지만).

이렇듯 우리나라의 대부분의 음식에는 많은 '정성'이 들어간다. 또한 찌개는 온 가족이 다 같이 떠먹는 문화를 보여 준다. 그만큼 우리나라가 끈끈한 가족애와 가족 중심의 사회임을 알 수 있게 한다.

김우중 대우 전 회장의 저서 《세계는 넓고 할 일은 많다》의 제목처럼 세계는 넓고 볼거리가 많다. 지금부터라도 사랑하는 가족들과 함께 이 넓은 세상을 보고 경험하고 싶다. 아이들도 이 큰 세상을 보며 큰 꿈을 꾸게 도와주고 싶다. 그래서 1년에 최소 1~2번은 꼭 해외여행을 가서 우리가 사는 이 세상을 알아 가고 싶다.

세계적인
안티에이징 클리닉과 스파 설립하기

우리는 태어나는 순간부터 죽음을 향해 가고 있다. 이 과정은 그 누구도 거스를 수 없는 사실이다. 모든 인간들이 노화의 과정을 겪는다. 하지만 분명 같은 나이라도 생물학적 나이에는 차이가 있다. 30대 같은 50대가 있는가 하면, 50대 같은 30대도 있다. 왜 이런 차이가 생기는 것일까? 이는 본인의 몸 관리에서 비롯된 현상이다.

안티에이징은 '노화를 거스른다.'라는 뜻으로 노화를 늦추어 몸과 마음의 젊음과 활력을 유지하는 것이다. 요즈음 중년층은 안티에이징으로 죽는 날까지 최고의 몸과 정신 건강을 유지하기를 원한다. 때문에 이미 선진국에서는 안티에이징 클리닉과 스파가 성행 중이다.

나는 2006년 둘째를 출산한 후 한 달 만에 병원에 복귀했다. 그러곤 정신없는 하루하루를 보냈다. 그런데 어느 날 거울 속 내 모습이 좀 이상했다. 자세히 보니 오른쪽 뺨 정중앙에 콩알만 한 커피색 점이 자리 잡고 있었다.

색이 옅어 처음에는 화장할 때 컨실러로 가리고 다녔다. 그러나 점점 진해지면서 컨실러로도 자연스럽게 가릴 수 없었다. 출산 후 호르몬 변화로 착색이 일어난 것이다. 비록 크기는 작았지만 내 삶을 피곤하게 만드는 점이었다. 그래서 나는 외출할 때 절대로 생얼로 나갈 수 없었다. 왠지 모든 시선들이 내 점에 꽂혀 있는 것 같은 느낌이 들었기 때문이다. 여름에는 수영장 가기가 제일 싫었다. 물놀이할 때는 점을 가릴 수 없었다. 나는 하루 종일 내 점을 의식하게 되었다. 그러면서 소심해지고 자신감에 스크래치가 났다.

결국은 시간을 내어 안티에이징, 피부 클리닉에서 치료를 받았다. 레이저 치료를 몇 회 받고, 노화 방지 스킨케어를 받고 나니 점이 말끔히 사라졌다. 작은 점이 없어졌을 뿐인데 삶이 달라졌다. 자신감을 되찾았고 생얼로 다닐 때도 당당해졌다.

나이를 먹는 것은 자연스러운 일이다. 하지만 나이가 들면서 여러 가지 몸의 변화들로 인해 내면에 변화가 생겼다면, 그 노년을 과연 누가 좋아할까.

현대의학의 비약적인 발전으로 우리는 노화를 겪으면서도 이전 세대에서는 누리지 못한 건강, 젊음을 최대한 누릴 수 있는 시대에 살고 있다. 이제 허리가 구부러진 꼬부랑 할머니는 거의 찾아볼 수 없게 되었다. 60대처럼 보이는 80대 어르신들도 흔하게 볼 수 있다.

몸은 서서히 늙어가지만 우리의 마음은 항상 청춘이다. 내가 나 자신을 볼 때 만족스럽고 자신감이 있어야 삶이 활기차고 즐거워지는 것이다. 그래서 신체적 건강 못지않게 정신적 건강도 아주 중요하다. 때문에 나는 중년층에게 안티에이징 클리닉을 통해 자기만족감을 제공하고 싶다.

안티에이징 클리닉에서는 기본 면역력을 증강시켜 3대 성인병인 당뇨, 고혈압, 고지혈증을 약물요법, 식단 및 생활습관으로 조절한다. 항노화 클리닉에서 호르몬 치료는 빼놓을 수 없는 치료법이다.

20대 이후 우리의 몸은 서서히 노화 현상을 보인다. 특히 호르몬 변화가 대표적이다. 대표적으로 성장 호르몬과 성 호르몬은 나이가 들면서 현저히 떨어진다. 이들 호르몬 감소로 피부는 탄력을 잃고, 지방은 늘어나 몸매에 변화를 가져온다. 또한 모든 장기의 기능이 저하된다. 이렇듯 점점 결핍되는 호르몬의 수치를 파악해서 보충해 줌으로써 30대의 몸의 유지를 목표로 치료한다. 그 외에도 유기산 검사, 중금속 검사, 면역 검사 등 자세한 검사로 정확한 몸 상태를 진단한다.

스트레스는 모든 병과 노화의 근원이다. 스트레스로 인해 체내의 호르몬 체계가 망가지고 이로 인해 대사과정에 변화가 일어난다. 호르몬 변화로 인해 피부 처짐, 피부 착색, 체지방 축적, 근 위축, 인지기능 저하, 심폐기능 저하 등이 나타난다. 호르몬은 몸의 여러 장기들의 오케스트라 지휘자의 역할을 하는 셈이다. 이제 외모뿐만 아니라 내부적인 이너 뷰티가 더욱 강조되고 있다. 내부적인 건강, 아름다움은 호르몬계, 면역계, 신경계가 건강해야 이룰 수 있는 것이다.

K 씨는 40대 주부다. 어려서부터 그녀는 아토피성 피부로 고생했다. 항상 피부가 건조하고 가려웠다. 건조한 피부로 인해 얼굴에는 잔주름이 많았다. 나이가 들면서 피부는 더욱 탄력을 잃어 갔고, 주름의 골은 더욱 깊어 갔다. 같은 나이 또래보다 더 나이 들어 보이고 항상 피곤해 보였다. 피부가 건조해 화장도 늘 떠 보였다. 또한 여름에 아웃도어 스포츠를 못 하는 것 외에 수영장에서 물놀이할 때도 늘 신경이 쓰였다. 햇볕을 쬐는 날에는 더욱더 피부가 쓰라리고 건조해 잠을 이룰 수 없을 정도였다. 하루하루 지치고 짜증났다.

그러다 최근에 K 씨는 안티에이징 클리닉을 찾았다. 각종 테스트를 거쳐 시술을 받았다. 가장 문제가 되는 얼굴에 레이저 시술, 실 리프팅과 지방 이식술을 차례로 받았다. 효과는 놀라웠다. 피부 톤이 한결 밝아졌고, 잔주름, 굵은 팔자 주름들은 싹 펴졌다. 전체적인 피부는 콜라겐이 재생되어 탄력 있게 되었다. K 씨는 거울에 비춰지는 자신의 모습에 만족스러웠다. 마음이 즐거우니 주변 사람들과의 관계도 여유가 생기고 좋아졌다.

안티에이징은 성형수술을 통해 나의 외모를 인위적으로 바꾸는 것이 아니다. 그러기보다는 식습관, 물, 수면, 운동, 비침습적인 시술로 나의 건강과 외모를 최적의 상태로 만들어 주는 의학이다. 21세기에 사는 중년들은 아름답고 건강하게 노년을 맞이하고 싶어 한다. 고령화 시대로 접어들면서 중년, 노년층의 사회적 활동이 중요해지고 활발해졌다. 이들은 외모에 관심을 갖고 연령에 맞는 자연스러운 아름다움을 추구하게 되었다. 이들이 안티에이징 클리닉을 찾는 이유도 달라지고 있다. 겉으로 보이는 아름다움보다 건강한 이너 뷰티를 원하는 이들이 많아진 것이다.

고령화 사회에서 안티에이징 클리닉을 찾는 층은 40~60대의 시니어층이 많을 것이다. 미래에 나는 안티에이징 클리닉을 서울 인근의 조용하고 공기 맑은 곳에 만들 것이다. 주변의 환경으로부터 힐링을 받을 수 있게 하기 위함이다.

바쁘고 빠르게 돌아가는 도심에서 벗어나 몸과 마음을 힐링 할 수 있고 쉴 수 있는 공간을 만들고 싶다. 주말이나 연휴를 사용해 1박 2일 또는 2박 3일 프로그램으로 단기 입원을 할 수도 있다. 그렇게 하면 여러 검사로 환자 상태를 진단한 후 슈퍼푸드 식단으로 된 식사 처방, 가벼운 산책, 아쿠아로빅스, 타바타 등의 운동 처방이 주어질 것이다. 그 외에도 각 개인에게 맞는 맞춤형 스킨케어, 보디 컨투어링, 수면 케어 등으로 프로그램을 짤 것이다. 획일적인 서비스가 아닌 나만을 위한, 나의 니즈를 만족시킬 수 있는 의료서비스를 제공하는 것이다. 많은 환자를 보는 데 중점을 두기보다는 시간을 두고 한 환자를 하나씩 바꾸고 개선해 나가는 환자 중심 서비스를 제공할 것이다. 상담부터 검사 시행, 결과를 설명하고 시술하기까지 원장이 담당하는 시스템이다. 환자는 한 명의 주치의가 지속적으로 진료하고 관리해 주는 것을 선호하기 때문이다.

이렇듯 집중적인 안티에이징 치료를 받은 후 일상으로 돌아간 후에는 도심에 있는 클리닉을 통해 추가 관찰 치료를 받게 된다. 환자 스스로 할 수 있는 식습관, 운동 관리, 스킨케어 등과 안티에이징에 필요한 약물 처방도 클리닉에서 하게 된다. 이렇듯 환자 상태와 개성에 맞는 맞춤형 서비스는 오래 지속 가능한 치료요법이다. 한 번에 끝내는 치료가 아닌, 의사와 환자가 긴밀히 협력해 오래 건강을 유지할 수 있게 해 준다.

몇 년 전, 애플사의 CEO였던 스티브 잡스가 췌장암으로 세상을 떠났다. 온 세상을 가진 것 같았던 우리 시대의 최고의 경영자도 건강을 잃었을 때 모든 것을 잃고 말았다.

"재물을 잃으면 조금 잃는 것이요, 명예를 잃으면 많이 잃는 것이요, 건강을 잃으면 전부를 잃는 것"이라는 격언이 있다. 또한《성경》말씀 중 〈누가복음〉 9장 25절에는 "사람이 온 세상을 얻고도 자기 생명을 잃거나 빼앗기면 무슨 유익이 있겠느냐?"라는 말이 있다. 이 말들은 우리가 눈을 감고 한번 깊이 생각해 봐야 할 부분이다.

　내 삶에 있어 우선순위는 역시 내 건강과 내가 사랑하는 사람들의 건강이다. 무수히 많은 사람들이 당신이 누리는 오늘을 정말 간절히 살고 싶어 했다는 사실을 잊지 말기 바란다. 그만큼 당신의 하루는 정말 기적 같은 축복이다.

　나는 안티에이징으로 동시대를 살아가는 이웃들의 건강을 지키며 더 나아가 '젊은' 노년을 보낼 수 있도록 도움을 주는 의사이기를 희망한다.

　"Life is precious. Live life to the fullest(삶은 귀중하다. 최고의 삶을 살아라)!"

PART 02

사람들에게
건강한 삶을 살 수 있도록
도움 주기

- 최인태 -

최인태 동양학 칼럼니스트, 천문역원 대표, 자기계발 작가

고등학생 시절 취미로 시작한 역학공부로 동양학의 길로 들어서게 되었다. 그동안 수많은 사람들을 상담하고, 칼럼을 쓰면서 좀 더 심도 있게 동양학을 알게 되었다. 앞으로 오랫동안 꿈꾸었던 세계적으로 이름을 알리는 진정한 형이상학자가 되고자 한다.

세계적인
형이상학자 되기

세상은 무엇으로 이루어졌을까. 현대과학의 정점(頂點)에 있는 양자학은 입자로 우주와 사물을 해석했다. 어떤 사물의 특성을 가지고 있는 최소 단위의 입자를 분자라고 한다. 이 분자를 쪼개면 원자가 된다. 원자를 다시 쪼개면 전자, 양성자, 중성자로 나뉜다. 이것을 더 쪼개면 광양자라는 빛의 입자가 남는다. 양자학에서는 이 빛의 입자가 파동성으로 나타나는 것이 눈으로 보는 사물이자 현실이라고 말한다. 이러한 빛과 파동성의 원리로 바라보는 것에 따라 현실의 결과가 달라지고 생각에도 에너지가 있다는 것이 증명되었다.

그러나 고대로부터 동양의 정신문명은 서양의 과학적인 논리와 증명 없이도 이미 이 세상과 우주에 보이지는 않지만 존재하는 에너지를 기(氣)라고 인정했다. 이 기(氣)가 양자학에서 말하는 빛의 입자, 즉 광양자다.

서양은 에너지와 파동을 눈에 보이는 과학적인 논리로 증명했다. 반면, 동양학자들은 이미 수천 년 전에 이를 기(氣)로 명명했다. 그리고 이 기(氣)를 음양오행(陰陽伍行)을 기준 삼아 실생활의 여러 분야에 적용한 것이 역학(易學)과 한의학(韓醫學), 천문학(天文學)이다.

동양학에서 말하는 기(氣)의 세계를 조금 더 알아보자. 동양학에서는 기(氣)를 무극(無極)에서 음(陰)과 양(陽)으로 나뉘는 태극(太極)으로 본다. 그리고 이것을 다시 오행(伍行)으로 자연의 에너지와 물질과 현상계에 나타나는 패턴과 순환의 법칙을 연구한다. 그래서 자연과 우주 그리고 인간의 건강과 운명까지도 해석해 보고 적용해서 실용적으로 활용하는 것이다.

예를 들어, 음양(陰陽)은 태양과 달, 남과 여, 빛과 어둠, 강함과 부드러움, 긍정적인 것과 부정적인 것 등 자연의 상대적인 모든 것을 표현했다. 그리고 오행(伍行)은 좀 더 많은 것을 담고 적용했다. 계절로서 봄은 목(木), 여름은 화(火), 가을은 토(土), 겨울은 수(水) 그리고 토(土)는 환절기로 표현했다. 하루의 주기로는 아침 시간은 목(木), 한낮은 화(火) 저녁으로 가는 길은 금(金), 모든 것을 잠재우는 그러나 아침을 준비하는 밤 시간은 수(水)로서 표현했다. 그리고 하루의 주기를 이어 주는 것을 토(土)로 봤다.

방위적으로도 오행을 적용했다. 해가 떠오르는 동쪽은 목(木),

태양에 가까운 남방은 화(火), 해가 지는 서쪽은 금(金), 춥고 어두운 북쪽은 수(水) 기운으로 분배하고 중앙은 토(土)로 봤다.

사람의 몸과 정신에도 적용했다. 간, 심장, 비장, 폐, 신장을 목, 화, 토, 금, 수로 정의했다. 목(木)은 신맛, 화(火)는 쓴맛, 토(土)는 단맛, 매운맛은 금(金), 짠맛은 수(水)로 적용했다. 성품으로도 인(仁)은 목(木), 의(義)는 금(金), 예(禮)는 화(火), 지(智)는 수(水), 신(信)은 토(土)로 해석했다. 또한 의념기공(意念氣功)으로 생각과 집중을 수련해서 병도 치유하고 생활의 여러 가지에 응용했다.

서양은 과학으로 현상과 물질계와 의식세계를 규명하고 있다. 하지만 이미 동양은 1,000년 전부터 빛의 입자인 기(氣)의 세계를 실생활에 접목시켰다. 그래서 건강은 물론이고 빈부귀천(貧富貴賤)까지도 조정하면서 실생활에 응용해 왔다.

이것은 정신문명만큼은 동양이 확실하게 앞서 있다는 것을 증명한다. 특히 이러한 음양오행과 기학의 분야는 우리나라 대한민국이 독보적으로 앞서 있다. 진실이 이러할진대 세계적인 영성학자나 자기계발, 성공학 분야의 유명인들은 모두 서양, 특히 미국에서 나오고 있다.

최근에 전 세계적인 영적 스승이자 강연가, 힐링 멘토로 대접받고 있는 두 사람이 있다. 바로 '데이비드 레이먼 호킨스' 박사와 인도 출생이지만 미국인인 '디펙 초프라'다. 두 사람의 묘한 공통점은 의대를 졸업한 의사라는 것이다.

의대를 졸업하고 이들이 영성에 눈을 떴던 시기는 언제였을까. 인간의 신체를 과학적으로 분석하고 공부한 후 영성과 의식, 정신 문명을 연구하니 더 나은 점도 있을 것이다. 하지만 동양에는 어렸을 때부터, 심지어는 조상 대대로 내려오는 기(氣)와 정신문명을 수행하는 사람들이 수도 없이 많다.

어떤 분야에서 위대함의 반열에 오르게 되는 사람들이 있다. 그들은 대개 아주 어렸을 때부터 자신의 분야를 갈고닦으면서 달인의 경지에 도달한다. 세계적인 음악가들은 모두 한결같이 아주 어렸을 때부터 음악교육을 받는다. 음악뿐만 아니라 미술, 조각, 디자인 같은 또 다른 예술가들이나 세계적인 스포츠 선수들 그리고 바둑이나 장기 등 자신의 분야에서 탁월하게 이름을 날리는 사람들이 있다. 그들 대부분은 어렸을 때부터 깨지고 접하고 익숙해져서 거의 달인의 경지에 이르렀을 때 위대함의 반열에 오르게 된다. 어렸을 때부터가 아니더라도 대략 20년 이상을 한 분야에 종사했을 때 그 분야의 대가가 된다.

나는 중학교 때 검도를 하다가 상단전이 열리는 신비한 경험을 했다. 상단전이 열리게 되면 초자연적인 현상이 나타나게 된다. 나는 잠시 동안 공간 투시가 되었었다. 그리고 아팠던 허리가 낫고 눈도 마이너스에서 1.2로 되돌아온 신비한 경험을 했다. 그때부터 인간의 능력을 무한대로 믿었고 과학과 현대의학을 그대로 받아들이

지 않게 되었다. 그리고 고등학교 때 우연한 기회에 운명을 다루는 역학(易學)에 눈을 뜨게 되었다. 그러곤 스승님을 만나 동양의 다양한 정신문명을 공부하고 습득하게 되었다.

동양의 정신문명을 공부하고 나니 서양의 정신문명과 영적인 분야가 궁금해졌다. 그래서 각종 성공학, 자기계발, 양자학에 관한 독서를 만 권 이상 하고 각종 세미나를 다녔다.

그리고 내가 알게 된 것은 인간의 의식을 확장하고 운명을 바꾸자는 서양학의 방법이 동양학의 수행법과 명상법을 현대적으로 풀어서 그대로 쓰고 있다는 점이었다. 동양학을 전혀 모르는 일반인들은 서양의 영성과 자기계발 서적들을 보고 거의 열광하다시피 추종했다. 그런 모습을 보고 있자니 안타깝기도 하고 개탄스럽기까지 했다.

나는 이제 이 패턴을 바꾸고 싶다. 그래서 앞으로 나는 동양의 정신문명과 기학(氣學)의 위대함이 얼마나 대단한지, 그리고 서양의 자기계발 서적에서 결코 다루지 못한, 근본적으로 인간의 운명을 바꿀 수 있는 방법에 대해 강연하고 책을 내고 세계로 나아가려고 한다.

동양 사람들은 겸손과 겸양이 몸에 배어 정적이고 드러내지 않으려는 속성이 있다. 그런데 이것은 완전한 깨달음과 의식의 확장을 바라는 많은 사람에게 죄를 짓는 일과 같다. 해야 할 의무를 저

버리는 것과 같다.

이제는 서양 사람들에게 제대로 된 정신문명과 형이상학의 세계를 보여 줄 것이다. 타고난 근본의 기운을 보완해 주고 외부적으로 현실까지 바꿔 줄 수 있는 진짜 성공학, 진리의 자기계발, 동기부여가가 될 것이다.

나는 담양에 만 평 규모의 힐링명상센터를 조성하고 있다. 이곳을 찾는 전 세계인은 위대한 1,000년 정신문명의 참교육을 받게 될 것이다. 나는 그들에게 의식 확장은 물론 현실에서 원하고 바라는 모든 것을 창조할 수 있는 금일법(金一法)의 방법과 호흡법, 명상법을 알려 줄 것이다.

설레고 흥분된다. 이미 푸른 눈과 검은 피부를 가진 외국인들이 그들의 삶이 변했다며 수없는 감사의 인사를 보내니 말이다. 외국의 각 나라로부터 수많은 강의 요청이 쇄도하고 있으니 말이다!

장기간
베스트셀러 등극하기

동양학에 심취해 있던 나는 서양의 '자기계발' 서적이나 '성공학'에는 별 관심도 없었다. 더 솔직히 말하면 철저히 무시했다. 그 당시에는 타고난 기운의 법칙을 바꾸지 않고서는 결코 인생을 바꿀 수 없다는 것을 이론과 실전을 통해 확신하고 있었기 때문이다.

그래서 《성공하는 사람들의 7가지 습관》이나 '목표를 세워야 성공한다'라고 말하는 자기계발 서적들을 볼 때마다 노력한다고 해서 운명이 바뀌면 '이 세상 모든 사람들이 운명을 바꿀 수 있겠지'라며 콧방귀를 뀌었다.

그러던 중 조셉 머피가 쓰고 김희덕 씨가 번역한 《잠재의식의 힘》이라는 책을 우연히 보게 되었다. 나는 책을 볼 때 항상 저자 및 번역가의 약력과 책의 목차, 프롤로그를 먼저 본다. 이 책을 처음 접했을 때, 나는 김희덕 번역가의 약력이 흥미로웠다. 그는 육사

2기로 졸업하고 미국 육군참모대학에 진학한 전형적인 군 관료 출신이었다. 이후에 그는 '시스코'와 '덕선기업'을 일군 회장님이었다. 역학적으로 볼 때 명예를 상징하는 군인 출신이 현실적으로 사업에서 성공하기가 굉장히 어려웠다. 이 사실을 알고 있던 터라 더욱 흥미로웠던 것 같다.

또한 그가 동학의 창시자 최제우 선생을 동경하고 동양의 각종 수행에도 상당히 조예가 깊다는 것을 알게 되었다. 그리고 가장 인상 깊었던 것은 그의 부인이 현대의학으로는 완전히 고칠 수 없었던 만성병을 그 책에 나온 방법을 통해 깨끗이 나았다는 내용이었다. 나는 그 책을 바로 샀다.

《잠재의식의 힘》에는 동양학에서 말하는 상단전(上丹田)을 개발하고, 자신이 원하는 것을 현실에서 창조하는 기운(氣運)을 끌어당기는 법이 담겨 있었다. 그것도 아주 쉽게, 일반인 누구나 접근이 가능하게 써 놓았다. 나는 그것을 보고 신선한 충격을 받았다.

동양학에서 기(氣)를 자유자재로 끌어당기는 데까지 이르려면 단계를 밟아야 한다. 먼저 단전(丹田)을 잡는 데 3개월, 운기(運氣)를 돌릴 수 있을 때까지 축기(蓄氣) 과정만 6개월에서 1년을 수행해야 한다. 그러면 이후 중단전(中丹田)이 열리고, 1년 정도 더 수련하면 상단전(上丹田)이 열린다. 그리고 마지막에 운기법(運氣法)의 단계에 들어간다.

그래서 동양의 기공 세계와 선도의 세계는 제대로 가르쳐 주는 스승이 없으면 시작은 하되 중도 포기하는 사람이 많다. 그만큼 다른 사람들에게 쉽게 권유해 주기도 어렵다. 그런데《잠재의식의 힘》에는 쉽고도 간단한 방법이 한두 개도 아니고 생각지도 못한 여러 가지가 있었으니 놀라지 않을 수 없었다.

'지금까지 뭐 했지. 나는 어렵게 수행과정을 거쳐서 운기(運氣)를 하게 되었다. 그런데 운기(運氣)를 상단전을 통해 저렇게 쉽게 할 수 있다면 서양의 정신세계가 동양보다 훨씬 높다는 소리인가' 라는 생각이 들면서 나는 패닉 아닌 패닉에 빠지며 허탈한 심경에 젖었다.

내가 서양 방식대로 자기암시와 확언, 이미지 트레이닝을 실행해 보고 주변에도 이런 책들을 권유하면서 알게 된 점이 있다. 동양의 단전호흡과 정신통일의 수행법이 되지 않고서는 이런 책들의 원리를 알아도 일반인들은 결코 쉽게 현실세계에서 적용하기 힘들다는 것이다.

서양의 모든 자기계발과 성공학의 제1이자 마지막 법칙이 있다. 바로 원하고 바라는 소망과 꿈이 이미 이루어졌다고 확실하게 믿고 미래의 모습과 현재의 내가 합일(合一)된 상태로 살아가면 모든 것이 이루어진다는 것이다. 그런데 현실은 어떤가. 지금 당장 돈이 없어 힘든데 어떻게 내가 부자라고 믿을 수 있는가. 지금 당장 죽을 것처럼 아픈데 어떻게 안 아프다고 믿을 수 있는가. 또한 자식이 게임에 빠져 방에서 안 나오는데 어떻게 훌륭한 자식이라고 생각할 수 있겠는가. 현대인은 바늘에 손가락 하나만 찔려도 그 상처로 인해 아무것도 생각하지 못하는 오감(伍感)에 철저히 빠진다. 그런 그들에게 현실을 부정하고 미래의 나로서 현재에 살라는 가르침은 그림의 떡, 즉 화중지병(畵中之餠)이다.

동양의 호흡과 명상에 익숙해지면 어떤 일이 일어나도 마음이 동요되지 않는다. 처음에는 누워서 하는 와식과 앉아서 하는 좌식의 수행을 한다. 그리고 이 과정이 끝나면 일어서서 하거나 움직이면서 할 수 있는 운기(運氣)를 자유자재로 할 수 있다. 즉, 어느 때고 집중할 수 있고 몰입할 수 있는 동정일여(動靜一如)의 상태가 된다. 이 동정일여가 익숙해지면 '나와 내가 의식하는 대상이 하나가 되는 상태'인 삼매(三昧)의 경지에 이를 수 있다. 내가 추구하고 의식하는 상태가 하나가 되는 삼매가 익숙해지면 서양의 자기계발 서적에서 말하는, 어느 때고 원하고 바라는 상태에 집중할 수 있고 머무를 수 있는 토대가 만들어지는 것이다.

안타깝게도 동양학에서 한 가지 놓친 것이 있다. 그것은 동정일여의 삼매의 상태가 되려면 모든 욕망과 욕심을 내려놓고 먼저 집중해야 한다. 때문에 마음을 비워야지만 된다는 것이다. 이 상태가 되면 이미 마음에 근심과 걱정이 없으니 굳이 현실의 부와 간절히 바라는 욕망도 사라지게 된다. 그러니 현실의 기운을 끌어당기라고 스승도 가르쳐 주지 않는다. 제자들 또한 우주와 내가 하나고 죽어도 죽지 않는 영성을 깨달았기 때문에 굳이 부와 성공을 끌어당기거나 창조하지 않으려고 한다. 이미 행복한 마음의 상태가 되기 때문이다.

이것이 동양의 수행과 현실이 분리되는 괴리감으로 인해 현실을 살아가는 사람들에게는 별 관심과 의미가 없는 일이 되고 만 것이다. 잊어버리고 활용되지 못한 정신문명의 역사가 된 것이다.

이미 우리나라엔 아마존에서 베스트셀러 작가가 된 2명의 영적 스승이 있다. 바로 단학의 창시자 일지 이승헌 씨와 마음 수련의 창시자 우명 선생이다. 특히 우명 선생은 명상, 자기계발, 철학 등 총 10개 분야에서 1위를 기록했다. 참으로 대단한 성과다. 하지만 영성과 정신문명의 태두(太斗)로 알려져 있는 대한민국에서 이름을 알린 영성 지도자가 단 2명만 나왔다는 것은 다소 아쉽다.

그들 때문에 나의 버킷리스트가 '한국인 최초 〈아마존〉, 〈뉴욕 타임스〉 베스트셀러 작가'에서 '〈아마존〉, 〈뉴욕 타임스〉 장기간 베스트셀러 등극하기'로 바뀐 것이다. 그리고 우명 선생처럼 단지 철학, 영성 분야만이 아니라 자기계발과 성공학 분야에서도 1위를 달리고 싶다.

동서양의 정신문명이 하나가 되었을 때 폭발하는 힘이 어떨지 기대하고 있다. 또한 그것을 접하는 일반인들 또한 어떤 반응을 보일지 궁금하다.

나는 이미 베스트셀러 작가로서 인세만으로 수십억 원을 벌었다. 나는 눈앞에 바다가 보이는 언덕배기 위의 아름다운 힐링명상센터에서 집필하고 있다. 황금빛 용 문양이 새겨진 나만의 의상을 입고 한가로이 잔디밭을 거닐며 여유롭고 행복한 시간을 만끽하고 있다.

세계적인 메신저가 되어
한 달에 10억 원 벌기

고금(古今)을 통해 부(富)는 누구나 갖고 싶어 하는 절대적인 욕망이다. 현장에서 상담해 보면 대부분은 재물에 관련한 문제를 상담해 온다. 누구나 갖고 싶은 부(富)는 꿈은 꿀 수 있지만 소유하기는 쉽지 않다.

역학(易學)에서는 부자를 소부(小富), 중부(中富), 대부(大富)라는 개념으로 격(格)을 정한다. 소부와 중부는 노력하면 누구나 될 수 있다는 것이 역학계의 정설이다. 하지만 대부가 되기는 쉽지 않다. 대부를 갑부(甲富)라고 표현할 수 있는데, 이런 사람은 하늘이 내린다고 말한다. 개인이 노력해서 들 수 있는 범주가 아니라는 뜻이다.

보통 갑부라면 대기업을 운영하는 정도를 말한다. 자산으로는 억만장자의 수준이 되고 수천, 수만 명을 먹여 살리는 정도의 부자를 말한다. 이 정도의 격(格)을 판단할 때는 개인의 사주뿐만 아니라 부인의 사주, 조상의 음덕, 풍수의 조건 등을 다 살피게 된다. 그러니 하늘이 내린다는 말도 과장은 아닐 것이다.

관상학의 《부상첩경(富相捷徑)》에서는 부자와 귀한 벼슬을 쥘 수 있는 형상에 대해 "전체 형체가 두텁고 편안하고, 기운이 막힌 곳 없이 원활하며, 눈빛이 봉황의 눈과 같이 힘이 있고 밝게 빛난다. 그리고 음성이 단전에서 나와 울림이 있고 눈썹 생김이 윤택하고 귀가 두텁게 생겼으며, 입술이 붉고 콧대가 견고하다. 또한 코끝이 도톰하고 힘 있게 뻗어 있으며 코 옆의 광대뼈가 알맞게 감싸 주고 걸음걸이와 서고 앉는 자세나 음식을 먹는 자세가 바르고 단정하면 부자가 된다."라고 말한다.

세계 경제 규모에서 10위권을 오르내리는 대한민국에도 여러 대부(大富)들이 있다. 참으로 자랑스러운 일이자 대단한 쾌거라고 볼 수 있다. 여러 대부(大富)들 중에서도 최근 '팬 오션' 인수로 곡물 유통 메이저 회사를 꿈꾸는 하림그룹의 김홍국 회장이 있다. 이분은 관상에서 말하는 봉황의 눈동자와 부(富)의 기상이 얼굴빛에 그대로 들어맞는 사람이라고 볼 수 있다.

김홍국 회장은 모 언론과의 인터뷰에서 자신의 훌륭한 가치관에 대해 말했다.

"기업가들은 늘 위기와 마주해 있습니다. 어렵고 힘든 난관들을 헤쳐 나가는 건 기업인들의 숙명이죠. 그리고 어려운 상황을 극복하게 하는 첫 번째 요소가 긍정적인 사고입니다. 모든 상황에는 밝은 면과 어두운 면이 공존합니다. 비관하고 부정적으로 생각하면 기회는 멀어지게 마련입니다. 기회를 움켜쥐고 도전하려면 먼저 긍정적인 생각을 가져야 합니다."

귀(貴)한 관상에 세상의 이치를 깨달은 그가 부귀(富貴)를 가진 것은 어쩌면 당연하다고 볼 수 있다. 그가 깨달은 부귀의 이치를 명리학의 관점에서 좀 더 자세하게 살펴보자.

명리학(命理學)의 주된 구성요소는 비(比), 식(食), 재(財), 관(官), 인(印)의 다섯 가지다. 이것이 다시 음양(陰陽)으로 나뉘고 십성(十星)으로 분류되어 기본 성품부터 적성, 운로(運路)의 흐름까지 보게 된다. 이 다섯 가지 요소 중 삶에서 없어서는 안 될 요소와 없어도 별 지장이 없는 것으로 분류할 수 있다. 삶에 있어서 가장 필수적인 요소는 인(印), 비(比), 식(食)으로 본다.

비(比)는 일단 자신의 주관, 목표, 가치관, 조상과 가문, 형제 등을 나타낸다. 비(比)가 약하면 주관과 판단이 잘 안 서 스스로 하는 방향 설정이 어렵다. 그래서 학생들 사주에 비(比)가 약하면 자주성이 많이 결여된 것으로 본다. 줏대가 없으면 일을 추진하는 추진력이 약하고 우유부단하게 사회생활을 하게 된다. 그런 만큼 무한 경쟁시대인 현재 꼭 필요한 성분이라 하겠다.

인(印)은 정신, 학문, 교육, 전문, 정보 등의 의미가 있다. 가장 많이 쓰이는 의미는 인위적으로 노력해서 형성된 지성이다. 이성을 가진 동물은 인간밖에 없다. 오늘날의 모든 문명의 발전은 인류의 끊임없는 지적인 탐구와 호기심, 연구로 이룩한 결과다. 또한 우리나라는 6·25 전쟁을 겪은 후 쑥대밭이 되었었다. 그런 나라를 세계적인 선진국 반열에 오르게 한 것도 세계에서 가장 높은 교육열이다. 그래서 인성이 사주에 없으면 성숙이 안 되며 발전이 없다. 또한 생각 없이 양식에 어긋나는 일을 하기 쉽다.

식(食)은 재주와 능력, 창조성과 직관력, 행동, 정열, 에너지 등을 나타낸다. 인간이 다른 동물보다 발달한 것은 앞발을 손으로 썼기 때문이라고 한다. 그만큼 인간은 손을 통해 불을 만들고 기계를 만들고 글을 만들고 물질을 창조했다. 그런 재주를 가졌기 때문에 오늘날 만물의 영장이 되었다.

이러한 식상(食傷)은 정신적 요소와 물질적 요소로 구성된 인생의 성장 동력을 의미한다. 식상이 뇌 활동의 감성적 영역이라면 인성은 이지적 영역에 해당한다. 스티브 잡스가 인성을 바탕으로 식(食)의 힘으로 꽃을 피워 창조적인 세상을 열었다면 이해하기 쉬울 것이다.

이 시대에 현실적으로 가장 필요한 성공의 열쇠는 스티브 잡스처럼 인성을 바탕으로 한 식상성에 있다. 쉽게 말하면, 일단 배우고 창조하면 성공한다. 배운다는 것은 학교에서 배우는 통상적인 지식이 아니라 지혜를 말하는 것이다. 지혜를 창조적인 현실로 이루는 힘이 식상성이다. 식상은 인(印), 비(比)로부터 힘을 얻어 재운(財運)이 오면 재(財)를 생(生)하여 돈을 번다. 관운(官運)이 오면 관(官)을 자극해 빛을 내기도 한다. 학운이 오면 번뜩이는 아이디어를 낸다.

우리는 하늘이 내린다는 갑부(甲富)가 될 수 있는 가장 빠른 시대에 살고 있다. 왜냐하면 지금 이 시대는 자신의 재주와 경험만 있어도 전 세계인과 소통하며 가장 빠르게 성공에 도달할 수 있기 때문이다.

나는 한 달에 10억 원 버는 부자가 될 것이다. 그러기 위해서 먼저 우리나라에서 연간 10권 이상의 책을 내고 최장기 베스트셀러 작가가 될 것이다. 또한 유튜브와 구글을 통해 영성, 자기계발 분야의 최고 전문가로서 전 세계적인 위대한 메신저가 될 것이다.

건강
메신저 되기

나에게 상담 받았던 한 여성은 너무나도 열심히 살았다. 회사에도 가장 먼저 출근하고 업무 또한 지나치다 싶을 정도로 완벽하게 처리했다. 그렇게 직장에서도, 가정에서도 인정받는 커리어우먼이었다. 그런데 그녀의 상(相)을 봤을 때 눈과 얼굴에는 신(神)과 기(氣)가 빠져 있었다. 몰라보게 수척해진 그녀는 병에 걸린 것이었다. 관상학에서 신과 기는 그 사람의 기운을 볼 수 있는 중요한 척도다.

최근에 부인과 쪽의 암 수술을 마치고 난 후 그녀는 "제가 무엇을 보고 그렇게 열심히 살았는지 모르겠네요. 건강이 이렇게 소중한 줄 이제야 알다니요."라고 후회했다. 그러면서 그녀는 새로운 삶을 준비하고 있었다.

삶 자체가 굉장히 역동적이었던 그녀는 이제 정신적으로 수양하고 전원생활도 하고 산에도 가며 좀 더 자연에 가까워지는 삶을 살겠다고 한다. 마치 폭풍우가 친 다음에 고요해진 바다처럼 사고

방식이 바뀐 것이다.

《머리를 비우는 시간》이라는 책에는 임제종의 승려인 야마다 무몬의 이야기가 있다. 젊었을 때 그는 결핵에 걸렸다. 그 당시에 결핵은 중병이여서 모든 사람들이 결핵병을 피해 다니던 시절이었다. 그는 오랫동안 혼자 집 안에서 죽을 날만 기다리며 고독한 삶을 이어 가고 있었다. 상쾌한 바람이 부는 초여름 어느 날, 정원을 바라보다 그에게 문득 어떤 생각이 떠올랐다.

'바람은 무엇일까. 공기가 바람이 된 것일까? 맞아, 공기란 게 있었지. 태어나서 스무 살이 넘을 때까지 공기는 끊임없이 나를 키워 주고 있었어. 병으로 몸져누워 있는 동안에도 공기가 있어서 살아갈 수 있었어. 그렇게 공기에게 신세를 지고 있으면서 그걸 눈치채지 못하고 있었다니. 인간은 그리고 나는 얼마나 어리석은 존재인가'

그리고 그는 자연에 감사해하며, 그 감사함을 인간으로, 우주로 확대시켰다. 그렇게 나름대로 내관의 법을 완성했다. 그러는 사이 자연스럽게 결핵이라는 병도 없어졌다. 그 후 그는 많은 업적을 남겼다. 고독하고 외로운 음(陰)의 상태에서 깨달음을 얻어 활기가 있는 양(陽)의 상태로 변한 것이다.

해는 한낮을 지나면 곧 서쪽으로 기운다. 달도 차면 곧 기운다. 우리의 삶도 마찬가지다. 앞으로만 나아가고, 물러서지 않는다면 언젠가 끝에 이르게 된다. 삶만을 알고 죽음을 모른다면 반드시 후회하게 된다. 모을 줄만 알고 쓸 줄을 모른다면 언젠가는 삶을 원망할 수 있다. 이렇게 지나치거나 모자라지 않는 이치를 중도(中道)라 한다. 중도의 이치를 가장 중요시하는 것이 바로 역학(易學)이다.

동양철학에서는 몸과 마음을 분리시키지 않는다. '몸 따로 마음 따로'의 이원론은 서양학적 관점이다. 그러나 동양철학의 원리로 보면 몸과 마음은 통합적이다. 이 두 가지는 뗄 수 없으며, 몸에 의해 마음이 움직이고 마음에 의해 몸이 움직인다는 개념이다. 몸의 장부 상태로 그 사람의 마음가짐을 나타내는 우리말이 많다. 예를 들어, '속(위장)이 상한다', '가슴(심장)이 아프다', '쓸개(담)가 빠졌다', '부아(폐)가 치민다', '어깨가 축 처졌다' 등은 몸과 마음이 연결된 것을 쉽게 표현한 말들이다.

동양학에서는 이렇게 몸과 마음을 이어 주는 연결고리가 기(氣)다. '기운이 없다', '기가 빠졌다', '기운이 넘친다' 등 몸과 마음의 에너지를 기(氣)로 표현한다. 이러한 것을 건강에 맞추어 더욱더 체계적으로 정리한 것이 한의학이다. 건강뿐만 아니라 인생의 길흉화복까지 나아간 것이 명리학(命理學)이다. 한의학과 명리학은 기운을 설명한 음양오행의 기초가 된다. 그래서 의역동원(醫易同原)이라 한다. 의(醫)와 역(易)은 그 근원이 같다는 뜻이다.

기(氣)는 만물 또는 우주를 구성하는 기본 요소로 '물질의 근원 및 본질'로 요약할 수 있다. 동양의 사상가들은 만상(萬象)계의 모든 현상은 기의 취산(聚散)으로 본다. 즉, 만물은 기가 모이고 흩어지는 데 따라 생겨나고 없어지므로 기를 생명 그 자체이자 생명의 근원으로 보는 것이다.

공기(空氣), 하늘의 기인 천기(天氣), 땅의 기인 지기(地氣) 외에 수기(水氣), 전기(電氣), 생기(生氣), 분위기(雰圍氣), 살기(殺氣), 사기(邪氣), 음기(陰氣), 양기(陽氣), 향기(香氣) 등 보통 사람들에게 체감되는 기운이 있고 느끼지 못하는 기운이 있다.

우리 일상생활에서 접하는 모든 것들이 기와 관련되어 있다. 우리 인간은 태기(胎氣)가 있어서 새 생명으로 잉태된다. 그러다가 생기가 끊어지거나 사기가 온몸에 퍼지면 이 세상과의 인연도 끝나는 것이다. 즉, 기로 시작해서 기로 끝나는 것이다.

기는 시간과 공간을 초월해서 느낄 수 있다. 떠올리기도 싫은 추억은 생각만 해도 그 기에 의해 온몸에 전율을 느끼게 된다. 과거에 경험했던 기쁜 일을 생각만 해도 가슴이 벅차오름을 느끼게 된다.

이렇게 기(氣)를 장황하게 설명하는 것은 기(氣)가 우리의 건강은 물론이고 삶의 여러 가지에 직접적으로 관련되어 있기 때문이다. 기(氣)는 자신의 의지와 무관하게 주변의 환경이나 사건에 의해서 많이 좌우된다. 하지만 자신의 노력과 실천으로도 어느 정도 좋은 기(氣)를 끌어당길 수 있다. 스스로 신체와 정신의 기(氣)를 통제하고자 하는 것이 동양학의 핵심이다.

동양학에서는 이러한 기(氣)를 세밀하게 연구해서 모든 음식과 약초로 기를 보완하는 보양식이나 본초학을 발달시켰다. 또한 침과 뜸을 활용해 신체의 기를 돌리는 침구학, 땅의 지기와 인간의 기를 조화시켜 보는 풍수학, 우주의 행성과 태양과 달의 기운을 연구한 천문학, 사람의 타고난 기운을 연구하는 사주학 등으로 기학을 발달시켰다.

그렇다면 일반인들이 쉽게 기운을 조절하는 방법에는 무엇이 있을까. 살아 있는 음식인 생식(生食)에는 엄청난 기운이 내포되어 있다. 익히지 않은 곡물이나 과일, 채소 등을 먹으면 단시간에 살아 있는 기(氣)를 많이 생성시킬 수 있다. 그리고 이제는 이미 웰빙 운동으로 자리 잡은 요가나 명상, 단전호흡 등은 일상생활에서 할 수 있는 대표적인 기운(氣運) 조절 운동이다. 그리고 성공학이나 자기계발 서적 같은 양서(良書)를 읽는 방법도 있다. 글로 쓰인 긍정적인 문장을 읽다 보면 어느새 밝은 기운이 채워지기 때문이다. 즉, 잘 먹고 운동을 하고 항상 마음의 양식을 채우면 건강과 행운은 내 것이 될 것이다.

나는 항상 하루에 두 끼는 살아 있는 곡물과 과일, 채소를 먹으면서 활기찬 생활을 한다. 그리고 요가나 스트레칭으로 근육과 뼈가 굳는 것을 막고 있다. 그리고 근육을 강화시켜 20대 초반처럼 몸의 탄탄함을 유지한다. 가장 중요한 것은 매 시간, 분, 초마다 좋은 글, 좋은 영상 등을 보며 긍정적인 기운을 채우는 것이다.

나는 이러한 것들을 체계화해 '금일법(金一法)과 건강'이라는 책을 출간할 것이다. 이 책은 베스트셀러가 될 것이고 여러 나라에서 해외 판권도 사 갈 것이다. 그 후로 나는 세계적인 건강 전도사, 메신저로서 세상 모든 사람들이 건강한 삶을 살 수 있게끔 하루하루를 바쁘게 살아가고 있다.

가족 모두
리더의 삶 살기

　불가의 석가모니는 다섯 가지 요소의 복합체로 인간을 보았다. 그것은 신체적 요소인 색(色), 느낌 애(愛), 생각 상(想), 의지 행(行), 인식 식(識)이다. 이것 때문에 인간은 아무리 많은 물질적, 정신적 요소들이 채워져도 항구적인 만족을 할 수 없다고 했다.

　즉, 인간으로 태어난 이상 누구라도 고민을 안 가질 수 없다는 소리다. 어떤 위치에 있더라도 불만이 없을 수가 없다는 소리다. 그래서 석가는 현상의 세계인 지옥을 벗어나기 위해 마음의 깨달음을 얻어 열반의 경지에 올라야 한다고 한 것이다. 그래야 이 풍진세상을 살아가면서도 평온한 미소를 지을 수 있다고 한 것이다.

　어느 날 한 아주머니가 상담을 하러 왔다. 가족 전체에 대해서 상담했는데 특히 아들의 기운이 안 좋았다. 내가 "아드님의 명운이 수술을 하거나 초년에 너무 안 좋은데요."라고 말하자 그분은 "네,

지금 병석에 누워 있어요. 명줄은 얼마나 되나요."라고 물어보았다. 그리고 그제야 눈가에 이슬이 맺히며 안색이 굳어졌다. 나는 "어머님의 기운이 아들을 많이 지켜 줘요. 그래서 단명은 보이지 않습니다."라고 했다. 그러자 그분은 "그러면 됐습니다. 살아 있는 것만으로도 저에게는 감사한 일이죠."라고 말했다.

그 아들은 30대 초반의 나이에 이미 신장의 기능이 멈춰 투석을 받아야 하는 상태였다. 일어나지도 못한 상태로 벌써 5년째 병원에 누워 있었다. 하지만 그분의 표정은 놀랍도록 평온하고 얼굴에서 미소가 떠나지 않았다.

내가 "이런 상황에 그런 얼굴을 유지하기가 쉽지 않은데 대단하십니다."라고 말하니 "병원에서도 저를 보고 아들이 저렇게 누워 있는데 어디서 그렇게 웃을 수 있는 힘이 나오느냐고 핀잔 아닌 핀잔도 합니다. 하지만 어쩌겠어요. 제가 슬퍼한다고 해서 우리 아들이 낫는 것도 아닌데요. 저라도 웃고 있어야 살아 있는 우리 가족들과 이 아들을 지켜 줄 수가 있죠."라고 말했다.

누구라도 울 수밖에 없는 상황이다. 하지만 같이 실망하고 절망했다면 남아 있는 가족들과 아들을 지켜 줄 수 있는 어머니의 자리도 없었을 것이다.

도저히 손을 쓸 수 없는 문제에 대해서 자꾸 고민하는 것은 더 큰 괴로움을 준다. 해결할 수 있는 것은 해결하고 그다음에는 현실을 직시하는 힘을 가져야 한다. 그렇게 요동치는 마음을 다스릴 수 있어야 한다.

운명학 중에서 현실의 상황을 가장 잘 드러내는 것은 얼굴의 상(相)이다. 관상에서 가장 중요한 것이 왜 심상(心相)인지 독자들은 다시 한 번 생각해 봐야 할 것이다. 평온한 얼굴상을 유지하려면 마음이 평온해야 한다. 그리고 마음이 평온해지면 운(運)의 흐름도 화평(和平)의 기운(氣運)으로 흐르게 된다.

어느 현자(賢者)에게 한 청년이 찾아와 물었다. "인생의 즐거움이란 무엇입니까? 이것을 알 수 없으니 하루하루를 어떻게 보내야 좋을지 도무지 모르겠습니다. 무슨 일을 해도 불안함과 망설임이 먼저 생깁니다." 청년의 말을 들은 현자가 대답했다. "자네는 지금 여기서 죽을 수 있겠는가?" 현자의 말에 깜짝 놀란 청년이 말했다. "그게 무슨 말입니까? 제가 당신을 찾아온 것은 지금보다 더 잘 살고 싶어서입니다. 저는 당연히 죽을 수 없습니다." 그러자 현자가 말했다. "그렇다면 자네는 도대체 왜 죽지 못하는가? 그 이유를 말해 보게."

잠시 생각에 잠겼던 청년은 죽을 수 없는 이유를 말했다. "저에겐 사랑하는 사람과 가족이 있습니다. 그들은 제가 죽으면 가슴 아파할 것입니다. 그들에게 슬픔을 안겨 주고 싶지 않습니다." 그러자 현자는 "답은 이미 나왔네. 자네가 슬픔을 남겨 주고 싶지 않은 사람들을 위해 살게. 나는 이곳을 찾는 모든 사람들에게 지금 여기서 죽을 수 있는지 묻는다네. 그럴 때마다 사람들은 절대로 죽을 수 없다고 말하지. 그들이 죽을 수 없는 이유. 그것이 바로 인생을 살아가는 목표라네. 언젠가 '지금 여기서 죽을 수 있겠는가?'라는 말을 들었을 때 당당하게 '예'라고 말할 수 있을 만큼 후회 없이 행복하게 사는 것이 유일한 답이라네. 이것이 내가 자네에게 말해 줄 수 있는 전부라네."라고 말했다. 그리고 현자의 말을 들은 그 청년은 서둘러 산을 내려왔다. 이렇듯 살면서 다가오는 막연함과 두려움은 현재라는 시간을 후회 없이 보낼 때 어느덧 사라지는 것이다.

내가 지금 당장 죽을 수 없는 가장 큰 이유 중의 하나도 가족이다. 나에겐 세상에서 가장 사랑하고 존경하며 감사하는 아내가 있다. 그리고 마음속 깊은 곳에서 기쁨과 행복을 주는 두 딸이 있다. 내 가족들의 행복이 내 행복이며 내 삶의 모든 출발점과 종착점이다.

내 아내는 스스로 책도 내서 커리어우먼이 되었다. 내 일도 적극적으로 도와주고 있다. 사랑하는 두 딸도 타고난 재능을 세상에 너무나 잘 드러내고 있다. 어느새 두 딸은 훌륭한 작가가 되어서 많은 사람들에게 존경받고 사랑받는 삶을 살고 있다. 우리 가족은 종속적이고 획일적으로 세상을 따라가지 않고 모두가 각자 인생을 주도적으로 살아가는 리더들이다.

PART 03

전 세계를 돌며
동기부여
강연하기

- 이주현 -

이주헌 직장인, 동기부여 코치, 자기계발 독서법 전문가, 자기계발 작가, 동기부여 강연가

《딱 1년만 미치도록 읽어라》의 저자이자 삼성전자 7년 차 직장인이다. 유튜브 채널 〈책식당〉을 운영하는 셰프이면서 자기계발 독서 전문가로서 활동 중이다. '독서를 배워서 남 주자'라는 모토로, 세계를 무대로 활동하는 동기부여 강연가이자 코치를 꿈꾸고 있다.

대한민국 대표
동기부여 강사 되기

고등학교 3학년 시절, 나는 집에서 떨어져 고시원에서 홀로 자취를 시작했다. 집은 인천이었고 학교는 안양이었다. 고등학교 1, 2학년 때는 통학버스로 통학했다. 그러다 고등학교 3학년, 공부를 위해 체력과 시간을 아끼기 위한 전략적 선택을 한 것이었다. 그리고 그때부터 내 외로움은 시작되었다.

그 고시원에는 나와 같이 자취를 하던 학교 동창이 있었다. 친구와 나는 중학교 시절부터 같은 학원을 다니며 친분을 쌓았다. 하지만 사실 나는 그 친구에게 열등감을 느끼고 있었다. 그 친구는 친구들 사이에서 인기가 많았고, 공부도 곧잘 했다. 특히 그 시절 남학생들에게 신과 같았던 축구를 잘했기 때문에 너무나도 부러웠다. 나 역시 반에서 분위기를 주도하는 유머러스한 이미지이기는 했다. 하지만 고등학교 3학년이 되어 자취를 시작하면서 내 성격이 달라지기 시작했다.

사실 나는 고등학교 1학년 때 반에서 나름 인기가 있었다. 아이들은 항상 나의 개그와 유머를 듣기 위해 내 주변을 감쌌다. 반에서 가장 재미있는 아이를 뽑는 앙케트 조사에 거의 항상 내 이름이 적혀 있곤 했다. 다른 아이들에게 웃음을 주며 친구들의 관심의 중심에 서는 그 학교생활이 나에게는 너무나도 행복한 시간이었다. 새벽 4시 반에 일어나 밤 12시에 집에 오는 통학시간도 나에게는 행복한 시간이었다.

그러다가 고등학교 3학년이 되고, 자취를 시작하며 나는 지독한 외로움을 느끼게 되었다. 고등학교 2학년 때 여자 친구를 만나며 친구들과 멀어졌다는 생각이 들었다. 그렇게 여자 친구와 헤어졌던 고등학교 3학년, 자취와 이별이 겹치며 지독한 외로움을 느끼게 된 것이다.

고시원에는 중학교 때부터 같이 수학해 온 친한 친구가 있었다. 하지만 앞서 말했듯 속으로는 그 친구에게 열등감을 느끼고 있었다. 학교에서는 예전처럼 웃겨 주지 못하면 친구들이 나를 싫어할 것 같았다. 나 스스로 마음의 벽을 쌓고 있었던 것이다. 그렇게 학교에서도, 고시원에서도 스스로를 고립시켰다. 그렇게 내 마음은 공허했고, 이내 외로워졌다.

고독 속에 몇 달을 폐인처럼 지내다가, 이렇게 살면 안 되겠다는 생각에 책에서 답을 찾고자 했다. 그때 처음 읽게 된 책이 김진배 작가의 《유머가 인생을 바꾼다》다. 고등학교 1, 2학년 시절 내가 인기를 끌 수 있게 해 준 게 유머라고 생각했기 때문이다. 그래서 유머로 다시금 일어서고자 했기 때문이다. 이 책은 내가 본 첫 자기계발서가 되었다.

이 책을 읽기 시작하며 나는 유머에 대해 다시금 생각하게 되었다. 그리고 차츰 다른 분야의 책들을 읽게 되었다. 유머만이 인기를 얻기 위한 전부가 아니라고 생각했기 때문이다. 그렇게 대인관계에 관한 책들, 심리학에 관한 책들을 미친 듯이 읽어 가기 시작했다. 그리고 나는 책을 읽으며 나의 강점을 알게 되었다. 그건 바로 다른 사람의 이야기를 잘 들어 주고, 잘 응원해 준다는 것이다.

나는 어렸을 적부터 긍정적이고 단순하고 행동이 빠른 아이였다. 하고 싶은 게 있으면 바로 했고, 궁금한 게 있으면 바로 물어봤다. 또한 긍정적인 관점을 가지고 있다 보니 나와 상대방에게서도 좋은 점을 먼저 찾아내 칭찬하고 격려해 주곤 했다. 특히 상대방이 모르는 상대의 장점을 잘 찾아내 주곤 했다. 이는 내 대학 시절 교양과목을 위한 설문지에서도 확실히 드러났다.

설문지는 평소 내 대화 습관에 대해 주변 친구들의 의견을 묻는 것이었다. 그런데 그중 평소 듣기 좋았던 내 말투에서 가장 많은 비중을 차지했던 것이 바로 '응원'과 '격려'였다. 고등학교 시절부터 대인관계에 대해 공부하고 실천에 옮기며 자연스레 얻은 좋은 습관 중 하나가 바로 상대를 격려하고 긍정적인 리액션을 해 주는 것이었다.

이는 내가 대인관계를 좋게 하기 위해 연습한 것이기도 했다. 하지만 내 격려와 응원을 듣고 상대방이 기운을 차리고 다시금 용기를 얻는 모습을 보며 나 스스로의 자존감이 올라갔다. 때문에 지속할 수 있었던 습관이었다.

풀이 죽고, 의욕이 없어 보이던 상대가 내 격려와 응원 속에서 다시금 힘을 찾고 앞으로 나아가는 모습은 내게 있어 큰 기쁨이었다. 나 스스로의 가치를 더 확신하는 근거가 되어 주기도 했다. 한 명, 한 명 내 격려와 응원을 듣고 변화하는 친구들이 더 많이 생기게 되었다. 그럼으로써 나는 스스로의 격려 능력에 대해 확신을 가지게 되었고, 세상을 위해 이 능력을 쓰고 싶다는 생각을 하게 되었다. 그러던 중, 학교 도서관에서 우연히 브라이언 트레이시를 알게 되었다.

브라이언 트레이시는 전 세계적으로 유명한 성공학, 동기부여 강사다. 대인관계, 성공학, 동기부여 등 강연과 책 그리고 본인이 만든 프로그램으로 사람들에게 긍정적인 변화를 주는 일을 업으로 삼고 있다. 당연히 경제적으로도 굉장히 성공한 삶을 살고 있는 인물이었다.

나는 우연히 그런 브라이언 트레이시의 책을 읽고, 나도 대한민국을 대표하는 동기부여 강사가 되고자 하는 꿈을 갖게 되었다. 브라이언 트레이시를 알기 전까지의 나는 동기부여 강사라는 직업이 있는 줄도 몰랐다. 물론 그것으로 전 세계적으로 유명한 강사가 될 수 있다는 생각도 하지 못하고 있었다.

주변 친구들에게만 응원과 용기를 주던 나였다. 그런 내가 대한민국 대표 동기부여 강사가 될 것이다. 국내와 전 세계를 돌며 청중들의 가슴속에 꽃을 피워 주고 한 줄기 빛을 내려 줄 것이다. 그래서 그들의 마음을 다시금 다잡게 해 주고 움직일 수 있는 원동력을 전달해 줄 수 있다면. 그보다 더 값진 일은 없을 것이다.

주변을 보면, 공부에 치여서, 업무에 치여서 가슴속 열정의 불씨를 잃고 살아가는 사람들이 많다. 나는 이런 사람들의 가슴속에 열정의 불씨를 불어넣는 동기부여 강연가가 되고 싶다. 그래서 그들이 보다 행복하고 멋있는 삶을 살 수 있게 하고 싶다.

세계적인 동기부여 강연가가 된 내 모습을 상상하면 가슴이 미친 듯이 뛴다. 나는 대한민국을 대표하는 동기부여 강연가가 될 것이다. 그리고 대한민국을 넘어 전 세계를 돌며 각국의 청년, 청소년, 국민들에게 동기부여 강연을 할 것이다. 이는 내가 태어날 때 받은 사명이라는 생각을 하게 만든다. 지금 나는 내 꿈을 위해 스스로 단련하고 계발하고 있다. 보다 많은 이들의 가슴속에 열정을 불어넣고자 자기계발에 관한 책을 쓰고 있다.

마세라티 기블리
구입하기

    2016년 10월 13일 개봉에 개봉한 영화가 있다. 이 영화에는 배우 유해진, 이준, 조윤희가 출연했다. 어떤 영화인지 알겠는가? 바로 〈럭키〉다. 찢어지게 가난한 무명배우 재성(이준)이 우연히 목욕탕에서 청부살인 킬러 형욱(유해진)의 목욕탕 키를 얻게 되며 벌어지는 코믹, 로맨스물이다. 영화에서 형욱은 외부에 노출되지 않은 청부살인 전문가다. 그리고 고소득을 올리는 인물로 나온다. 찢어지게 가난한 재성과는 아주 상반된 인물이다.

    이런 그들이 목욕탕에서 우연히 만난다. 이후 형욱은 비누를 밟고 넘어지며 기억상실증에 걸린다. 그리고 재성은 형욱의 목욕탕 키를 갖게 된다. 그러곤 그의 물품보관함을 열어 딱 하루만 그의 인생을 살아 보자고 마음먹게 된다. 그리고 목욕탕을 나선 재성의 앞에 차가 떡하니 놓여 있다. 이 차가 바로 나의 드림카인 마세라티 기블리다. 사실 영화의 첫 장면에서부터 이 차는 내 눈길을 끌었다. 비 내리는 어두운 밤에도 절대 존재감을 잃지 않던 까만 기블리. 운행할 때 들리는, 가볍게 으르렁거리는 고급스러운 배기음. 그리고 차의 정면에 박혀 있는 삼지창 모양의 엠블럼. 그 모든 것은 나의 마음을 흔들어 놓기에 충분했다.

영화를 본 후부터 나는 열병에 걸린 듯 그 차가 어떤 차인지 찾아보기 시작했다. 그때까지 내가 아는 외제차라곤 벤츠, 아우디, BMW뿐이었기 때문이다. 요즘에야 강남에서 마세라티를 종종 볼 수 있다. 하지만 그 당시만 해도 길거리에서 보기 힘든 매우 희귀한 차였다. 그렇게 찾아낸 마세라티 기블리라는 차는 사진으로만 봐도 가슴이 두근거릴 정도로 너무나 아름답고 멋있는 드림카였다. 나는 그날 바로 내 버킷리스트에 마세라티 기블리를 적어 놓았다.

당시의 나는 모 대기업에서 일하고 있을 때였다. 하지만 대기업 연봉으로도 마세라티는 사기 어려운 고가의 차였다. 때문에 기블리는 내 마음속에서 조금씩 불가능한 꿈으로 잊히고 있었다. 버킷리스트에는 적혀 있었지만, 현실적으로 불가능하다는 생각이 나를 지배했다. 불가능한 것을 꿈꿔 봐야 마음만 아프다는 것을 조금씩 알아 가며, 못 이룰 첫사랑을 잊듯 그렇게 기블리는 내 마음속에서 지워져 갔다.

그렇게 기블리가 내 마음속에서 거의 잊혀 갈 즈음, 나는 운명의 책을 만나게 되었다. 바로 사토 도미오의《지금 당장 롤렉스 시계를 사라》라는 책이었다. 부자가 되는 방법에 관심이 많았던 나는 여느 때와 같이 부자학에 대한 책을 찾고 있었다. 그러던 중 우연히 이 책을 알게 되었다. 2011년에 절판된 책이었지만, 정말 많은 사람들이 명저라고 손꼽고 있었다.

'아니, 도대체 이 책이 뭐 길래, 원가보다 10배나 비싸게 팔리고 있지?'

아무리 절판된 책이라고 할지라도 보통 원가의 10배가 넘는 가격으로 팔리는 책은 거의 없다. 나는 '이 정도의 가격에 팔리고 있는 책이라면, 정말 엄청난 책이라 할 수 있지 않을까?'라는 생각을 했다. 하지만 원가의 10배가 넘는 가격을 지불하고 책을 사기에는 다소 부담스러웠던 게 사실이었다. 나는 도서관에서 가서 그 책을 빌려 읽게 되었다. 그러고는 다시금 마세라티를 갖겠다는 꿈이 가슴속에서 용솟음치게 되었다.

《지금 당장 롤렉스 시계를 사라》의 저자인 사토 도미오는 '돈을 잘 쓰는 법'에 대해 이야기한다. 저자는 차를 무척 좋아했다. 당시 그는 직장인 연봉의 3배에 가까운 가격의 폭스바겐 비틀을 너무나 갖고 싶어 했다. 그렇게 그는 그 차를 사고자 하는 마음 때문에 부자가 되고 싶다는 열망이 생겼고, 이내 부자가 되었다. 그러면서 욕망이 얼마나 건강하고 당연한 것인지, 부자가 되는 데에 얼마나 필요한 것인지를 강조한다.

나는 마세라티 기블리를 갖고 싶다는 욕망을 이용해서 부자가 되어야겠다고 결심했다. 그러고는 한 가지 행동을 바로 실행에 옮겼다. 바로 '시승'이다.

'지금 당장 사지도 못하는 차를 시승 신청하면 너무 민폐가 아닐까?', '아, 내가 너무 얕보이거나 무시당하면 어쩌지?', '들어가서 어떻게 행동해야 하지?', '옷은 어떻게 입어야 되지?' 등등 정말 수많은 생각들로 가득했다. 시승을 하는 당일까지, 나는 당장 사지 못할 차를 내 욕심 때문에 타려 했기 때문에 걱정되었다. 하지만 지금에 와서는 내가 그 차를 시승한 것에 기쁘게 생각한다. 인터넷에서, 유튜브에서 시승기를 보고 읽는 것과 내가 직접 탄 것에는 정말 확연한 차이가 있었기 때문이다.

영화 〈럭키〉를 통해 커진 내 기대감은 실제 시승을 하면서 충분히 충족되었다. 그날의 짜릿함은 내 드림카에 대한, 가슴속 저 깊은 곳에 꾹꾹 눌러 담았던 욕망을 다시금 꺼내어 불을 지필 수 있게 해 주었다.

사람들은 모두 부자가 되고 싶다고 이야기한다. "로또 1등에 당첨되었으면 좋겠다.", "하늘에서 돈이 뚝 떨어졌으면 좋겠다.", "나도 저 사람처럼 비싼 차를 타고 다녔으면 좋겠다." 등등 심지어는 비싼 차를 타고 다니는 사람에게 '분명 능력 없는 금수저일 거야. 본인 능력도 아닌데, 뭐!'라며 시기와 질투를 보내기까지 한다.

하지만 나는 사토 도미오의 말처럼 기블리에 대한 내 욕망을 통해 부자가 되고자 한다. 그리고 이제부터 내 욕망을 숨기거나 체념하지 않고 부자가 되기 위해 행동하고자 한다. '한국책쓰기1인창업 코칭협회(이하 한책협)'의 도움을 받아 이 책을 쓰고 있는 지금 이 순간의 행동이 바로 그 시작이다.

오늘도 나는 도서관에 반납해 더는 보지 못하는 《지금 당장 롤렉스 시계를 차라》라는 책을 유튜브 채널 〈김도사TV〉를 통해 본다. 그러면서 다시금 기블리에 대한 내 안의 욕망을 불태운다.

크루즈 여행
가기

　사람들은 크루즈 여행에 대해서 얼마나 알고 있을까? 나는 삼십 평생 크루즈 여행을 모르고 살았다. '크루즈'라고 하면 그저 자동차 모델인 줄 알았다. 하지만 알고 보니 크루즈 여행은 정말 말도 못하게 환상적인 것이었다.

　'크루즈'라는 단어를 들었을 때, 어떤 것이 생각나는가? 아마 별 생각이 안 들 수도 있을 것이다. 나 역시 그랬다. 나는 크루즈 여행의 '크'자도 몰랐다. 일상이 바빴다. 그리고 일상 속의 일들에 신경 쓰기 바빴다. 그러다 보니 내 일상 밖의 일들에는 관심이 없었다. 크루즈 여행 역시 나에게는 관심 밖의 일이었다.

　내 주변 어느 누구도 크루즈 여행을 다녀오지 않았다. 그리고 내 주변 어느 누구도 크루즈 여행을 이야기하지 않았다. 책에서도, TV에서도 찾을 수 없었다. 하지만 어느 날 우연히 나는 크루즈 여행에 대해 알게 되었다. 그리고 완전히 빠져 버렸다.

나는 병원에서 진료를 받기 위해 대기 중이었다. 대기시간이 조금씩 길어졌다. 심심하던 나는 눈앞에 놓인 신문을 읽기 시작했다. 이것저것 기사를 보던 중 하나의 광고를 보게 되었다. 바로 크루즈 여행 광고였다. '크루즈'라는 배를 타고 홍콩을 여행하는 것이라고 했다. 머리로는 이해가 되었다. 하지만 어떤 것인지 실감이 나지 않았다. 그래서 유튜브에 크루즈 여행을 검색했다. 그렇게 발견한 유튜브 채널이 〈권마담TV〉였다.

이 채널에서는 크루즈 여행에 대해 상세히 소개한다. 직접 크루즈 여행 중에 팁을 알려 주기도 한다. 그리고 무엇보다 영상 하나하나가 재미있다. 경험해 보지 않은 것을 생생히 간접 경험하는 느낌이다. 앞서 얘기했지만 나는 크루즈를 타 보지도 않았다. 하지만 영상을 보다 보면 난 이미 크루즈 여행을 하고 있었다. 나는 크루즈 여행 영상을 볼수록 크루즈 여행에 매료되어 갔다.

〈권마담TV〉에서 내가 가장 좋아하는 영상이 있다. 바로 '로열 캐리비언 크루즈 여행 둘째 날 V-Log'다. 영상 중반부에는 선장님과의 포토타임을 갖는다. 저 큰 배의 선장님과 사진을 찍는다면 어떨까 상상해 본다. 그리고 레스토랑에서의 고급스러운 저녁식사가 이어진다. 뷔페식으로 음식 하나하나가 맛있어 보인다. 사람들은 즐겁고 행복해 보인다. 이 영상에 나오는 모든 것들은 내 가슴을 뛰게 만들었다.

한번 눈을 감고 상상해 보라. 정말 고급스러운 크루즈 안에서 이 모든 걸 즐기고 있는 모습을. 고급스러운 음식을 먹으며, 마음껏 즐기는 모습을. 그리고 이 모든 것을 바다 위에서 즐기는 모습을. 실내에서 이 모든 것들을 즐기다 창밖을 보면 드넓은 바다가 보인다.

나는 영상을 보는 내내 크루즈 여행을 상상하게 되었다. '내가 저 배 안에 있다면 어떨까?', '가족과 함께 크루즈 여행을 해 보고 싶다', '저 안에서 여행하면 진짜 좋겠다.'

그렇게 크루즈 여행은 내 버킷리스트에 추가되었다.

어렸을 적부터 우리 집은 가난했다. 그래서 여행은 꿈꿀 수도 없었다. 사실 내가 더 어렸을 때 우리 집은 중산층의 삶을 살았다. 하지만 아버지의 무리한 투자로 빚이 생기면서 형편이 어려워졌다. 내가 대학생이 되고 나서 상황은 더 안 좋아졌다. 친구들과 먹는 점심식사가 부담으로 다가올 정도였다.

우리 가족에게 여행은 사치였다. 경제적인 어려움은 집안 분위기에도 영향을 끼쳤다. 집에 있을 때나, 밖에 있을 때나 마음이 편치 않았다. 나는 매일 통학하는 지하철 안에서 고민을 적었다. 답을 찾기 위해 미친 듯이 책을 읽었다. 하지만 나아지는 건 없었다. 그렇게 4학년이 되었다.

경제사정이 어려워질수록 나는 점점 어두워져 갔다. 뭘 해도 안 될 것 같았다. 멘탈이 무너지다 보니 취업 준비도 하지 않게 되었다. 나는 점점 더 폐인이 되어 갔다. 밤새워 게임을 하고 학교를 가는 날이 늘었다. 학교에 다녀오면 다시 밤새워 게임을 했다. 친구들은 취업 준비로 자신의 살길을 찾고 있었다.

그때의 나는 분노와 절망으로 가득 차 있었다. 안에 쌓인 분노를 풀 곳이 없었다. 그렇게 쌓인 분노는 내 삶을 파괴하고 있었다. 하루하루 내 삶을 더 망가뜨리고 있었다. 망가져 가는 생활 속에서 꿈이나 희망이 보일 리 없었다. 그렇게 내 생활은 폐인의 삶이 되어 갔다. 폐인의 삶에 물들어 쓰러지고 있었다. 그때 고맙게도 친한 친구들의 반강제적 도움으로 취업 준비를 시작했다. 그러곤 나의 폐인 생활을 깔끔하게 청산하게 되었다. 바로 삼성전자에 합격한 것이다.

분노와 절망에 가득 차 있던 나는 절박했다. 더 이상 이렇게 살기 싫었기 때문이다. 빚 때문에 어려워하는 어머니를 돕고 싶었다. 그리고 멋지게 인정받고 싶었다. 그래서 삼성전자에 지원하던 그날부터 속으로 수천 번, 수만 번 기도했다. 꼭 합격하게 해 달라고. 그리고 책에서 읽은 내용을 실천에 옮겼다. 바로 종이에 적은 것이다. 나는 삼성전자에 합격한다는 목표를 종이에 적어 내 방 곳곳에 붙여 두었다. 그리고 매일 합격하는 모습을 상상했다.

합격 발표 당일이 되었다. 삼성전자는 각 전형 단계별로 합격하면 퍼즐이 끼워지는 방식이었다. 나는 채용 홈페이지에 로그인을 했다. 조심스레 아이디와 패스워드를 입력했다. 그러곤 내 합격 퍼즐을 확인했다. 기적과도 같이 내 합격 퍼즐이 끼워졌다. 그리고 나는 동생과 함께 집에서 기뻐하며 방방 뛰었다. 삼성전자 입사는 단순한 취업이 아니었다. 우리 가족이 여행을 다시금 꿈꿀 수 있게 해 주었다. 그리고 나는 가족들에게 크루즈 여행을 제안했다.

입사한 지 6년이 지났지만 아직 크루즈 여행을 가지 않았다. 크루즈 여행을 알게 된 지 얼마 되지 않았기 때문이다. 하지만 크루즈 여행은 이미 진행되고 있다. 내가 이 글을 쓰고 있기 때문이다. 지난번 어머니께 슬쩍 운을 떼 보았다. 어머니는 유럽으로 여행을 가고 싶다고 하셨다. 동생도 마찬가지였다. 그래서 나는 유럽 크루즈 여행을 준비하고 있다. 이왕이면 2주 이상은 가고 싶다. 2주 동안 고급 크루즈 안에서 즐기고 싶다. 가족들과 맛있는 음식을 먹고, 재미있게 즐기고 싶다.

당신은 목표를 글로 적으면 이루어진다는 사실을 알고 있는가? 목표는 이루어진다는 말은 사실이다. 나는 많은 책들에서 그 사실을 읽었다. 그리고 몸소 체험했다. 버킷리스트를 글로 적는 것이 필요한 이유는 적는 순간 이루어지기 때문이다. 믿기 어렵겠지만 사실이다.

그래서 나는 지금 이 글을 적는다. 내 버킷리스트인 가족과의 크루즈 여행을 말이다. 그리고 생생하게 상상한다. 이미 그곳에 있는 것처럼 상상한다. 가족과 함께 크루즈 안의 레스토랑에서 저녁을 먹는 모습을 상상한다. 방 안에서 넓은 바다를 보며 잠드는 것을 상상한다. 이미 이루어진 모습을 생생하게 상상할수록 내 꿈은 더 잘 이루어진다. 나는 이 사실을 알기 때문에 이 글을 쓴다.

올 한 해에는 가족들과의 크루즈 여행을 시작으로 더 많은 것들을 이루고 싶다. 그리고 그 이후에도 더 많은 것들을 이룰 것이다. 내 버킷리스트는 마르지 않기 때문이다. 우리는 이 세상에 원하는 것들을 이루기 위해 태어났다. 더 많은 것을 경험하고, 더 많은 것을 즐겨야 하는 이유다. 경제적 문제 때문에 꿈꿀 여력이 없다면, 나처럼 해 봐라. 내가 그랬듯 당신도 할 수 있다. 원하는 바를 종이에 글로 적어라. 그리고 이루어진 모습을 생생하게 상상하라. 글로 적는 데는 많은 노력이 필요하지 않다. 하지만 글로 적음으로써 당신의 목표는 이루어지게 된다.

한강이 보이는
아파트 구입하기

뉴스에서 집값 보도를 할 때 가장 많이 언급되는 곳은 강남이다. 줄곧 강남의 아파트값을 이야기하며 부동산 시장을 논하는 것은 강남이 대한민국의 부동산 시장의 중심이기 때문이다. 강남 집값이 비싼 것도 그 이유다. 또한 그만큼 많은 사람들이 살고 싶어 하는 지역이다.

하지만 강남 포함 대한민국에서 사람들이 가장 살고 싶어 하고 비싼 곳은 따로 있다. 바로 한강이 보이는 아파트다. '한강이 보인다'는 그 사실 하나만으로도 부동산으로써 충분한 가치를 지닌다.

나는 초등학교 시절부터 지금까지 인천에서 살고 있다. 20여 년을 이곳에서 살면서 동네가 변해 가는 모습을 보았다. 가게가 없어지고 새로 생기는 모습들, 길이 새로 뚫리고 지하철역이 생긴 모습. 그 덕분에 우리 집은 역세권에 위치하게 되었다. 집 근처에는 공원도 있어 산책하기에 좋다. 또한 주변에 대형마트와 도서관도 있다. 사실 따지고 보면 없는 게 없는 완벽한 곳이다. 하지만 딱 한 가지가 없다. 바로 한강이 보이지 않는다는 것이다.

우리 집은 로열층인 11층에 위치하고 있고, 남향이라 햇빛도 잘 들어온다. 아침에 일어나 베란다 창문을 열면, 따스한 햇살과 상쾌한 바람을 맞을 수 있다. 또한 몇 년 전에 리모델링을 해서 집 안이 깔끔하고 모던하다. 방도 3개에 온수도 잘 나온다. 정말 갖출 건 다 갖추고 있다. 하지만 한강이 보이지 않는다. 집 앞 베란다에서는 아파트 앞 동이 보인다. 뒤 베란다에서는 청라에서 강서를 잇는 'BRT'라는 도로가 보인다. 저 멀리 산도 보인다. 하지만 역시 한강은 보이지 않는다.

초등학생 시절 같은 아파트의 다른 동에 사는 친구 집에 놀러 간 적이 있다. 그곳에서는 날씨가 좋으면 63빌딩이 보인다고 했다. 우리 집에선 아파트 앞 동과 도로밖에 보이지 않았다. 그래서 집에서 63빌딩을 볼 수 있다는 것 자체로도 매우 부러웠다. 63빌딩에 가 본 적도 없던 나였다. 그래서 63빌딩을 보기 위해 종종 친구 집에 놀러 갔던 기억이 난다. 하지만 내가 놀러 가는 날엔 날씨가 거의 좋지 않았다. 그래서 63빌딩을 보지 못했다.

그러던 어느 날 드디어 그 친구 집에서 63빌딩을 보게 되었다. 운이 좋게도 날이 맑았고, 햇살이 밝았다. 나는 아직도 친구 집 베란다 저 멀리 보이던 63빌딩의 모습을 잊지 못한다. 63빌딩이 뭐라고 그렇게 기뻐했는지 모르겠다. 그저 집에서 63빌딩이 보인다는 것이 상징적인 의미가 있었던 것 같다. 하지만 점점 나이를 먹어 가면서 63빌딩이 보이는 것은 별 의미가 없어졌다. 그저 우리 집에 만족하게 되었다. 그리고 집 근처 인프라에 감사하게 되었다. 그렇게 현실에 만족하며 살고 있던 중에 나는 TV에서 한 장면을 보게 되었다.

나는 집에서 식사를 할 때면, 주로 VOD를 통해 예능을 본다. 예전에는 〈무한도전〉을 주로 봤고 요즘에는 〈나 혼자 산다〉를 그렇게 본다. 여러 패널들과 게스트들이 사는 모습을 보며 위로와 재미를 얻는다. 또한 어떨 땐 목표가 생기기도 한다. 바로 개그우먼 박나래 씨가 사는 집이 내 목표가 된 것처럼 말이다.

민낯에 머리에 까치집을 지은 상태로 일어난 박나래 씨가 거실로 나왔다. 그러고는 거실에 설치된 커튼을 젖혔다. 그러자 눈앞에 환상적인 한강 뷰가 펼쳐졌다. 그 한강 뷰는 내 마음을 사로잡았다. TV로 보고 있는데도 "우와" 소리가 절로 나왔다. 맑은 햇살과 파랗게 넘실거리던 한강은 안구정화 그 자체였다. 또다시 가슴이 뛰기 시작했다.

평소 나는 가슴 뛰는 것이 생겼을 때 바로 행동한다. 바로 버킷리스트에 적는 것이다. 박나래 씨가 나온 〈나 혼자 산다〉를 본 후로 한강이 보이는 아파트는 바로 내 버킷리스트에 추가되었다. 그리고 나는 한강이 보이는 아파트에서 사는 내 모습을 상상하기 시작했다. 상상하기 위해 가장 먼저 해야 하는 일은 바로 정보 검색이다. 나는 인터넷과 유튜브로 한강 뷰가 보이는 아파트를 검색하기 시작했다.

검색을 하다 보니 가장 먼저 보이는 것이 아파트 가격이었다. 일반 아파트보다 많게는 10배가 넘는 가격에 설레던 내 마음이 조금씩 걱정으로 변해 갔다. '과연 내가 이 아파트를 살 수 있을까?', '이 아파트를 사기 위해서는 얼마를 벌어야 하는 거야?', '역시 이런 곳은 부자만 살 수 있을 거야', 가격을 알아볼수록 내 가슴속은 답답해져 갔다. 하지만 내가 누구던가. 나는 목표를 글로 적으면 이루어진다는 아주 중요하고도 당연한 진실을 알고 있다. 그래서 나는 이런저런 걱정들을 뒤로하고 지금 이 글을 적고 있다. 한강이 보이는 아파트를 내 가슴에 품고서 말이다.

한강 뷰 아파트를 검색하던 중 또 하나의 대박 하우스를 발견했다. 개인적으로는 박나래 하우스보다 더 대박인 곳, 바로 소녀시대 써니의 집이다. 유튜브에서 그 집을 보자마자 '아, 이 영상을 왜 이제야 봤을까?'라는 생각을 했다.

그 집이 내 마음에 쏙 든 이유는 바로 한강을 바라보고 있는 통유리 때문이었다. 거실 전체도 통유리로 되어 있다. 중요한 것은 그 통유리가 전부 한강 뷰였다. 그 집을 알게 된 후로 한강 뷰 아파트의 구체적인 그림이 내 머릿속에 그려졌다.

버킷리스트에 한강이 보이는 아파트를 글로 적었으니 이제 상상할 차례다. 이 글을 읽고 있는 당신도 눈을 감고 상상해 보자. 당신의 집은 지상 40층의, 한강이 보이는 아파트다. 거실은 통유리로 되어 있어 한강 건너편 모습까지 전부 볼 수 있다. 통유리 밖으로 보이는 시원한 한강 뷰는 가슴속 깊은 곳까지 뻥 뚫어 준다. 파란 한강은 그 자체로 안구정화다. 한낮의 맑고 시원한 한강 뷰도 예술이지만, 노을 지는 풍경은 더 아름답다. 노을 지는 한강 풍경을 바라보며 마시는 커피 한 잔은 이 세상 그 어떤 커피보다 맛있다. 노을이 지는 장면은 가수 써니의 방송 화면에도 나오니 한번 찾아보기를 추천한다.

그렇게 해가 지고 나면 한낮의 풍경은 고요하지만 따뜻한 풍경으로 바뀐다. 곳곳에 켜진 가로등 불빛과 차들이 비추는 전조등 불빛은 어두운 한강 하늘을 따뜻하게 비춰 준다. 이 모든 것들을 집에서 매일 바라볼 수 있다면 얼마나 행복할까?

당신도 한강이 보이는 아파트를 바라게 되었다면 바로 펜을 들어 당신의 버킷리스트에 추가하라. 그리고 매일 그곳에 사는 모습을 생생하게 상상하라. 영상도 찾아보고 직접 찾아가 보기도 해라.

생생하게 상상할수록 확실히 이루어질 것이다. 그러니 만큼 영상을 보고, 사진을 보며 더욱더 구체적으로 생생하게 그곳에 있는 당신을 상상하라. 심장이 두근거릴 정도로, 그곳에 실제로 있다는 생각이 들 정도로 말이다. 나 역시 이 과정을 진행하고 있다. 그리고 마지막으로 실제 그 집을 찾아가고자 한다.

나는 이전에도 드림카인 마세라티를 시승했다. 더욱 생생하게 상상하기 위해서였다. 하지만 대다수는 생생하게 상상하기 위해 시승 신청을 하지 못할 것이다. 민폐를 끼칠 것 같기 때문이다. 우리는 고객의 입장에서 당장 사지 않더라도 시승할 수 있다. 하지만 나도 시승 신청을 하면서 매우 부담되었고 걱정되었다. 그리고 불안했다.

사실 시승 전까지 나는 딜러분께 거짓말을 했었다. 이제 곧 사기 위해서 올 것이라고 말이다. 그래서 옷도 최대한 비싼 옷을 입고 갔다. 그리고 최대한 편하고 당연하게 행동하려고 노력했다. 하지만 딜러분은 곧 알아차렸다. 그래서 사실대로 이야기했다. 하지만 딜러분은 오히려 원래의 시승 시간을 넘어 조금 더 탈 수 있도록 배려해 주셨다.

사실 잠재고객으로서 시승하는 것, 아파트를 구경하는 것은 전혀 문제가 되지 않는다. 혹시 나 때문에 다른 고객이 예약을 못할까 걱정되는가? 그러나 정말 구매하고자 하는 고객이라면 그 시간을 피해서 어떻게든 방문할 것이다. 나 역시 아파트를 구경하기 위해 곧 부동산을 방문할 예정이다. 굳이 살 것이라는 거짓말은 하지 않을 것이다. 언젠간 사러 갈 것이니까. 꿈은 실천하는 자의 것이다.

어머니께
벤츠 S클래스 사 드리기

'부자들이 타는 차' 하면 어떤 차가 생각나는가? 차를 좀 아는 사람이라면 벤틀리, 람보르기니, 페라리, 포르쉐 등 소위 슈퍼카를 떠올릴 것이다. 하지만 차를 잘 모르는 사람이라도 바로 떠올리는 차가 있다. 바로 벤츠다. 물론 BMW나 아우디 같은 차를 좋아하는 사람들도 있다. 하지만 내 주변의 많은 사람들은 보통 벤츠를 떠올렸다. 나 역시 그랬다. 부자라면 역시 벤츠를 타야 한다.

우리 어머니께서는 2년째 아반떼를 타고 다니신다. 어머니께서는 직업 특성상 이동할 일이 많아 차를 많이 타신다. 물론 아반떼는 차도 작고 연비도 괜찮아서 일하면서 타기에는 안성맞춤이다. 하지만 역시 승차감이나 차의 안전성은 조금 떨어진다. 고속으로 주행할 때는 차가 많이 흔들리고 소음도 심하다. 그리고 차체가 가벼워 안전도 걱정된다. 그리고 무엇보다 부자가 타는 차가 아니다.

아반떼는 이른바 하차감이 없는 차다. 나는 어머니께 아반떼보다 더 좋은 차를 선물해 드리고 싶다.

차라는 것은 이동을 위한 수단이다. 하지만 단순히 이동만을 위한 수단 그 이상의 의미를 갖기도 한다. 당신은 하차감이라는 말을 들어 본 적이 있는가? 승차감은 들어 봤어도 하차감은 처음 듣는 사람이 많을 것이다. 하차감이란 차에서 내렸을 때 주변에서 나를 보는 시선에서 느껴지는 만족감 같은 것이다. 즉, 좋은 차를 타고 내리면 주변에서 부러움의 시선으로 보는 데 만족을 느끼는 것이다. 이를 단순한 허세로 볼 수도 있다. 하지만 하차감은 차를 구매하는 데 있어 중요한 요소다. 당신이 운전을 하는 사람이라면 보다 공감이 잘될 것이다.

눈을 감고 상상해 보자. 당신은 지금 서울 강남 한복판에서 운전을 하고 있다. 강남의 도로는 정말 혼잡스럽다. 그런데 앞에 갑자기 차가 끼어든다. 이때 그 끼어든 차가 경차라고 생각해 보자. 아마도 경적을 울리는 정도가 심해질 것이다. 어쩌면 그 차를 막아서서 내리라고 손짓을 할지도 모르겠다. 그 차가 잘못했기 때문이기도 하지만 그 차가 경차이기 때문이다. 물론 경차도 좋은 차다. 연비도 좋고 주차도 편하다. 하지만 도로에서는 인정받지 못하는 차다. 크기도 작고 가격도 저렴하기 때문이다. 그래서 누구나 만만하게 생각할 수 있다.

하지만 만약 그 끼어든 차가 10억짜리 람보르기니라면 당신의 반응은 어떨까? 오히려 끼어들기 전부터 길을 터 줄지도 모르겠다. 혹여 그 차에 흠집이라도 낸다면 수리비가 엄청날 것이기 때문이다. 또한 람보르기니라는 차가 갖는 이미지 때문이다. 람보르기니는 부자 중에서도 정말 엄청난 부자들만이 타는 차다. 그만큼 도로에서 보기도 어렵다. 보기 어려운 만큼 그 가치를 인정받는 차다. 오죽하면 우스갯소리로 엠블럼이 동물 모양인 차는 모두 피하라는 이야기가 있겠는가. 이것이 바로 하차감이다. 강남 한복판에서 경차에서 내리는 당신과 람보르기니에서 내리는 당신이 느낄 시선의 차이를 상상해 보면 쉽다.

내가 하차감에 대해서 생각하게 된 이유는 시계 때문이다. 요즘 손목시계로 시간을 보는 사람들이 얼마나 많을까? 물론 손목시계가 시간을 보기에 편한 건 사실이다. 하지만 휴대전화 시계가 훨씬 더 정확하고 간편하다. 휴대전화는 거의 항상 소지하고 다닌다. 또한 시간을 따로 맞추지 않아도 알아서 정확한 시간을 표시해 준다. 하지만 사람들은 적게는 몇십만 원부터 많게는 몇억 원짜리 손목시계를 산다. 시간을 알기 위함이라면 휴대전화 시계를 보면 되는데 왜 군이 저렇게 비싼 시계를 사는 것일까?

약 3년 전, 나는 내게 손목시계를 선물하기로 했다. 당시의 내게 시계는 단순히 시간을 알려 주는 도구 이상의 의미를 갖고 있었다. 시계는 코디를 위한 패션 소품이기도 했다. 또한 휴대전화를 꺼내지 않고 빠르게 시간을 확인할 수 있는 도구이기도 했다. 하지만 가장 중요한 의미는 바로 내 만족감이었다.

손목시계는 나의 정체성을 표현해 주는 도구였다. 내가 어떤 취향을 갖고 있는지 보여 주는 도구였다. 또한 셔츠를 입었을 때 손목에서 살짝살짝 존재감을 드러내며 내 패션 센스를 돋보이게 해 주는 아이템이기도 했다. 그리고 무엇보다 그 시계를 차고 있는 자체가 내게 만족감을 전해 주었다. 또한 남들이 그 시계를 알아봐 주고 인정해 줄 때도 느낄 수 있었다.

예전에 헤어스타일 손질하는 법에 대한 강의를 들은 적이 있다. 그때 강사가 이런 말을 했다.

"미용실에 갈 때에는 옷을 잘 차려입고 가라."

옷을 편하게 입고 미용실에 갈 경우 디자이너에게 더 좋은 대접을 받기 어렵기 때문이라는 것이었다. 더 깔끔하고 좋은 옷을 입고 가면 상대방도 나를 더 존중해 주고 대접해 주기 때문이다.

또한 이런 실험 결과도 있다. 무단횡단을 할 때 무단횡단 하는 사람의 복장에 따라 얼마나 많은 사람들이 따라 하는지에 대한 실험이었다. 실험은 총 두 번 행해졌다. 한 번은 추레한 옷을 입고 무단횡단을 했다. 또 한 번은 멀끔한 정장을 입고 무단횡단을 했다. 결과가 어떠했을 것 같은가? 역시나 정장을 입었을 때 더 많은 사람들이 실험자를 따라 무단횡단을 했다. 즉, 입고 있는 옷에 따라 사람들에게 미치는 영향력이 다른 것이다.

나는 우리 어머니께서 어딜 가든 사람들에게 존중받기를 원한다. 또한 어머니 본인도 항상 만족하고 행복하시기를 바란다. 지금 타고 다니시는 아반떼도 좋은 차다. 하지만 어머니께서는 종종 말씀하신다. 더 좋은 차를 타고 싶다고. 하지만 현재의 경제 사정이 넉넉지 않다고. 나는 이런 말을 들으면 가슴이 아프다. 세상 어떤 아들이라도 어머니께 더 좋은 것만 해 드리고 싶을 것이기 때문이다.

그래서 나는 어머니께 벤츠 S클래스를 선물해 드리자고 결심했다. 많은 사람들이 인정하는 좋은 차인 벤츠. 그리고 벤츠 중에서도 가장 좋은 차로 인정받는 S클래스 말이다. 어머니께서 벤츠 S클래스를 운전하시며 그 승차감에 만족하시기를 바란다. 또한 차에서 내릴 때 하차감에서도 만족하시기를 바란다. 그리고 더 안전하고 성능 좋은 차를 운전하시기를 바란다.

어머니께서 벤츠 S클래스를 좋아하실지는 의문이다. 아직 물어보지 않았기 때문이다. 그저 더 좋은 차를 원하셨지, 벤츠 S클래스 같은 최고급차를 말씀하신 거는 아니기 때문이다. 혹여 부담을 느낄지도 모르겠다. 하지만 나는 어머니께 꼭 벤츠 S클래스를 타게 해 드릴 것이다. 평생 가족들과 자식들을 위해 희생하신 어머니께 최대한 좋은 것들을 누릴 수 있게 해 드리고 싶다.

물론 나도 벤츠 S클래스의 가격이 부담된다. 하지만 나는 이 목표가 반드시 이루어질 것임을 알고 있다. 나는 목표를 글로 적는 것의 중요성을 아주 잘 알고 있다. 목표를 머리로만 생각하는 것과 글로 적는 것에는 아주 큰 차이가 있다. 목표는 글로 적는 순간, 힘을 가진다. 글로 적는 순간, 그 목표는 내 머릿속 잠재의식에 각인된다. 그리고 그 목표가 이루어진 모습을 생생하게 상상할수록 그 목표는 더욱더 확실히 이루어진다. 나는 이 방법을 이용해서 지금의 회사에 취직했다. 앞으로도 나는 많은 것들을 이룰 것이다.

PART 04

부동산 분야로
미래
개척하기

- 변도연 -

변도연 연애 심리 코치, 자기계발 작가, 동기부여가

인간관계에서 가장 중요한 것이 무엇인지를 전제로 자존감을 높이는 방법과 조금 더 똑똑하게 살아가는 법에 대해
고민해 왔다. 그리고 그 과정에서 많은 경험을 해 큰 깨달음을 얻었다. 앞으로 인간의 심리를 통해 많은 이들에게
영향력 미치는 멘토가 되고자 한다.

부동산 경매로
땅 부자 되기

주변을 보면 부동산에 목매는 사람들이 한둘이 아니다. 부동산은 최고의 가치를 갖는 재테크다. '부자'라는 아이콘에서 부동산이 차지하는 비중은 이루 말할 수 없을 정도다. 흔히 '땅 부자'라고 불리는 사람들이 이에 해당된다.

사실 나에게 부동산은 이사할 때나 들르는 곳이었다. 때문에 당연히 부동산 경매란 것이 뭔지도 몰랐다. 그저 '돈 있는 사람들이나 하는 것이고, 그 사람들이 땅을 사고 나중에 땅값이 올라 돈을 번다'라는 정도로만 생각했다. 그런 부자들의 전유물은 나와는 상관이 없다고도 생각했다.

우리는 부동산 부자들이 돈을 번 얘기를 쉽게 접할 수 있다. 하지만 정작 그들이 부자가 된 방법이나 노력들은 흘려듣는다. 단지 운이 좋아서 졸부가 된 것이라고 치부한다. 나 또한 그렇게 생각했다.

내 지인 중 한 명은 4억 원짜리 아파트 한 채를 소유하고 있었다. 그런데 5년 사이에 12억 원으로 불어났다. 가만히 앉아 있는데 돈이 저절로 3배나 껑충 뛴 것이다. 그때 나는 그 사람이 운이 좋은 사람이라는 생각만 했다. 어떻게 그 큰돈을 얻게 되었는지 그 과정 따위는 궁금하지도 않았다. 나는 어차피 가진 돈이 없는 데다, 돈이 있다 해도 그런 불확실하고 위험한 투자 같은 건 하지 않을 거라고 넘겨 왔기 때문이다.

부자가 되고 싶으면 그들이 어떻게 부를 축적하는지 알아야 한다. 그저 안전함만을 추구한다면 미래에 내가 가질 수도 있는 엄청난 기회와 부를 날려 버리게 된다. 그렇다면 가장 먼저 해야 할 것이 있다. 자산에 투자하는 것보다 배움에 투자하는 것이다. 그 배움에 대한 대가를 치르며 도전하겠다는 용기도 필요하다. 그리고 무엇보다 부동산 경매에 대해 아주 치밀한 계획을 세워서 공부하고 행동하는 것이 중요하다. 이 분야는 초보일수록 눈 뜨고도 코 베이는 경우가 많기 때문이다.

《배움을 돈으로 바꾸는 기술》의 〈배움은 수익이 약속된 최고의 투자〉에서 이노우에 히로유키는 다음과 같이 말했다.

"배움의 성과는 확실하게 자기 것이 되며, 평생 마이너스가 되는 일이란 없습니다. 게다가 경험을 거듭 축적함으로써 점점 더 자신을 갈고닦게 되어 부가가치가 덧붙게 되지요. (중략) 자산 형성 이상으로 중요한 것은 자신에게 투자하려는 결심입니다. 그리고 실제로 그 결심을 행동으로 바꾸어 나가는 자세이지요. 현재 20대 혹은 30대라면 자산을 형성할 자금을 자신에게 투자하는 편이 앞으로 더 큰 수확을 얻을 수 있을 겁니다. 저도 그 나이 때에는 배움에 투자를 아끼지 않았습니다."

대충 할 거면 시작도 하지 말아야 한다. 우리는 초·중·고·대학을 다니면서 학비며, 학원비며 수많은 배움에 투자해 왔다. 그럼에도 불구하고 현재의 내 상황을 봤을 때 그 엄청난 돈들을 낭비했다고 느껴질 수도 있다. 그러나 이는 현재 내가 이뤄 놓은 것이 없기 때문에 그렇게 느껴지는 것일 뿐이다. 배움은 어떤 방향으로든 나에게 도움이 될 수밖에 없다.

더군다나 내가 하고 싶은 분야는 부동산 경매다. 부동산 경매에 대해 배운 적도 경험한 적도 없으니 당연히 모를 수밖에 없다. 부동산 투자에 열을 올리는 수많은 사람들 중에서 부동산 부자들과 어깨를 나란히 하고 싶다면 처음부터 제대로 배우는 것이 우선이다. 지레 겁먹을 것이 아니라 배움에 대한 도전이 필요하다.

전은규 부동산연구소 소장은 초기 자본 3,000만 원으로 55억 원 땅 부자가 되었다. 그는 로또 살 돈 5만 원을 조금씩 모아서 부동산을 사들였고 부동산 경매를 했다. 그는 "경매는 시세보다 저렴한 가격에, 그것도 경락잔금대출을 이용해 큰 자본 없이 누구나 할 수 있다."라고 말했다. 사실 많은 사람들은 경매를 어렵게 생각한다. 자본이 없으면 못한다고 시작조차 않고 겁먹기 일쑤다.

한 아파트 지분이 경매로 나왔다. 최저가는 6,000만 원대. 낙찰을 받으려면 입찰보증금으로 600여만 원이 필요한 상황이었다. 하지만 K 씨의 수중에는 돈이 한 푼도 없었다. 여기저기 알아보다 마지막으로 직장인 신용대출을 알아보니 6%대 이자로 1,000만 원까지 즉시 대출이 가능하다는 것이었다.

K 씨는 이 물건의 가치를 제대로 파악했다. K 씨는 적절히 협상을 벌여 낙찰 받은 지 하루 만에 1,000만 원을 더 얹어서 다른 지분권자에게 되팔기로 합의했다. 이 물건에 투입된 K 씨의 자기 자본은 단지 1,000만 원을 대출받으면서 지급한 한 달 치 이자뿐이다. 요즘 유행하는 수익률로 환산하면 10,000% 이상이다.

이처럼 돈이 엄청나게 많은 사람들만이 부동산 경매에 손댈 수 있다는 편견을 깨뜨리는 사례는 흔하다. 직장생활을 하든 아르바이트를 하든 조금만 노력하면 몇천만 원은 아니더라도 얼마든지 몇백만 원의 종잣돈을 만들 수 있다. 이제 그 돈을 차곡차곡 적금에 드는 것으로 만족하느냐, 아니면 조금 더 크게 만들 수 있을지 생각을 전환하느냐에 따라 삶이 바뀔 수 있다. 우물 안 개구리처럼 얄팍한 지식을 가지고 내 미래를 단정하는 짓을 멈춰야 한다.

얼마 전 길을 지나가다가 휴지를 나눠 주며 호객행위를 하시는 아주머니 손에 이끌려 모델 하우스에 들어간 적이 있다. 부동산 투자와 관련해 관심은 갖고 있었다. 하지만 아직은 때가 아니고 돈도 없으니 알아 둘 필요가 없다고 생각하던 중이었다. 백화점 진열대의 물건 고르듯이 돈 있는 사람들만 누리는 '사재기'에 쓸데없이 끼어들어 뭐 하나 싶었다. 그러다 문득 이 사람들이 대체 나에게 무슨 이야기를 할지가 궁금해졌다. '아, 그냥 내가 낚여 준다. 오늘만…' 이러한 생각으로 내 인생 처음으로 모델 하우스에 들어갔다.

물건은 내년 7월에 입주가 시작되는 아파트 겸 오피스텔이었다. 앞에서 건장한 남자분이 조목조목 열심히 설명을 해 주셨다. 모델 하우스 내부도 꼼꼼히 보여 주고 투자 수익이나 경매 부분까지도 알려 주었다. 역시 자본금 1,000만 원만 있으면 된다는 말이었다. 10분밖에 시간이 없다고 해 놓고는 30분을 듣고 앉아 있었다. 그러다가 계약금 이야기까지 한 후 바로 나왔다. 사실 나는 아직 적은 돈도 투자할 만한 간덩이가 없었기 때문에 공부하는 셈치고 한번 들어 본 것이었다. 그런데 열변을 토하는 그 남자분 덕분에 새로운 경험을 하게 되었다.

아직까지 나는 부동산 경매에 대한 지식이 전무하다. 그냥 느낌만이 있을 뿐이다. 내가 이 분야를 공부해서 잘만 파고든다면 훗날 종잣돈부터 시작해 결국엔 무언가를 이루어 낼 수 있겠다는 확신이 든다. 부동산 투자는 정말 슈퍼리치가 되는 최고의 재테크다. 내가 적금을 꼬박꼬박 붓는다고 하자. 그래도 부동산 투자에 들인 돈과 비교했을 때 결과적으로 보면 그 격차는 상상 이상일 수 있다.

그냥 모으기만 한다고 부자가 되는 시대가 아니다. 그렇기 때문에 나는 경매에 대한 오해와 편견부터 버린다. 불황일수록 경매투자에 열을 올리는 부자들도 많다. 큰 것을 얻으려면 생각도 크게 해야 하고 도전도 크게 해야 한다. 나는 돈에 대한 두려움도 모두 버릴 것이다.

기본 전제조건은 배움과 도전이다. 부동산 경매를 철저하게 배우고 다양한 사례를 보고 분석한 후 실전 경험까지 갈 것이다. 최소한의 자본이 생긴다면 부동산 경매에 도전해서 꾸준한 평생직장으로 만들 것이다. 이미 결론은 나와 있다. 때문에 이 분야에서 내 미래를 개척해 나갈 것이라는 믿음만 가지고 가면 된다.

베스트셀러
작가 되기

'베스트셀러 작가는 아무나 하나?'

어릴 때부터 나는 책과 담을 쌓고 살아왔다. 공부야 성적을 내야 하기 때문에 억지로라도 했다. 하지만 책을 읽는 것은 왜 그렇게 싫었는지 모르겠다. 특히나 수능공부를 하던 고3 시절, 언어시험 공부를 위해 속독할 때의 그 부담감과 용지 앞뒷면에 빼곡했던 수많은 글들은 나를 숨 막히게 만들었다. 지금 생각해도 울렁증을 느낀다.

책이란 자고로 마음이 편안한 상태에서 읽어야 머리에도 잘 들어오고 가슴에도 와닿게 마련이다. 그런데 문제를 풀기 위한 속독은 나를 더욱더 글과 멀어지게 했었다. 그러니 책이야 말할 것도 없었다.

학교에 다닐 때 보면 책을 끌어안고 사는 친구들이 반마다 한 명씩은 꼭 있다. 흔히 안경을 끼고 말도 많이 없으며 살짝은 예민한 성격의 유형이다. 한번은 그런 독서광인 친구에게 내가 너무나도 궁금해서 물어본 적이 있다. "이렇게 책을 많이 읽으려면 오래 걸리지 않아? 나는 한 달에 책 한 권 읽는 것도 힘들다, 야." 그랬더니 그 친구가 "응, 난 대각선으로 읽어서 금방 읽어."라고 하는 것이 아닌가.

그 소리를 듣고 난 깜짝 놀랐다. 무슨 기인을 보듯 신기하게 바라봤던 기억이 난다. '정말 책도 많이 읽다 보면 저런 기술이 생길 수도 있겠구나' 싶었다. 하지만 그러거나 말거나 나에게는 부담스럽고 귀찮은 물건일 뿐이었다. 그러던 내가 지금 베스트셀러 작가가 되고 싶다는 버킷리스트를 작성했다.

나는 어릴 때부터 책은 싫어해도 감수성이 풍부했다. 그리고 여러 가지 새로운 정보를 파고들어 알아보려는 호기심이 많았다. 그러다 보니 어느 한 분야에 꽂히면 책이고 영상이고 그와 관련된 자료들을 엄청나게 수집하고 알아보곤 했다. 그때부터인지 모르겠다. 나는 무언가 한 가지를 정하면 끝까지 파고드는 집념이 있었다. 그러다 보니 쓸데없는 잡다한 지식들이 머리에 쌓였다. 상상력이란 상상력은 하늘을 뚫고 나갈 기세였다. 이런 망상에 빠져 사는 나를 이상한 사람으로 보지 않고 곁에 있어 준 지인들이 고마울 따름이다.

대학 시절, 그놈의 리포트 과제는 얼마나 많았는지 모르겠다.

감상문, 보고서, 요약문 등 그것도 모자라 설명을 해야 하는 상황도 빈번했다. 하지만 내가 과제들을 해내면 교수님들께서는 나에게 공통적으로 "네가 보기와는 다르게 글 쓰는 재주가 있는 것 같아. 조금 더 그쪽으로 공부해 보는 게 어떻겠니?"라고 말씀하셨다.

책을 그렇게 싫어하는 내가 글재주가 있어 보인다는 소리에 일단 기분은 좋았다. 그런데 그때는 일단 성적을 잘 받아야 하니 잘 쓰려 했던 것이었다. 책과는 함께하고 싶지 않았다. 단지 칭찬을 들었으니 '나도 나중에 한번 작가나 되어 볼까? 작가는 어차피 나이 들어서도 할 수 있는 직업이잖아'라고 생각만 했다.

한 3년 전쯤, 드라마 대본을 보며 작가분들과 이야기를 나눌 일이 많았다. 연극영화과를 전공한 나에게 희곡을 보는 것은 일상이었다. 그러나 드라마 대본은 조금 낯설기도 했다. 연기자로서 연기를 하는 것에만 초점을 두고 있었지 내가 대본을 쓴다는 생각은 해 보지 않았다.

그러던 어느 날 작가분들의 고충을 듣던 중, 성공한 드라마 작가들의 이름과 그들의 수입을 듣고는 놀라움을 금치 못했다. 회당 1억 원 이상을 받는다고 했다. 그때부터 김수현 작가는 나의 동경의 대상이었다. 김수현 작가는 높은 직급의 PD나 톱 배우들조차도 감히 찍소리 할 수 없는 대단하신 분이다.

그런데 왜 하필 김수현 작가일까. 그분의 작품 중 하나인 〈천일의 약속〉이라는 드라마가 있다. 배우 수애가 극 중에서 알츠하이머 환자로 나온다. 자신의 병을 알고는 사랑하는 남자와의 이별을 선택한다. 그렇게 이루어질 수 없는 사랑의 아픔을 실감나게 연기했다. 거기에 나오는 주옥같은 대사들은 감탄이 절로 나온다. 이렇게 글을 쓸 수 있는 사람은 오직 김수현 작가뿐이라는 생각이 들었다.

그녀는 국내 최고의 원고료를 받는다. 원고를 원하는 방송사가 줄 서 있다. 김수현 사단이 있을뿐더러 그녀는 항상 대본 리딩에 참석한다. 연기자들의 쓸데없는 애드리브는 용납하지 않으며 토씨 하나까지도 일일이 다 체크한다. 그렇기 때문에 대본 리딩 중에 잘리는 배우들도 부지기수다. 그만큼 자신의 글에 대한 자부심이 대단하다. 그 누구도 함부로 대할 수 없는 작가 중의 작가인 것이다.

그때부터다. '내가 배우만 할 필요가 있나? 작가를 하면 되지. 내가 선택받는 입장이 아니라 작가로서 나만의 그림을 그리고 그에 맞는 배우를 내가 선택할래'라고 생각한 것이. 그래서 난 드라마 작가의 꿈을 키웠다.

나를 표현하고 표출하는 것이 내가 원하는 일이었다. 그것을 연기로 승화할 생각이었다. 그냥 열심히만 하면 되리라 믿었다. 그러나 그 표현의 자리가 만들어지지 않으면 아무리 표출하고 싶어도 내 마음속에서 부글거리기만 할 뿐이었다. 그러니 마음에 병이 생길 수밖에 없었다. 그런데 굳이 연기가 아니더라도 글로도 얼마든지, 아니, 오히려 더 마음껏 표현할 수 있다는 것이 나에겐 큰 의미로 다가왔다. 희망이 생긴 것이다.

'공지영'이란 사람은 우리나라에서 모르는 사람이 없을 정도로 유명한 소설가다. 그녀가 쓴 책들은 내가 아주 어릴 때부터 읽어 왔다. 영화로 리메이크된 경우도 많은 것으로 알려져 있다. 대표작으로《도가니》,《우리들의 행복한 시간》등이 있다.

소설을 원작으로 개봉한 영화는 말 그대로 대박났다. 자신의 상상력과 생각으로 어떻게 저런 이야기들을 풀어내며 영상으로까지 이어질까. 내가 가진 이야기를 누군가 영화화해 준다면 얼마나 행복하고 뿌듯할까. 내가 만든 스토리와 캐릭터가 화면으로 만들어진다는 것을 상상하니 작가라는 직업이 더욱더 매력적으로 느껴졌다. 극 중에서 작가의 직업을 가진 배우만 봐도 왠지 모르게 있어 보였다. 여자 직업으로 '작가'는 최고란 생각이 들었다. 덤으로 글을 쓴다고 머리를 그만큼 쓰는 만큼 치매도 피해 가겠다는 생각까지 들었다. 미래의 직업으로 안성맞춤이었다.

나는 아직 인생을 오래 산 것은 아니다. 하지만 지금껏 여러 가지 우여곡절을 겪었고, 연기를 전공한 만큼 남다른 감수성과 재능을 가지고 있다. 때문에 이 분야에 대해 진지하게 생각해 볼 수 있었던 것이다. 사실 두 달 전까지만 해도 작가란 직업을 간 보듯이 떠올려 보기만 했었다. 내가 정말로 작가의 길을 갈 거라고는 전혀 예상하지 못했다. 이제 나에게는 드라마 작가 또는 소설가가 되어 베스트셀러 작가가 되겠다는 꿈이 생겼다.

그렇게 평생 책과는 담 쌓고 살아온 내가 소설작법, 드라마 작법 등의 도서를 읽다가 욕심이 생겼다. 이러다가 어느 세월에 책을 쓰고 내 작품을 만들 수 있을지 막막했다. 이왕이면 빨리해서 인정도 받고 돈도 벌고 싶었다. 그렇게 고민하던 중 《가장 빨리 작가 되는 법》이라는 책을 알게 되었다. 검색의 '신'인 내가 열심히 알아보고 찾아낸 고마운 책이다. 내가 원하던 내용들이 그 안에 전부 있었다. 그 책을 통해 대한민국 최고의 책 쓰기 코치인 김태광 대표 코치님을 만나 뵙게 되었다. 이후로 내 삶은 완전히 변하게 되었다.

글을 쓰는 것과 책을 쓰는 것은 다르다. 하지만 글이든 책이든 나는 작가가 되고 싶었다. 나의 생각과 경험을 허투루 쓰지 않고 직접 글로 풀어내고 싶었다. 지난날들을 헛되이 여기고 싶지 않았다. 몸으로 막노동을 하고 싶지도 않았다. 나와는 맞지도 않는 직장 생활을 하면서 인생을 암울하게 보내고 싶지 않았다.

그렇다면 자기계발을 통해서 내가 흥미 있어 하는 분야에 매진하면 되지 않는가. 그에 따른 시간과 비용을 투자하면 되지 않는가. '작가'는 세상에서 가장 매력적인 직업이다. 나는 다양한 분야의 글을 쓰고 책으로 출간하고 싶다. 그리고 그걸 넘어서서 내 작품을 영화화하고 많은 사람들의 공감과 사랑을 받는 베스트셀러 작가가 되고 싶다. 백년이고 천년이고 '나만의 작품'이 기록으로 남는다는 것은 자랑스럽고 행복한 일이다.

책도 이왕이면 빨리 쓰고 빨리 내야 경력도 쌓이고 그만큼 다른 분야로 진출할 수 있는 가능성이 커진다. 생판 책 쓰는 것도 모르는 내가 어떻게 작가가 될 것인가 생각할 수도 있다. 하지만 그것은 내가 가진 잠재력을 무시하는 나약한 생각일 뿐이다. 책도 사람이 쓰는 것인데 그렇게 한계를 둔다면 이 세상에 내가 할 수 있는 것이라곤 아무것도 없다. 겁먹고 피하고 미룬다고 될 것이 아니다. 써야겠다고 마음먹었을 때 시작해야 한다.

더 일찍 시작하지 않았던 것에 대한 후회도 없고 나중에 해야겠다는 생각은 더더욱 없다. '지금'이 나에게는 가장 완벽한 시기다.

1인
창업하기

'뭐 해 먹고 살지. 혼자 할 수 있는 일은 없을까⋯.'

1인 창업에 대해서 주위 사람들에게 이야기해 보면 돌아오는 답은 "장사하려고? 돈은 있니? 그냥 안정적으로 회사나 다녀라." 혹은 "요즘 세상에 장사하면 다 망해. 다 빚이야."라는 말 뿐이다. 물론 걱정해 주는 것은 고맙다. 하지만 무엇에 그렇게 데였기에 내가 무언가를 하고자 할 때마다 기겁을 하는지 도무지 이해가 안 되었다.

어찌 되었건 살아 있는 이상은 뭐라도 먹고 살길을 연구하고 고민해 봐야지 않겠는가. 가만히 앉아 있으면 하늘에서 떡이라도 떨어지겠는가. 그들이 하는 말도 틀린 말은 아니다. 하지만 두렵고 겁난다고 시작도 아닌 고민조차 안 해 보는 사람의 말을 들어 봤자 결국은 팔랑거리는 내 귀만 탓하게 될 것이다.

누구 밑에서 일하기도 싫고 직장생활을 하기도 싫고. 그런데 돈은 벌고 싶고. 많은 사람들이 가지고 있는 생각이다. 그들에게 물어 보면 "돈만 있으면 당장 회사 때려치웠지. 나도 하고 싶은 일로 사업도 하고 장사도 하고 싶지. 월급쟁이로 살기 싫다."라고들 말한다. 나 또한 어느 회사에 취직해서 고정적으로 수입을 얻는 직장생활을 단 한 번도 해 본 적이 없다. 경쟁률이 어마무시한 공무원이나 악착같이 스펙을 쌓고 노력해서 들어가려고 하는 다른 직업들도 마찬가지로 시도조차 해 본 적이 없다.

그렇게 내가 방 안에 틀어박혀 멍하게 TV나 보는 무기력한 생활을 이어 가던 중이었다. '넋 놓고 있지만 말고 이왕이면 안정적이고 전문적인 직업이 좋으니 알아보기나 할까?'라는 생각이 들어 급하게 찾아본 분야가 있었다. 예전부터 나는 심리학 분야에 관심이 있었다. 때문에 상담심리사나 임상병리사 등의 심리학 전문 직종에서 일하려면 어떤 과정을 거쳐야 하는지 낱낱이 파헤쳐 봤다. 동시에 사회복지와 관련한 공무원에 대해서도 알아보았다.

결론은 사회복지사나 상담심리사나 새로운 학사학위를 취득해야 한다는 것이다. 그 후에도 자격증 시험을 몇 차례 봐야 했다. 더 나아가 박사학위까지는 기본으로 따 줘야 어딜 가나 인정해 준다는 것이다. 이렇듯 안정적인 무언가를 하려면 그 직종에서 원하는 스펙을 쌓아야 했다. 그게 쉬운 일이 아니었다. 그만큼의 비용과 시간을 지불해야만 가능한 것이다. 거기다 박봉이라니, 참담했다.

이외에도 '무언가를 발명해서 특허를 내 볼까?', '그냥 남들처럼 대출받아서 커피숍이라도 해야 하나?' 등 별별 생각을 다 했었다. 정말 기가 막힌 건 생뚱맞게 '간호사를 해 볼까?'라는 생각도 했었다는 것이다. 학과도 문과 쪽인 데다 예술 분야를 전공했던 사람이 나이 서른 살에 도전해 보려 했던 직업이 뜬금없이 간호사란 게 부끄럽기도 했다.

나는 원래 욕심이 많다. 때문에 뭐 하나를 하더라도 좋은 곳에서 제대로 일하고 싶었다. 간호사가 되는 방법도 처음부터 끝까지 꼼꼼히 알아봤다. 6시간 동안 의자에서 단 한 번도 일어나지 않고 노트북과 휴대전화로 정보를 알아보고 노트에다 정리해 나갔다. 태어난 이후로 그렇게 집중한 적은 없었다. 그러나 허망하게도 역시나 고득점의 토익 점수를 받아야 했다. 간호대학을 다시 들어가서 졸업하고 국가자격증 시험을 보는 등의 관문들도 있었다. '참, 이제 와서 뭘 시작하려니 어느 것 하나 쉬운 일이 없구나…'라는 생각이 저절로 들었다.

말레이시아의 한 영자 신문에 실린 충격적인 기사가 떠올랐다. '한국의 최근 수출: 한국에 일자리가 없는 대학생들'이란 제목의 기사의 내용은 이렇다.

2018년 통계를 보면, 해외에서 일자리를 찾은 이의 약 3분의 1이 일본에서, 약 4분의 1이 미국에서 취업했다. 어떤 이유와 배경 때문인지는 모르겠다. 하지만 일본은 완전 고용을 넘어 심각한 구인난을 겪고 있는 사상 최대의 일자리 호황 상황이다. 미국 역시 근 반세기 만에 가장 낮은 실업률을 보이고 있다.

이 말인즉슨 우리가 겪고 있는 우울한 청년 실업률(25%)이 우리만의 문제라는 것이다. 2013년 기준 OECD 선진국의 평균 청년 실업률이 16%인 데 비해 한국은 약 20%로 높았다. 그러던 것이 2019년 3월의 경우 15~29세의 청년들 4명 중 1명(약 25%)이 실업 상태에 있다고 한다.

더군다나 우리나라의 교육열은 가히 전 세계 최고 수준이다. 드라마 〈SKY 캐슬〉만 봐도 우리나라의 교육 현실을 체감할 수 있다. 그렇게도 교육에 시간과 돈을 투자했건만 결과는 어떤가. 기껏 고생해서 스펙 쌓아 가며 올라왔더니 현실적인 고용률은 현저히 낮다. 수요가 공급을 충족하지 못하는 상황이다. 청년 실업률만도 심각한데 그 외의 층들은 어떨까. 말해 봐야 입만 아플 뿐이다. 빈부격차와 양극화 현상은 시간이 갈수록 심각하게 진행될 것이다. '언젠가는 경제 대공황이 한 번은 오지 않을까?'라는 생각도 든다.

나는 이런 현실과 타협하고 싶지 않았다. 타협하고 살아가기에는 내 인생이 너무나도 가엾다는 생각을 했다. 나에게도 내가 원하는 꿈이 있었다. 남들과는 다른 멋진 인생을 살고 싶었다. 그러려면 단 하나, 1인 창업만이 답이었다. 그렇다면 내가 할 수 있는 1인 창업에는 무엇이 있을까?

'메신저'는 조직에 몸담지 않아도 된다. 대단히 뛰어나지 않아도 된다. 모든 것을 잘할 필요도 없다. 하찮게 생각해 온 당신의 경험, 이야기, 메시지는 수많은 사람들이 목말라하는 가치다. 당신의 이야기는 생각하는 것보다 훨씬 더 어마어마한 가치를 지니고 있다. 당신은 수백만 명에게 메시지를 전달할 수 있고, 그 대가로 수백만 달러를 벌 수 있다.

"나는 메신저가 된 지 2년 만에 460만 달러를 벌었다. 3년이 되던 해에는 《골든티켓》으로 전 세계 베스트셀러 작가가 되었다. 회당 2만 5,000달러를 받으며 강연했다. 유수의 업체들이 나의 코칭을 받기 위해 수년을 기다렸다. 온라인 프로모션을 할 때마다 200만 달러의 매출을 올렸다. 이 모든 것이 단 한 명의 상근 직원 없이 재택근무로 이루어졌다. 이것이 바로 자신의 경험을 파는 1인 사업가, 백만장자 메신저의 삶이다."

이 말은 '1인 사업가'들의 경전으로 자리 잡은 세계적인 베스트셀러 《백만장자 메신저》의 저자 브렌든 버처드가 한 말이다. '메신저'란 자신의 경험과 지식을 메시지로 만들어 다른 이들에게 조언을 제공하고 그 대가를 받는 사람이다. 메시지의 주제는 좋은 부모 되는 법, 사업을 시작하는 법, 직장에서 성공하는 법 등 한계가 없다.

'정말 내 이야기 하나로, 잠시 스쳐 갔던 아이디어 하나로 그런 엄청난 삶을 살 수 있을까?'

나는 가진 것이 없고 딱히 뭐 하나 잘하는 것도 없는데 뭘 할 수 있겠냐는 심정이었다. 하지만 브렌든 버처드의 말을 들어 보면 그러한 내 생각들이 너무나 얄팍하기만 했다.

우리는 힘든 상황이나 고민거리가 있으면, 주변 지인에게 도움을 요청한다. 술 마시며 회포를 풀거나 커피 한 잔 하면서 내 감정과 고민을 털어 내기도 한다. 심각한 경우에는 상담사나 정신과 의사를 찾아가 약물까지 복용하기도 한다. 종교도 마찬가지다. 사람들이 종교를 따르는 것도 자신의 삶에 대한 고민과 불안함을 달래고자 하는 목적이 크다.

이렇듯 어디에서나 걱정거리도, 아무런 사고도 없이 안정적인 삶만을 사는 사람은 없다. 그렇다면 내가 그들에게 힘이 되어 주면서 경제적인 자유를 누리고 보람찬 삶을 살면 어떨까?

어떤 것이든 다 될 수 있다. 나의 경험이 될 수도 있고 내가 좋아하는 학문이나 취미 등 소재는 세상천지에 널려 있다. 단지 원하는 아이템에 내가 얼마나 깊이 빠져드는지가 중요하다. 그렇게 나만의 방식을 개척하기 위해 내 소명을 다할 것인가가 중요하다.

누군가에게 도움이 되면서 경제적인 자유까지 누리는 축복받은 삶을 살려면 세상 최고가 되겠다는 마음으로 그 분야에 임하는 것은 기본이다. 그중 내가 가장 먼저 해야 할 첫 임무는 바로 책 쓰기다. 아무것도 가진 것이 없는 이 상황에서 유일하게 내가 할 수 있는 일이다.

《잠재의식의 힘》의 저자 조셉 머피는 〈진정한 부의 원천〉에서 다음과 같이 말했다.

"잠재의식은 결코 아이디어가 고갈되는 법이 없습니다. 잠재의식에는 무한한 아이디어가 있어 언제든지 현재의식에 흘러들기 때문에 당신은 그것을 언제든지 꺼내 쓸 수 있습니다. 내가 강조하고 싶은 점은 만약 당신이 '부는 나의 것이며, 내 삶에 항상 순환하고 있다'라는 생각을 잠재의식에 불어넣으면, 어떤 형태로든 당신은 반드시 부를 얻게 된다는 것입니다."

나는 1인 창업가로 성공할 것이다. 부자가 되는 것을 가로막았던 모든 마음의 장벽을 다 허물 것이다. 이제는 하루가 다르게 의식을 확장하고 성장시키며 이전과는 완전히 다른 새로운 삶을 살아가리라 확언한다.

사람들에게
감사 표현하기

누군가 내게 도움을 주려 할 때마다 나는 미안한 마음이 들고 부담스러웠다. 그런데 내가 불편해하니 도와주려는 상대까지도 불편한 상황이 생겼다. 우리에게는 누구나 상대방의 기대에 부응하고 싶어 하는 심리가 있다. 반대로 우리가 누군가를 도와주려고 할 때를 생각해 보자. 그 사람이 미안해하며 거절하는 것보다 고마워하고 기뻐하면 더 뿌듯한 감정을 느끼게 마련이다. 그러니 더 도와주고 싶은 마음이 생길 수밖에 없다.

《언젠가 이 세상에 없을 당신을 사랑합니다》의 저자인 월호 스님은 다음과 같이 말했다.

"말은 밖으로 표현된 생각입니다. 그러므로 말에는 창조력이 있습니다. 그리고 말을 함으로써 그 창조 에너지는 우주 속으로 내보내집니다. 그 가운데에서도 '나는'이라는 표현은 우주에서 가장 강력한 창조력을 가진 진술입니다. 그래서 그 말 다음에 오는 표현을 체험케 한다고 합니다."

스님의 말씀처럼 마음은 방송국의 수신 안테나와 같다. 내가 생각하는 것과 동일한 주파수를 끌어당기는 것이다. 미안한 마음은 미안할 일들을 끌어당기고 감사한 마음은 감사할 일을 끌어당긴다. 그렇기 때문에 미안해하는 마음보다는 감사하는 마음을 갖도록 연습해야 한다.

내가 가장 힘들 때 내 곁을 지켜 준 사람을 우리는 평생 잊지 못한다. 평소에는 당연하게 느껴졌던 사람이라도 내가 위기에 처하고 힘든 상황일 때는 다르다. 사실 나는 고마워도 고맙다는 표현을 잘 못하는 성격이다. 속으로는 소리 지르고 방방 뛰고 싶어도 왠지 모르게 낯간지러워서 그러질 못했다. 그래도 혹여나 내 마음이 전해지지 않으면 어쩌나 하는 마음에 꼭 감사하다는 말은 한다. 뭔가 모를 아쉬움이 남기는 하지만. 변명이라면 아직 내 마음에 여유가 없어서인지 그런 표현조차도 조심스러워지는 것 같다.

얼마 전, 〈희망TV SBS〉라는 프로그램에 푹 빠졌던 적이 있다. 2016년 11월 18일 방송된 '배우 윤시윤의 리얼 케냐 체험기' 편을 보았다. 그곳에서 윤시윤은 '토비코'라는 아이를 만났다. 아이는 이끼가 껴 있는, 오염된 물을 식수로 마시는 열악한 환경에서 살고 있었다. 더러운 물과 깨끗한 물을 판단하기 이전에 마실 수 있는 물이 그 물뿐이라는 것이다. 토비코의 부모님과 형은 돈을 벌기 위해 도시로 떠났다. 토비코 홀로 황야에 남아 다른 집의 소를 몰아주며 하루를 보냈다. 그러나 정당한 보수도 받지 못한 채 굶는 날이 일상이었다.

토비코가 밥을 먹기 위해 불을 피우고 준비하려는데 요리할 옥수수가루가 없었다. 아이는 옆집에서 옥수수가루를 빌려 와 우갈리(케냐 주식)을 만들었다. 그리고 그릇을 2개 꺼내 적은 양의 우갈리를 나누어 담았다. 윤시윤의 것과 자신의 것이다. 윤시윤의 눈에도 눈물이 맺혔고 보는 나까지도 눈물이 맺혔던 기억이 난다. 그 아이는 홀로 외롭게 있던 자신을 찾아와 준 윤시윤에게 감사함을 표시한 것이다. 그 아이는 아무것도 가진 것이 없고 희망조차 남지 않은 삶을 살고 있었다. 그런 아이조차도 자신만의 방식으로 감사한 마음을 표현한 것이다.

지금껏 나와 함께해 준 사람들에게 내가 했던 말과 행동을 되돌아 봤다. 어릴 때야 철도 없고 아무것도 모르는 시기이므로 감사함에 대해 잘 알지 못했다. 뒤늦게서야 깨달은 것은 내가 그저 욕심 많고 이기적인 아이였다는 것이다. 손해 보는 것을 싫어했고 누군가 나에게 호의를 베풀어도 진심으로 감사할 줄을 몰랐다. 누군가에게 받으면 다음엔 더 받고 싶기만 했었다. 베푸는 방법을 잘 알지 못했다. 지금 생각하면 너무 철이 없었던 것 같다. 다행스럽게도 지금은 그 누구보다도 감사한 마음이 어떤 것인지 잘 알고 있다.

《나는 환생을 믿지 않았다》의 저자 브라이언 와이스는 이렇게 말했다.

"만약 사람들이 자신이 헤아릴 수도 없이 많은 생애를 살아왔으며 앞으로도 셀 수 없이 많은 삶을 살게 될 것이라는 사실을 알게 된다면, 그들이 느끼게 될 생에 대한 확신은 얼마나 클 것인가. 만약 사람들이 자신의 육체에 머물러 있을 때나 죽은 후의 영적 상태에서나 영혼들이 주위에 머물며 자신을 돕고 있으며, 사랑했던 사람들의 영혼을 포함한 그 영혼의 무리에 자신도 함께하게 된다는 사실을 알게 된다면, 그들이 받게 될 위로는 얼마나 클 것인가."

우리 모두는 불멸의 존재이고 영혼의 세계에서조차 서로를 돕고 보호한다. 지금 내가 인연을 맺고 있는 사람들은 분명 전생에 나와 어떤 관계로든 만난 적이 있을 것이다. 그리고 그들이 나를 응원해 주고 도와주고 있다. 얼마나 위안이 되고 감사할 일인가.

살면서 감사함을 잊고 사는 사람들이 허다하다. 그것에 더 보태서 고맙다는 말 한마디조차 잘 하지 않는 사람이 많다. 자존심이상하는 건지, 도대체 이해할 수가 없다. 다른 면에서 보면 성실하고 괜찮은 사람인데 고마움을 표현하는 데만 유독 인색한 사람도 있다. "나 지우개 좀 빌려줘, 고마워." 이 얼마나 간단한가. 건성으로라도 표현하는 것과 안 하는 것은 천지 차이다.

나도 감사할 줄 모르는 사람은 싫다. 어떤 이에게는 만 원짜리 밥 한 그릇을 사 주는 것쯤이야 전혀 아깝지 않다. 그러나 다른 누군가에겐 100원짜리 하나 쓰는 것이 그렇게도 아깝다. 누구나 이런 감정을 느껴 본 적이 있을 것이다. 어느 영화 속 대사처럼 호의를 베풀었더니 권리인 줄 아는 사람들이 문제인 것이다.

살면서 자신을 매력적으로 만드는 비법 중 하나는 감사한 태도를 갖는 것이다. 보통 사람들은 겉모습부터 보지만, 성공한 사람들은 숨겨진 것까지 들여다본다. 그러니 그냥 무심코 넘겼다가는 나의 이미지가 마이너스되는 것은 말할 것도 없다. 그리고 훗날 감사함을 표현하지 못한 것에 대한 아쉬움이 크게 남을 수 있다.

누구나 최소 한 명쯤은 감사함을 표현해야 할 사람이 있다. '지금 말고 나중에 표현해야지'라고 생각하면 너무 늦다. 부모도 살아 계실 때 효도해야 하는 것이다. 애인에게도 있을 때 사랑한다는 표현을 해야 하는 것이다. 그것이 물질적인 것이든 정신적인 것이든 내 진심을 담는 것이 중요하다.

캘리포니아 대학 교수인 로버트 에먼스가 한 실험이 있다. 그 결과에 따르면 감사하는 마음을 습관화한 학생은 습관화하지 않은 학생보다 연봉 2만 5,000달러를 더 받았다고 한다. 평균 수명도 9년이나 더 길었다고 한다.

이에 대해 펜실베이니아 대학 교수인 마틴 셀리그만은 이렇게 말했다.

"행복이란 감정이 유전적인 영향을 받는 것을 부인할 수는 없지만 후천적 노력으로도 얼마든지 계발이 가능하다. 행복을 계발할 수 있는 수많은 방법 중 하나가 감사하는 마음을 가지는 것이다. 감사하는 마음을 가지면 행복하다."

내 곁을 묵묵히 지켜 준 이들에게 감사함을 표현하는 것만큼 행복한 일이 있을까. 나는 지금 이 순간 그런 상상만 해도 감격스럽고 벅차다. 잠시 스쳐 가는 인간관계야 수도 없이 많다. 그렇지만 오랜 시간 동안 정말 진심으로 나를 응원해 주는 사람은 손에 꼽힌다. 나는 내 사람들에게 잘할 것이다. 이는 내 꿈이고 목표다. 나는 모든 일에 감사하며 살아갈 것이다. 그렇다면 나의 삶은 감사할 일로 충만해질 것이다.

"이 세상 모든 것이 내 것임에 감사합니다. 내가 가진 모든 것에 감사합니다. 나의 탄생, 삶, 죽음까지도 감사합니다. 하나님께 감사합니다."

마음 편하게
해외여행하기

　5년 전, 나는 처음으로 해외여행을 갔다. 태국에서 세 번째로 큰 섬인 '코사 무이'란 섬이었다. 처음 가는 여행이어서인지 굉장히 설레고 기대가 컸다. 그 당시 만나고 있었던 남자 친구와 다른 커플과 함께 여행을 갔었다. 코사 무이의 아름다운 자연 경관과 색다른 태국 음식들, 한국에서 느껴 볼 수 없는 분위기는 잊을 수 없는 특별한 경험이었다.

　그런데 첫 해외여행의 기억은 그다지 좋은 기억으로 남아 있지 않다. 갈 때는 우리 커플, 올 때는 상대 커플이 문제였다. 그 후로 해외여행을 누구와 갈 것인가는 매우 신중하게 결정하게 되었다. 정확히 말하면 남자와 가는 것을 피하게 되었다.

　사실 여행은 누구와 함께 하느냐가 중요하다. 가까운 사이일수록 해외여행을 가 보면 관계 정리가 확실히 된다는 말도 있다. 애인

사이든, 가족이든, 친구든 여행을 같이 가 보면 그 사람의 본성이 드러나게 되어 있다. 인간은 생존본능이 있기 때문에 잘 모르는 타지에 가게 되면 위기의식을 느낀다. 그때 자기 본성이 나오기 쉽고 평소보다 민감해질 수밖에 없다. 내 주변을 봐도 해외여행을 다녀온 후 관계에 문제가 생긴 사람들이 허다하다. 물론 예외는 있겠지만 말이다.

가장 내 기억에 남았던 여행은 20년 지기 친구와의 여행이다. 그 친구와 나는 일본 여행을 두 번, 대만 여행을 한 번 다녀왔다. 정말 가족 같고 누구보다도 진심으로 나를 위해 주는 친구다. 내가 가장 힘들었던 시기에 그 친구와 함께 일본 오사카로 여행을 갔었다. 한여름의 오사카는 대프리카를 방불케 했다. 햇볕이 뜨겁다 못해 따가웠다. 그래도 이곳은 일본이니까 마냥 좋기만 했다.

그 당시 나는 마음고생이 얼마나 심했는지 팔다리를 툭 치면 부러질 것처럼 앙상했었다. 항상 우울증과 불안감에 휩싸였었다. 단 한순간도 심장이 정상적으로 뛴 적이 없었다. 그랬던 나에게 일본은 도피처와 같았다. 사랑하는 친구와 함께한 시간은 너무 소중했고 내 마음에 큰 위안이 되었다. 웬일인지 단 한 숟갈 입에 넣기도 힘들어했던 내가 일본 식당에 가서는 밥 한 그릇을 뚝딱했다. 그저 가는 곳마다 내 눈 속에 담으려 했다. 한순간도 놓치고 싶지 않았다.

두 번째 여행도 일본이었다. 내 친구는 일본을 참 좋아한다. 가깝기 때문에 만만해서 가는 것도 있었다. 나는 항상 힘든 상황일 때 여행을 가곤 했다. 일부러 맞춰 간 것도 아닌데 말이다. 타이밍이 그렇게나 잘 맞아떨어졌다.

한겨울의 도쿄는 너무 추웠지만 마음만은 따뜻했다. 어두운 밤, 도쿄 타워 전망대에서 바라본 야경은 잊을 수가 없다. 너무나도 아름다웠다. 이런 꿈같은 시간에서 깨어나고 싶지 않았다. 얼마나 돌아다녔는지 허리가 끊어질 듯 아프고 다리가 퉁퉁 부어올랐다. 하지만 마음은 너무 행복했다. 짧은 시간 동안의 여행이었기 때문에 혹여나 무엇 하나 놓칠세라 눈뜨는 즉시 숙소에서 튀어 나갔다. 하루는 너무 짠 음식들만 잔뜩 먹어서 그다음 날 눈도 못 뜰 만큼 퉁퉁 부은 적이 있다. 그날 찍은 사진들은 지금 봐도 너무 웃긴다.

세 번째는 대만 여행. 친구가 대만에 가자고 하도 노래를 불러서 가게 되었다. 내가 좋아하는 영화 〈말할 수 없는 비밀〉의 촬영지가 대만의 관광지였다. 그래서 바로 "콜!"한 것이다. 그때의 기분을 기억하기 위해 영화 한 번 더 봐 주는 센스를 장착하고는 바로 출발했다. 그 친구와 함께하는 여행은 고향집에 내려가서 쉬다 오는 느낌이라고나 할까. 그 친구가 들으면 어떻게 생각할지 모르겠지만. 친구이자 엄마같이 내 마음을 잘 헤아려 주는 존재다.

그렇게 떠난 대만 여행도 대만족이었다. 가을인데도 불구하고 날씨는 더운 편이었다. 그러거나 말거나 우리는 깔깔거리며 잘도

싸돌아다녔다. 맛집도 다니고 어르신들이나 가실 법한 관광지까지도 갔다. 힘들어 죽겠는데 사진 찍겠다고 땀을 뻘뻘 흘리며 돌아다녔다. 종일 돌아다녀서 발뒤꿈치에 물집도 생겼다. 결국 나는 발이 아파서 야시장에서 슬리퍼를 하나 구매해서 신었다.

우리는 맛집 리스트, 쇼핑 목록, 가야 할 곳까지 하나하나 체크했다. 미리 준비한 티켓들도 함께. 여행 준비성은 아주 대단했다. 대관람차를 타고 야경도 보고 분위기 좋은 테라스에 앉아서 이런저런 생각들도 정리했다. 그렇게 아쉬움을 뒤로하고 다시 한국으로 돌아왔다.

해외여행을 마다하는 사람은 찾아보기 힘들다. 여유만 된다면 누구나 언제든지 떠나고 싶어 한다. 나도 마찬가지다. 어디를 가든 여행이란 막바지에 이르게 되면 아쉬움이 남게 마련이다. 그 여행지에서의 행복감이 클수록 더하다.

사실 나는 마음 편하게 해외여행을 한 적이 없었다. 한국에서의 내 삶이 내 발목을 잡곤 했다. 안정된 직장 하나 없던 나는 수입이 고정적이지 않았다. 그리고 만나고 있던 남자 때문에 하루하루 수명이 단축되는 기분이었다. 또한 내 목숨보다 소중한 외할머니께서 병상에 누워 계셨다. 엄마도 몸 상태가 좋지 않아 항상 병을 달고 사셨다. 미래에 대한 불안감과 걱정들이 나를 너무 힘들게 했던 시기였다. 지금의 트라우마가 그 시기 때쯤 정점을 달렸던 것 같다.

"마음 편하게 여행이나 다니고 싶다. 돈만 있으면 한국 좀 뜨고 싶다."

나와 친구가 늘 입에 달고 사는 말이다. 열심히 일한 사람들이야 틈날 때마다 해외여행을 가면 힐링이 될 것이다. 그렇지만 나 같은 경우는 다르다. 여행은 즐거울지라도 마음 한편에서는 '이래도 되나…' 하는 죄책감이 들곤 했다. 혼잣말로 "밥값도 못하면서 뭐가 좋다고 이러나…."라고 습관처럼 중얼댔다. 마음 편하게 여행하겠노라 생각하지만 무의식이란 게 참 무섭다. 내 마음속에서는 그냥 한숨만 나올 뿐이었다. 그래서인지 해외를 다녀오면 더 답답한 느낌이 들고 여행 후유증이 찾아오곤 했다.

캘리포니아 대학의 심리학자인 루보 미르스키는 이런 말을 했다.

"행복은 환경, 운, 머리가 아니라 상황을 바라보는 시각이 결정한다."

그리고 그녀는 한 실험에서 사람들에게 자신이 가장 좋아하는 후식을 고르도록 했다. 행복한 사람과 불행한 사람이 각각 아이스크림, 바나나파이, 치즈케이크 순으로 좋아하는 후식을 골랐다고 가정해 보자. 교수는 두 사람에게 그들이 가장 선호하는 아이스크림 대신 치즈케이크를 줘 봤다. 반응은 두 사람이 너무나도 상이했다. 불행한 사람은 치즈케이크를 받자마자 강한 거부감을 보였다.

그러고는 치즈케이크를 포함한 모든 후식이 형편없다고 평가했다. 하지만 행복한 사람의 반응은 완전히 달랐다. "치즈케이크도 맛있네? 오히려 잘됐어!" 행복한 사람은 긍정적인 면을 찾아내서 치즈케이크를 맛있게 먹었던 것이다.

별일 아닌 일에서도 내가 바라보는 시각에 따라 내 삶을 변화시킬 수 있다. 현실적으로 내가 힘들고 어려운 상황이라 해서 땅굴 속으로 파고 들어가는 것은 미련한 짓이다. 크게 성공한 사람들은 어둠 속에서도 희미한 빛을 찾으려 노력한 사람들이다. 그렇게 되면 어둠은 눈에 들어오지도 않게 된다. 관점을 빛을 바라보는 것으로 바꾸었기 때문이다. 내가 누군가를 진심을 다해 사랑한다면 그 사람의 치아에 껴 있는 고춧가루까지도 사랑스러워 보일 수 있다. 좋은 점에 초점을 맞추면 안 좋은 점은 자연히 가려지게 되는 것이다.

나는 일단 내 마음부터 고쳐먹기로 했다. 여행을 가고 싶지만 갈 수 없는 처지를 한탄하지 않는다. 내가 있는 이곳이 최고의 여행지라 상상한다. 항상 그런 기분을 생생하게 느끼다가 실제로 여행을 가 보는 것이다. 그러면 평생 여행하는 삶을 사는 것 같을 것이다.

동시에 내가 원하는 꿈과 목표를 이룰 것이다. 그러고는 여유롭고 감사한 마음으로 여행을 하는 것이다. 그때는 너무나도 벅찬 나머지 절로 환호성이 나오고 눈물이 날 것이다. 지금도 생생하게 그 모습을 그려 본다.

　나는 내 삶을 바라보는 관점을 바꾸고 제3자의 시선으로 나를 바라볼 것이다. 더 이상은 추억 팔이나 하며 지난 과거에 얽매여 살지 않을 것이다. 현재의 목표에만 집중할 것이다. 마음 편하게 해외여행 하는 일은 이미 다 예약되어 있다.

PART 05

나를 브랜딩해
수백억 원의
자산가 되기

- 최경일 -

최경일 직장인, 아빠 육아 전문가, 예비부부 감정 코치, 예비부모 감정 코치, 아빠 육아 콘텐츠 제작자, 〈행복한아빠육아연구소〉 대표, 자기계발 작가, 동기부여 강연가

대기업에 다니는 9년 차 직장인이다. 어린 시절 '부모님께 웃음을 드리는 아들이 되자'라는 생각이 성장하면서 '모든 사람들을 웃음 짓게 만들자'라는 꿈으로 바뀌게 되었다. 현재 결혼, 임신, 출산, 육아의 노하우로 아빠들에게 웃음과 꿈을 찾게 하고 더 나아가 가정의 행복을 찾아 주는 메신저 역할을 하고 있다.

책 써서
밀리언셀러 등극하기

내가 부모님 호적에 속해 있을 당시 우리 집 가훈은 '최선', '정직', '성실'이었다. 그리고 내가 책 쓰기에 관심이 생기기 시작한 것은 2018년 초, 아내의 배 속에 아이가 품어진 때부터였다. 처음 도전해 보려고 했던 책의 장르는 '시'였다. 내 아이가 아내의 배 속에서 성장하는 과정 중에 느낀 내 감정을 담은 시집을 출간하는 것을 목표로 틈틈이 글을 쓰기 시작했다. 한 구절 한 구절 정성을 담아 꾸준히 써서 100편이 넘게 되었다. 정식으로 시집을 출간하기 위해 책 쓰기 도서들, 책 쓰기 강좌들을 보며 편집까지 직접 해 보았다. 아쉽게도 시집을 쓰는 방법은 찾기 힘들었다.

나는 앞서 말한 가훈처럼 최선을 다했다. 내 마음을 속이지 않는 정직함으로 성실하게 글을 썼다. 내가 쓴 시와 어울리는 이미지를 직접 만들거나 찾았다. 편집에 관련된 영상을 보며 표지 편집까지 작업했다. 그렇게 완성했다. 물론 처음 책 쓰기를 하다 보니 엉망진창이었다.《노인과 바다》의 저자 어니스트 헤밍웨이는 "모든 초고는 걸레다."라고 말했다. 내가 얼마나 열정적으로 책 쓰기를 해냈는지 나의 든든한 지원군인 아내는 잘 알고 있다.

시집을 출간하기 위해 책 쓰기 관련 도서들을 정독했다. 원고 투고(원고 작성 후 출판사에 보내는 작업)를 하는 방법부터 출간 후 마케팅하는 방법까지 모두 알아냈다. 하지만 책 쓰기 도서들은 시집 출간 내용을 다루고 있지 않아 어려움이 있었다. 나는 살면서 그렇게 열정적으로 웹서핑을 해 본 적이 없었다.

투고하기 위해서는 수많은 경쟁 도서를 읽어 보고 그 책들의 장단점과 내 책의 강점을 찾아야 했다. 관련 시집을 구매해서 읽었다. 경쟁 도서를 읽고 분석해 내 초고를 수정하는 작업도 잊지 않았다. 여전히 수정해야 할 부분이 보였다. 수정 작업을 계속 진행함과 동시에 내가 생각한 장르인 시, 에세이 도서를 출간하는 출판사들의 목록을 작성했다. 그러다 출간계획서까지 작성하게 되니 마케팅에 대해 생각하지 않을 수 없었다. 마케팅에 대해 생각하던 중 목표가 또 한 가지 생겼다. '이 책의 수익금을 아이 이름으로 기부해야지'라는 목표다.

내 아이를 위한 출간이라는 목표가 기부를 하는 데까지 이르렀다. 내 시집의 마케팅 대상을 신혼부부와 출산을 앞둔 부부로 정했다. 마케팅 아이디어 중 하나는 산부인과, 산후조리원, 문화센터 등 신혼부부, 출산 전 부부들의 관심이 가는 곳에서 홍보하는 것이었다. 또 하나는 '시 쓰기 태교 교실'을 열어 꿈을 심어 주고 우울증을 예방해 주자는 것이었다. 이렇게 내 아이에게 줄 시집을 출간하기 위해 꾸준히 한 가지씩 해결해 나가니 뿌듯했다.

시집 내기는 내 삶의 원동력이 되기도 했다. 정말이지 편집해 나가는 과정이 만만치 않았다. 하지만 일련의 과정을 거치며 한 가지씩 이루어 나가니 곧 책이 나올 것만 같았다. 편집 중인 파일을 열어 볼 때마다 가슴 깊은 곳에서 솟구치는 뜨거움을 느꼈다. 출간을 위해 최종 확인을 하고, 출판사 리스트를 다시 확인하며 추가했다.

출판사 리스트를 검색하는 과정에서 자가출판 플랫폼으로 출간을 도와주는 '부크크'라는 출판사가 눈에 들어왔다. 나는 시집 출간을 위한 원고 작성 방법을 찾지 못해 결국 책 디자인 프로그램인 인디자인으로 작업하게 되었다. '부크크'라는 출판사는 인터넷으로 파일만 올리면 편집자들이 확인해서 연락을 준다고 했다. 마음속으로 '이거다!'라고 외쳤다. 인디자인 프로그램으로 제작한 시집을 파일의 확장자만 변환하면 사이트에 올려 책으로 만날 수 있다는 것이다. 드디어 나의 꿈을 이룰 수 있는 출구가 눈앞에 다가왔다.

하지만 나는 내가 표지까지 디자인한 시집을 사이트에 올리기

직전 생각에 잠겼다. 내가 이 시집을 쓰게 된 이유부터 다시 생각했다. '내 아이에게 내 감정을 전하는 것', '내 아이의 이름으로 기부하는 것.' 이 두 가지의 목표로 시를 썼는데 이렇게 출판하면 목표를 이룰 수 있을지 고민되었다. 물론, 시집이 책으로 만들어지면 내 아이에게 내 감정을 전할 수 있다. 하지만 기부하려면 책이 잘 팔려야 하는데 그렇게 되기는 힘들어 보였다. 그 출판사에서 출판한 책은 출판사 홈페이지 외에서 찾기 어려웠기 때문이다. 그래서 나는 더 공부하기로 했다.

어느 날, 오랫동안 떨어져 지낸 친구를 만나게 되었다. 그 친구와 대화하다가 삶의 목표에 관한 이야기를 나누게 되었다. 나와 꿈이 상통하는 친구다. 그 친구가 책을 쓴다고 해서 내가 쓴 시들을 보여 줬다. 친구는 시집을 내는 것도 좋지만, 자기계발서 같은 실용서를 먼저 써도 늦지 않을 것 같다고 했다. 그렇게 나는 친구의 조언을 듣고 고민에 고민을 거듭했다. 그러던 중 《배움을 돈으로 바꾸는 기술》의 저자 이노우에 히로유키 작가가 이러한 답을 주었다.

"저는 이렇게 알게 된 분들과의 인연으로 책 출간의 기회를 얻었고 세미나 강사가 되어 초청을 받는 등 도저히 측정할 수 없을 정도로 큰 수확을 얻었습니다."

이 글을 보고 너무 공감이 가서 소름까지 돋았다. 딱 나의 얘기 아닌가? 앞의 내용을 나에게 맞게 각색해 보면 이렇다.

"저는 오랫동안 떨어져 지낸 친구와의 인연으로 책 출간의 기회를 얻었고 책 쓰기 특강을 듣고 강연가가 되어 강연 요청을 받는 등 도저히 측정할 수 없을 정도로 큰 수확을 얻었습니다."

나의 내면의식을 제대로 확장시켜 준 친구로 인해 실용서 출간을 마음먹었다. 그날 이후 나는 '이왕 작가의 길을 걷기로 했으니 독학한 내용도 심화 학습한다고 생각하고 기초부터 탄탄하게 배워 보자'라는 심정으로 책 쓰기 특강 참여를 신청하게 되었다. 나는 '작가의 길'이 그야말로 추월차선이라고 생각했다. 아니, 확신했다.

새로운 목표에 온 마음이 갔다. 아내를 설득해야 했다. 추월차선에 제대로 올라타려면 투자가 필요했다. 나는 가치투자에 대해 아내에게 설명했다. 설득하기 전에는 아내에게 꾸준함을 보여 주었다. 직장생활, 가정생활을 비롯해 내 취미인 독서까지 끝까지 노력하는 모습을 보여 주었다. "지성이면 감천"이라고 했던가? 생각보다 아내가 쉽게 나의 뜻을 응원해 주었다. 그러면서 나의 든든한 지원군으로 자리매김했다.

어렵지 않게 아내의 허락을 얻어 낸 나는 '새로운 것을 배운다'

라는 설렘과 '내 이름으로 된 책을 쓰게 된다'라는 기대로 한껏 들떠 있었다. 이런 나에게 한책협에서 책 쓰기 특강 전 첫 미션이 주어졌다. 책 쓰기 관련 도서 등 3권 이상을 읽는 것이었다. 역시 밀리언셀러를 집필한 작가가 되는 길은 멀고도 험했다. 하지만 첫 미션은 '무조건 작가가 된다'라는 내 결심에 크게 영향을 주지는 못했다. '내가 원하는 길을 즐겁게 간다'라고 생각하던 나에게는 걸림돌이 되지 않았다. 결국 나는 미션을 완벽하게 성공시켰다.

나는 이미 열정을 다해 특강을 수강하고 내 저서를 근사하게 출간해서 '베스트셀러'가 아닌 '밀리언셀러'로 만들었다. 사실 아직 출간되지 않았지만 내 목표는 한책협의 김태광 대표 코치의 저서 《끝에서 시작하라》라는 책 제목과 같이 끝에서 시작하는 것이다. 이 책에서는 다음과 같이 말한다.

"이미 이루어진 것처럼 살아라."

또한 현재 나에게 가장 중요하게 적용되는 구절을 소개하자면 이렇다.

"갖고 싶거나, 되고 싶거나, 가고 싶은 곳이 있으면 그것을 가지기 위해 노력만 하지 마라. 노력만으로는 실현되지 않는다. 노력보다 더 중요한 것이 바로 '느낌'이다. 그것이 이미 실현되었다, 이미 가졌다. 이미 그곳에서 즐기고 있다는 생생한 느낌을 가져야 한다."

　나는 이미 '밀리언셀러'를 이루었다. 그리고 열정을 다해 꾸준히 나의 또 다른 저서의 원고를 작성할 것이다. 그렇게 '끝에서 시작하라'라는 배움의 결실을 다시 한 번 시각화할 것이다.

1인 창업가이자
동기부여가 되기

나는 '밀리언셀러 작가'를 이루었다. 그리고 이제 '1인 창업가, 동기부여가'의 꿈이 이루어진다.

어린 시절의 나는 많은 꿈을 꾸었다. 그 꿈들은 특별했다. 겉으로 보기에는 다른 사람들의 꿈과 똑같을지 몰랐다. 하지만 그 꿈의 내면에는 특별한 것이 있었다. 바로 나의 특별하고 간절한 소망이 담겨 있었던 것이다.

학창 시절에 누구나 한 번쯤 장래희망을 작성해 본 적이 있을 것이다. 작성한 것을 발표한 경험도 함께. 어떤 생각을 가지고 장래희망을 정했는지 기억나는가? 나와 나의 동창생들의 이야기를 보며 자신의 꿈을 들여다볼 필요가 있겠다. 정말 간절한 소망이 담겨 있는 꿈을 꾸었는지 말이다.

학창 시절 친구들의 장래희망은 대통령, 종교인, 좋은 아빠 등

생김새만큼 다양했다. 나는 내 친구들에게 장래희망을 작성할 때 했던 생각들을 물었다.

"무슨 생각을 가지고 적었어?"

내 질문에 대한 친구들의 대답은 이랬다.

"우리 아빠가 나는 대통령감이래. 그래서 대통령을 하래."

"나는 교회를 다니는 만큼 목사님이 되고 싶어."

"우리 아빠가 연예인이 되면 인기가 많아진다고 하셨어."

세 가지 대답만 보고도 어떤 생각이 떠오르는가? 모두 자신의 간절한 소망이 담겨 있지 않다는 것이다. 물론 아빠가 말씀하시는 것을 이루고 싶다거나 인기가 많아지는 것을 원했다고 말할 수는 있다. 하지만 결코 간절히 원한 꿈은 아닐 것이다. 자신의 소망보다 부모님의 소망, 겪고 있는 현재 상황만을 생각하고 정한 것이다.

나는 친구들의 대답을 듣고 '왜 나의 장래희망인데 내가 원하는 것이 아닐까?'라는 생각이 들었다. 물론 자신의 소망이 포함되어 있는 것도 있지만, 극히 드물다. 정말 간절히 소망한다는 것은 그것이 절대적으로 이루어지길 바라는 데 그 의미가 있다. 그리고 무슨 일이 있어도 그 소망을 이루기 위해 꾸준히 노력해 나가야 한다고 생각한다.

나의 장래희망은 '개그맨'이었다. 겉으로 보기에 나의 꿈 역시 특별할 게 없다. 하지만 내 장래희망에는 목표가 있었고, 간절한 소망이 있었다. 나의 부모님은 가난에서 벗어나기 위해 '최선', '정직', '성실'의 가훈을 실천하며 사시는 분들이었다. 늘 삶에 지쳐 있었고, 잔병도 끊이질 않았다. 하지만 부모님은 내 애교를 보며 웃고 행복해하셨다. 그래서 '우리 부모님이 나로 인해 웃음을 되찾았으면 좋겠다'라는 소망이 담긴 목표가 생긴 것이다. 이 꿈은 더 나아가 많은 사람을 대상으로 하게 되었다.

나는 항상 다른 사람들이 나의 말과 행동으로 인해 웃기를 바랐다. 개그맨이라는 꿈을 포기하기 전까진 말이다. 개그맨이라는 꿈은 가난이라는 핑계 아래로 사라졌다. 그럴싸한 핑계는 '부모님을 행복하게 해 드려야지'라는 좁은 목표가 되어 나를 옥죄었다. 나의 인생이 부모님을 위한 인생이 되었다. 너무나 고달팠다. 이제껏의 나는 없었다. 내 인생이라고 해 봤자 친구들과 놀 때뿐이었다. 무엇인가 부족한 느낌의 내 인생에서 나를 찾고, 꿈을 찾고 싶었다.

꾸준히 꿈을 찾으며 나이를 먹어 가니 어릴 적 꿈의 의미가 지금의 나에게 다시 꿈을 꾸게 만드는 동기부여가 되었다. 앞으로 이루어질 나의 꿈. 앞서 언급했지만 이루어진다는 믿음으로 다시 외친다.

"많은 사람이 나로 인해 웃음을 되찾았으면 좋겠다."

현재 나의 비전은 '전 세계 사람들에게 꿈을 찾아 주는 것'이다. 개그맨이 되지는 못했지만, 그 내면의 소망은 현재 나의 비전과

일맥상통한다. 나는 간절히 소망했기 때문에 꾸준히 꿈을 무의식에 넣어 두고 삶을 살아올 수 있었다. 그리고 성인이 된 지금의 비전으로 발전할 수 있었다. '1인 창업가', '동기부여가'는 지금까지 해왔던 것처럼 나의 비전으로 가는 미션이다. 이 두 가지 미션을 완수해 비전을 향해 한 걸음 더 나아갈 것이다.

내 가정이 생기니 책임감이 한층 더 올라갔다. 내 아이를 비롯한 모든 아이들은 자라면서 꿈을 꾸고 그 꿈을 이루기 위해 노력하며 살 것이다. 우리가 그랬던 것처럼. 우리 아이들을 위해 더 나은 세상을 선물해 주고 싶었다. 우리 부모님께서 그랬던 것처럼. 나도 부모가 되니 내 아이의 미래는 더 아름다웠으면 한다. 그래서 나는 비전을 이루기 위해 한순간도 노력하지 않은 적이 없다.

앞서 말한 것처럼 나는 가정이 생긴 후에만 노력한 것은 아니다. 개그맨을 꿈꾸기 시작한 때부터다. 이제껏 간절한 소망이 담긴 나의 꿈은 나의 꿈을 무시하는 사람들에 의해 무너지고 다시 찾기를 반복했다. 그래서 내가 읽은 책들의 장르는 거의 자기계발서, 동기부여 서적이었다. 독서를 하면서 반복적으로 내 꿈을 비전으로 바꾸었다. '나도 언젠가는 이런 책에서 하는 말처럼 사람들에게 힘을 주는 사람이 되자', '개그맨처럼 웃음을 되찾아 주며 내게 맞는 일을 하자.'

나는 2018년 내 비전을 위한 미션을 나열했다. 쉽게 말해 '버킷 리스트'라고 할 수 있겠다. 2019년에는 무슨 일이 있어도 실천하기로 마음먹었다. 2019년인 현재 버킷리스트 중 몇 가지는 벌써 이뤘다. 이 책을 쓰는 순간부터 작가가 되었고, 아이가 태어나고 유튜브 크리에이터의 꿈을 이뤘다. 그 외에도 소소하지만 비전에 가까이 가는 미션을 완수했다.

이제 나의 책과 유튜브 채널로 나를 알리기 시작했다. 그리고 꾸준히 나를 브랜딩하고 있다. 나의 비전은 전 세계 모든 사람들에게 꿈을 심어 주는 '드림 메신저'다. 꿈을 심어 준다고 하면 막연하지만 내 비전을 이루기 위해 도전하는 미션들을 수행하면 결국 이루어질 것이다. 아니, 이미 이루어졌다는 믿음에서 시작한다. '드림 메신저'로서 살아가며 더 행복하게 자신의 꿈을 위해 달려가는 희망적인 세상을 만들 것이다.

당신은 간절한 소망을 담아 이루고자 하는 꿈이 있는가? 그 꿈을 이루려고 어떤 노력을 했는가? 두 가지 질문에 바로 대답할 수 없다면 이 책을 읽고 있는 지금부터 실행해야 한다. 성공하고 싶다면 성공자 마인드를 내 것으로 만들어 실행해야 한다.

수많은 자기계발서들은 말한다. 심지어 《성경》에서도 성공자 마인드를 언급한다. 바로 '간절히 원하고 실행하면 반드시 이뤄진다'는 것이다.

내가 말한 성공자 마인드를 듣고 '다 아는 얘기네', '시간이 없는데 어떻게 해'라는 부정적인 생각을 한다면 성공을 포기하고 현재 삶에 충실한 편이 낫다. 나는 이 책을 통해 나의 비전을 언급하며 여러분들이 성공을 향해 출발할 수 있도록 동기부여를 했다. 실행하느냐 마느냐는 여러분의 마음에 달렸다.

나는 이 책을 통해 독자들에게 성공에 대해 말하는 '동기부여가'가 되었다. 평소 주위 사람들에게 수도 없이 얘기했다. 듣는 사람도 있지만, 부정적인 말만 늘어놓기 바쁜 사람들도 있다. 여러분들은 부디 이 책을 읽고 성공하길 바란다.

"우리의 꿈을 이미 이루었다고 생각할 수 있지만, 내면의 진정한 꿈은 당신의 소망을 원하고 있다. 소망이 담긴다면 내면의 꿈은 반드시 현실이 된다."

회장님
되기

"Mission Complete!"

영화 〈미션 임파서블〉의 주인공인 톰 크루즈의 대사다. 영화 속 주인공이 주어진 미션을 달성하는 순간 외치는 말이기도 하다.

나는 앞서 말한 비전을 이루기 위해 여러 개의 미션으로 세분화해 달성하고 있다. 미션을 완수하는 순간 나도 영화 속 주인공처럼 "Mission Complete"를 외친다. 미션을 한 가지씩 완수하고 소리칠 때마다 상상 못할 만큼의 희열을 느낀다. 또한 미션은 비전을 이루게 해 주는 동기부여가 되어 비전을 향한 나의 열정에 기름을 붓는다.

대한민국 직장인이 되고 1년 반 정도 지난 시점, 원치 않은 인사이동으로 다른 사업장으로 전환배치를 받았다. 그 후 계속되는 슬럼프로 우울증까지 경험하게 되었다. 그때 당시 주위 사람 중 몇몇은 이렇게 말했다.

"네가 못하니까 다른 데로 보내는 거야. 가서 잘해."

입사한 지 1년 6개월 동안 칭찬은 거의 듣지 못했다. 칭찬을 못 들으니 매일 '나는 아무것도 못 하는 놈인가?'라고 생각하며 무기력해져 갔다. 그러다 다시 힘을 내자고 다짐하고 출근해도 소용없었다. 정말 나는 일을 못하는 놈인가? 점점 의욕은 사라져 갔다. 기숙사에 돌아가면 누워만 있고, 아무것도 하고 싶지 않았다. 오랜만에 친구들을 만나도 즐겁지가 않았다. 그저 혼자 있고 싶었다. 그러다 '이렇게 있다가는 죽을 수도 있겠다'라는 생각을 했다.

나는 우울함을 극복하기 위해 수단과 방법을 가리지 않았다. 가장 효과가 컸던 것은 '나를 찾는 것'이었다. 내가 누구인지부터 알아야 했다. '나'를 찾기 위해 무수히 많은 독서를 했고, 버킷리스트도 작성했다. 매일 버킷리스트를 들여다보며 '오늘은 어떤 것을 해 볼까?'라는 생각을 했다.

내 삶에서 우울해하는 시간보다 무엇을 할지 생각하는 시간이 늘어나게 되었다. 단순히 노트에 고민이나 생각을 낙서처럼 적어 놓고 질문을 했을 뿐인데 말이다. 신기하게도 버킷리스트를 적고, 매일 보니까 한 가지씩 이뤄졌다. 내 삶은 점점 나아지고 있었다.

이렇게 작성한 버킷리스트 중 하나가 바로 '회장님' 호칭 듣기다. 나는 그 후로 주변 지인들에게 종종 이렇게 말하곤 한다.

"남자로 태어났으면 회장님 소리 한번 듣고 죽어야지!"

그러면 그들은 내 말을 다 듣기도 전에 무시하기 일쑤였다. 하지만 나는 개의치 않았다. 웃음으로 넘기며 마음속으로 '내가 이루고 나서 후회하지나 마라'라고 소리쳤다. 《놓치고 싶지 않은 나의 꿈 나의 인생》의 저자 나폴레온 힐은 다음과 같이 말했다.

"이 변화무쌍한 세계에서 성공하고 싶다면, 당신을 공상가라고 비웃는 사람들의 말에 동요해서는 안 된다. 나태하고 병약한 비관주의자가 새로운 세계를 창조하는 것은 있을 수 없는 일이다.

당신이 지금부터 하려고 하는 일이 올바른 것이며, 그 실현이 머지않았음을 믿을 수 있다면 당신은 이미 그 일을 완성한 것이다."

나는 이 구절을 읽고 더욱더 '회장님'이 되었다고 상상하며 나아간다. 다음은 내가 회장님이 되었을 때 이루어질 미션들이다.

1. 여러 채의 건물에 사람들의 꿈 현실화시킬 학원 설립

2. 내 이름으로 된 도서관 설립해 독서 권장

3. 강연장 설립

4. 자존감을 찾아 주는 컨설턴트 회사 설립

5. 전 세계에서 북 카페 운영

6. 책 출간을 위한 출판사 운영

7. 앞의 내용을 실행할 건물과 땅 매입

8. 꿈과 자존감 관련 칼럼 기고

9. 유튜브 채널로 전 세계 꿈 네트워크 구성

10. 끊임없이 공부하기 위해 책 출간

나는 살아오면서 끊임없이 '나'를 찾고자 했고, 좌절하기를 반복했다. 그래서 지금까지 나만의 탄탄한 땅을 다졌고, 씨앗을 뿌렸다. 이제는 그 씨앗에서 시작된 꿈이라는 열매를 하나씩 거둬들이고 있다.

우울한 상태에서 인생을 허비하기만 했다면 지금 나는 어떻게 살고 있을지 안 봐도 뻔하다. 내가 겪은 시련들이 나에게는 기회가 되었다. 그 기회는 아무에게나 오지 않는다. 내가 간절한 소망을 담아 꿈을 꾸었기에 가능한 일이다.

나는 나를 힘찬 날갯짓을 하기 위해 고치 속에서 잔뜩 웅크리고 있는 '나비'라고 믿었다. 그리고 나의 믿음은 맞았다.

나는 한국 최고의 책 쓰기 코치인 김태광 대표 코치님이 계신 한책협에서 잔뜩 웅크리고 있던 날갯짓을 시작했다. 그곳은 1인 창업에 대한 탄탄한 커리큘럼까지 갖추고 있어 내 능력을 100% 이상 끌어내었다. 꿈만 꾸었던 평범한 나는 작가가 되었고, 1인 창업가로 꾸준히 성장해 회장이 된다는 확신으로 가득 차 있다. 믿음으로 이미 이루어졌다.

이제 나는 회장이 되어서 수백억 자산을 가지고 살아간다. 그렇게 성공한 인생을 계속해서 유지하고 더 많은 부를 쌓기 위한 파이프라인을 구축할 것이다. 그리고 내 간절한 소망이 담긴 비전을 위해 목숨 걸고 나아갈 것이다.

전 세계 모든 사람들이 나로 인해 꿈을 찾고, 이루고, 웃게 될 것이다. 나는 의심 없이 나아간다.

나는 가치에 투자하는 것을 좋아한다. 신입사원 때는 첫 연말 상여금의 일부를 나를 격려하는 데 썼다. 그리고 내가 은혜를 입었던 사람들을 위해 썼다. 그리고 지금은 나의 비전을 이루는 데 돈과 시간을 투자한다.

여러분들도 투자하고 있을 것이다. 주식, 부동산 등. 오로지 돈을 벌기 위한 투자다. 나는 주식이나 부동산에 투자하지 않는다. 그러기보다 내가 어려워하는 일을 다른 사람에게 돈을 주고 맡기는 것과 같이 시간을 버는 일, 나를 성장시키는 일에 투자한다.

나는 '회장님'이라는 호칭을 얻기 위해 나를 브랜딩해 수백억 원의 자산가가 될 것이다. 아니, 이미 그 꿈을 이루었고, 그에 따른 미션을 수행한다.

"진정한 '나'를 찾지 못한다면 어떤 것을 간절히 원하는지 알기 힘들다. 꾸준하게 '나'를 찾는 노력을 하고, 간절한 소망이 담긴 꿈을 꾸면 그 꿈은 이루어져 있다."

수백억 원의
자산가 되기

"꿈꿔라, 믿어라, 실행하라."

수백억 원의 자산가들은 수많은 자기계발서를 통해 다음과 같이 말한다. 참 간단하지 않은가? 이 간단한 비법을 사람들은 어려워한다. 나도 마찬가지였다. 수백억 원의 자산가가 되는 것은 살면서 불가능한 일이라고 생각했다. 내 연봉은 1억 원도 되지 않기 때문이다.

자산가들은 시간을 헛되게 사용하지 않는다. 새벽에 기상해서 밤까지 쉼 없이 상상하고, 실행한다. 나에게 부족한 것은 그 실행력이다. 나는 무수히 많은 것들을 상상했다. 하지만 여러 평계들을 나열하며 부정적으로 생각하면서 실행하지 못했다.

나에게는 반성하는 습관이 있다. 반성적 사고를 통해 나의 부족한 점을 보완한다. 그렇게 나는 미션을 꾸준히 완수해 나간다.

'어릴 적 가난 속에서 살던 내가 수백억 원의 자산가가 되었다.'

이미 이뤄져 있는 성공적인 삶을 향해 되는 방법만 생각하고 부정적인 생각을 버렸다. 부정적인 생각을 할 틈이 없기 때문이다. 이제 나도 수백억 원의 자산가들처럼 꿈꾸고, 믿고, 실행한다.

평소 내가 주위 사람들에게 꿈을 물으면 하나같이 다음과 같이 대답했다.

"복권에 당첨되었으면 좋겠다!"

이 말을 들은 나는 마음속으로 '요행을 바라면 쉽게 무너지는데'라고 생각했다. 중학생 때 담임 선생님께서는 아이들에게 "노력없이 얻는 것은 금세 내 손에서 빠져나간다."라고 말씀해 주셨다.

그 당시에는 공부를 열심히 하라고 하신 말씀이었다. 이 가르침을 나는 내 인생에 적용시키며 살아왔다. 정말 미친 듯이 열심히 살았다. 요령을 피우지 않았다. 남을 속이지도 않았다. 지금 생각하면 참 바보같이 살아온 것이다. 잘 살았어야 했는데 말이다.

나는 성공자 마인드가 담겨 있는 책들을 읽으며 의식이 확장되었다. 세상에 눈뜬 것이다. 그 시점이 바로 작년이었다. 나는 의식확장을 이루자마자 '나를 브랜딩해 성공자가 되자'라고 생각했다. 그래서 2019년 버킷리스트를 다음과 같이 수정했다.

- 시공간 제약 없이 인터넷만 있다면 일할 수 있는 사람이 되자.

- 무자본으로 시작할 수 있는 것부터 이루자.
- 1인 창업을 통해 수백억 원을 벌어들이는 사람이 되자.
- 내 딸아이에게 선물할 책을 내자.
- 겸손한 자세로 진취적인 생각만 하자.
- 시간과 에너지를 낭비하지 말자.
- 양가 부모님의 빚을 갚아 드리자.
- 내 명의의 땅을 사서 북 카페를 차리자.
- 내 아이에게 부끄럽지 않은 아빠가 되자.
- 사람들이 나로 인해 동기부여가 되게 하자.
- 나의 비전을 포기하지 말자.
- 내 이름을 세계에 알리자.
- 나로 인해 전 세계 사람들이 웃게 하자.
- 모든 리스트를 무조건 실행하자.

내가 한책협을 만나기 전의 버킷리스트다. 놀랍지 않은가? 몇 개월 만에 버킷리스트가 수정되고 이뤄졌다. 한책협의 김태광 대표 코치님의 가르침 중 '결말의 관점에서 생각하라'라는 것이 떠오르는 대목이다.

앞의 버킷리스트는 이미 나에게 성공자 마인드를 갖게 했다. 구체적으로 꿈꾸게 만들었다. 내 비전을 결말로 생각해서 나열한 미션들이다. 이 중 작가, 수백억 원의 자산을 이루게 되면 이 책에 쓴

것들을 모두 이룰 수 있을 것이다. 상상만 해도 가슴이 벅차오른다.

사람들은 구체적인 꿈을 꿀 시간이 없다고 말한다. 시간은 누구나 똑같이 24시간인데 말이다. 그런 사람들에겐 더 이상 아무 말도 해 줄 수 없다. 내 생각을 말하는 것조차 시간 낭비다. 그 사람들은 내가 꿈을 이루면 욕을 하거나 예상했다고 얘기할 것이다. 정작 시간 낭비하는 것은 그들인데 말이다. 그래서 나는 내 사람을 구분해 놓았다. 수년간 상처를 받으며 냉철하게 판단한 결과다. 다음은 내가 구분한 기준이다.

첫째, 나를 왕따 시킨 사람. 한때 '친구'라고 불렀던 사람들
둘째, 연락이 닿지 않는 사람. 군인 신분일 때 연락 한 통 없던
　　　사람들
셋째, 입사 후에 만난 자기 말만 하기 좋아하는 사람
넷째, 내 꿈과 생각을 이해 못하는 사람
다섯째, 같이 있는 것만으로도 불편한 사람

이 다섯 가지 기준으로 나는 사회적 지위를 막론하고 내 사람을 구분했다. 나는 성공할 것이기 때문에 내 사람이 아닌 사람들을 만나며 불필요하게 시간을 낭비하는 것을 의도적으로 피했다.

내가 지금 아무것도 못하고 쳇바퀴만 돌린다고 욕해도 좋다. 마

음껏 에너지를 낭비해라. 나는 꾸준히 성장해 나간다. 그러한 삶을 쉬지 않고 꾸준히 살아왔다. 비록 현재의 삶이 쳇바퀴를 굴리고 있는 노예의 삶일지라도 내 믿음대로 나아가면 분명 이루어질 것이라 생각한다. 아니, 확신한다. 자만이 아니고 자신감이다.

마지막으로 '수백억 원의 자산가'가 되어 이룬 것들을 나열해 본다. '회장' 호칭을 얻고 이룬 것 중 중복되는 것은 제외했다.

1. 나와 아내의 명의로 된 외제차 5대, 전용기 1대
2. 내 명의의 땅 1만 평 이상
3. 내 저서를 집필하는 목적의 국내 주택 3채, 해외 주택 3채
4. 양가 부모님에게 빚 청산을 비롯한 건물 1채씩 드리기
5. 가난한 사람들을 돕기 위한 자선단체 설립

"나는 겸손한 자세로 나아갈 것이다. 절대 나쁜 일과 손잡지 않을 것이다."

전 세계에
선한 영향력 끼치기

내 인생의 비전은 '전 세계 사람들에게 선한 영향력 끼치며 살기'다. 앞서 말한 모든 것들은 내가 한책협을 만난 후 작성한 버킷리스트에서 절대 빼놓지 않는 것들이다.

비전에서 그대로 드러나듯이 나는 전 세계에 선한 영향력을 끼치며 살기를 원한다. 최근에 알게 되었다. 내게 매사를 비전과 연관지어 생각하는 버릇이 있다는 것을. 어릴 때부터 그랬다. 내가 정한 목표들은 항상 비전을 기반으로 했다. 여기서 말하는 목표는 비전을 이루기 위한 미션이다.

고등학생 시절, 나는 교내 밴드부 활동을 통해 각종 대회에서 입상했다. 악기를 연주하는 동안 나만의 세계에 갇혀 미션을 정했다.

'내 열정이 담긴 음악으로 사람들에게 위로와 행복을 전하자!'

TV에서 방영되었던 한 오디션 프로그램 참가자는 이렇게 말했다.

"음악을 들으며 많은 위로가 되었어요. 그래서 저도 사람들에게 꿈과 희망이 되려고요."

음악은 사람들의 다친 마음을 위로하고 치유해 준다. 얼마나 선한 영향력을 널리 퍼뜨릴 수 있는 일인가. 나 또한 음악으로 선한 영향력을 끼치고 싶었다. 하지만 가난이 또 나를 좌절시켰다. 그렇게 돈이 되지 않는다는 이유에서 음악은 취미로 남겨졌다.

내 비전은 그렇게 좌절을 거듭했다. 하지만 내 가슴속 깊은 곳에 자리 잡고 있는, 비전을 이루고 말겠다는 욕망은 나를 다시 일어서게 했다.

전 세계 모든 사람을 대상으로 하려면 외국인 인맥이 필요하다고 생각했다. 그래서 무작정 외국인들을 보면 말을 걸었다. 나의 대학생 시절 일화를 소개하겠다.

집 근처 카페에서 시험공부를 하던 날, 어딘가에서 일본어가 들려왔다. 일본 남자들이 대화를 나누고 있었다. 그 순간 나도 모르게 노트에 무언가를 적기 시작했다. '당신과 친구가 되고 싶습니다. e-mail 주소를 알려 줄 수 있나요?'를 검색해 일본어로 적었다. 그리고 소리 내어 읽어 보았다. 아무 말 없이 노트만 내밀 수 없었기 때문이다.

무작정 노트를 들고 자리에서 일어나 소리의 근원지로 갔다. 노트를 내밀며 외웠던 말을 했다. 그 자리에 있던 사람들은 나를 미친 사람 보듯이 의아한 표정으로 쳐다보았다. 마침내 내 용기가 담긴 메시지를 전달했다. 하지만 아쉽게도 그는 나에게 연락하지 않았다. 내가 먼저 메일을 보냈음에도.

대단하지 않은가? 내가 생각해도 대단하다. 어디서 그런 용기가 생겼을까? 그 이후에도 외국인만 보면 말을 걸었다. 지하철역에서 헤매는 외국인을 초·중·고등학교에서 배운 기초 영어로 도와주었다. 실제로 외국인 친구들이 생겨 교제도 했다. 하지만 그들이 다시 고국으로 돌아가면서 인연은 끝났다. 아직도 나는 '외국인 친구가 있었으면 좋겠다'라고 생각한다.

나의 비전 때문일까? 2019년 버킷리스트에는 없지만, 나의 미션 중 한 가지는 외국인 친구들을 사귀는 것이다. 아직도 그 미션을 완수하기 위해 노력하고 있다. 이미 이루어졌다는 상상을 하면서 말이다. 전 세계에 친구가 있다는 상상만으로 믿고 나아간다.

나는 해외여행을 가도 아는 문장들을 최대한 끌어모아 대화를 시도한다. 농담도 해 보고 내가 어떤 사람인지도 얘기한다. 그러다 보면 서투르게 하는 외국어도 상대방이 알아듣는 기적이 일어난다.

이처럼 나는 끊임없이 세계로 뻗어나가려는 꿈을 꾼다. 내가 내 꿈을 믿는 것은 말하기에도 입이 아플 정도다. 이제 꾸준히 실행하는 것만 남았다. 물론 시간을 아끼려면 통역을 써도 된다. 하지만 내 진심을 담아 그들을 웃게 하기 위해 직접 얘기하는 것을 택했다.

내 주변 사람들은 나에게 "한 가지만 꾸준히 잘해라.", "지금 있는 회사가 가장 좋다.", "지금이 좋을 때다."라고 얘기한다. 하지만 나는 지금처럼 매일 반복되는 쳇바퀴 속에서의 일상이 결코 행복하지 않다. 행복해지고 싶다. 정말 내가 노력한 만큼의 보상을 받고 싶다.

나는 책을 쓴다. 사람들은 책을 쓰는 것을 대수롭지 않게 여긴다. 아니, 겁을 먹는다. 나도 그랬다. 방법도 모르는데 어떻게 책을 쓰겠는가.

내가 책을 쓰게 된 것은 내 아이가 생기면서부터다. 처음엔 시집을 출간하고 싶었다. 아이가 생긴 날부터 내 감정을 담은 글을 썼다. 그 감정을 아이에게 전달하고 싶었다.

이처럼 나의 책 집필은 외부 자극에서 시작되었다. 사람은 자극 없이는 무엇을 이루려 하지 않는다. 자기계발 서적을 읽으며 '나도 같은 생각이야', '공감 100%'라고 생각하면서도 책에서 알려 준 대로 실행하지 않는다. 답답한 현실이다. '그 책들의 저자도 나를 보고 똑같이 생각했을까'라는 생각에 얼굴이 달아오른다.

나는 정말 꿈을 향해 도전하는 사람들이 꼭 책을 출간했으면 좋겠다. 나는 경험하지 않은 것은 확신이 없어 이야기하지 않는다.

책 쓰기와 1인 창업 준비는 부자로 성공하는 데 필수다. 당신도 도전해 보라. 시간과 돈을 투자해 치킨 가게를 차리지 말길 바란다. 쓸데없이 주식, 부동산에 먼저 투자하지 말기를 바란다. 가장 먼저 가치 투자인 책 쓰기에 투자하길 권한다.

지금까지 나의 버킷리스트를 보며 꿈이 생겼다면 당장 꿈을 위한 도전을 해 보길 바란다. 여러분들에게도 분명 가슴속에 웅크리고 있는 저마다의 꿈이 있을 것이다. 느리게 성공하지 말고 이제는 빠르게 성공하길 바란다. 《스마트 컷》의 저자 셰인 스노는 책에서 이렇게 말한다.

"성공하기 위해서는 해커처럼 사고하고, 기업가처럼 행동해야 한다. 열심히 하는 데 그치지 않고 현명하게 움직여야 하는 것이다."

이제껏 말한 내 버킷리스트이자 미션의 최종 목적지는 비전이다. 비전을 위한 '스마트 컷'을 하기 위해 나는 책을 쓴다. 한책협 김태광 대표 코치님은 항상 이렇게 말씀하신다.

"책을 써야 성공합니다. 성공하고 책을 쓰면 늦습니다. 이것은 23년간 200권 이상의 책을 쓰며 깨달은 진리입니다."

나도 그 진리를 믿고 제대로 '스마트 컷' 해 내게 주신 소명에

목숨 걸고 살아간다.

1. 나의 저서를 밀리언셀러 만들기
2. 1인 창업가, 동기부여가 되기
3. '회장님' 호칭 듣기
4. 수백억 원의 자산가 되기
5. 전 세계 사람들에게 선한 영향력 끼치기

앞의 다섯 가지를 다시 쓴 이유는 이 책을 본 사람들이 나의 미션을 보며 꿈을 꾸길 바라는 마음에서다. 지금까지 했던 부정적인 생각을 밀어내고 부자가 되는 생각만 하고 그 꿈을 믿고 나아가길 바란다.

'결국 이루어진다'라고 믿고 실행하면 결국 이뤄진다는 것은 진리다.

PART 06

꿈과 행복의
중요성을 널리 알리는
메신저 되기

- 김효은 -

김효은 직장인, 꿈 찾기 메신저, 자기계발 작가, 동기부여가

작가이자 동기부여가로서 꿈을 찾는 방법, 세상에 흔들리지 않고 맞서는 방법을 전하고 있다. 앞으로 길을 잃고 방황하는 사람들에게 꿈의 중요성을 심어주는 메신저로 활동할 예정이다. 현재 그동안의 경험을 바탕으로 '내가 유학생활에서 깨달은 것들'을 주제로 개인저서를 준비 중이다.

선진 문화센터
대표 되기

미국 캘리포니아의 한 고등학교. 열띤 토론 수업이 한창이었다. 학생들은 뒷받침할 자료를 찾아 가며 서로의 주장을 논리정연하게 얘기했다. 하지만 나는 예외였다. 가만히 앉아 친구들의 토론을 청강하고 있었다. 열다섯 살에 미국으로 넘어온 지 1년이 되었지만 소심한 성격 탓인지 도통 입을 못 열었다.

캘리포니아 교육 과정은 중학교 2년, 고등학교 4년으로 되어 있다. 내가 다니던 중학교는 학생 수가 100명이 되지 않는 시외의 작은 학교였다. 순진하게 뛰놀며 지낸 중학교와는 달리 고등학교 입학 후의 생활은 그야말로 신세계였다. 학생 수가 10배 가까이 차이 났다. 운동장도 중학교의 20배는 되었다. 입학식 첫날, 영화에서만 보던 미국 고등학교의 스케일에 압도되어 설렘 반, 두려움 반으로 하루를 보냈던 기억이 난다.

고등학교에 입학하기 전 1년 동안의 중학교 과정은 마냥 즐겁기만 했다. 미국 아이들과 같이 수업을 듣고, 시험을 치며 과제를 수행하는 데는 문제가 없었다. 한국 교육의 선행학습 덕분에 오히려 성적은 좋았었다. 체육시간과 음악시간은 또 어찌나 즐겁던지. 잔디밭에서 뛰어노는 럭비나 오페라의 유령을 연주하는 오케스트라 수업은 힐링을 가져다주었다. 수업 중 가끔 선생님, 친구들과의 소통에 힘든 점은 있었지만 나름 잘 적응해 가는 중이었다.

하지만 힐링캠프였던 중학교와는 달리 고등학교 생활은 마치 정글 같았다. 한국에서도 입시 준비를 하려면 치열한 전쟁을 치를 것이다. 그러나 나는 내 성격을 고쳐야만 살아남을 수 있었다. 그렇게 자신과의 싸움을 끝없이 해야 했다. 그중 제일 기억하기 싫을 만큼 힘들었던 수업이 있다. 하지만 변화의 씨앗이 된 순간이었다.

고등학교에서는 원하는 과목을 마음대로 선택할 수 있었다. 그중 꼭 들어야 하는 필수과정이 있었다. 그것은 스피치 수업과 토론 수업이었다. 소심한 성격 탓에 피할 수 있다면 정말 끝까지 피하고 싶은 과목들이었다. 하지만 해당 성적이 없다면 졸업할 수 없었다. 그러므로 내가 할 수 있는 것은 울며 겨자 먹기로 마냥 앉아 있는 것뿐이었다.

미루고 미루다가 마침내 인생 첫 번째 개인 발표 시간이 왔다. 내 차례가 가까워질 때마다 심장이 미친 듯이 두근거리며 배가 아프고 식은땀이 나기 시작했다. 내성적인 성격 때문에 말 한마디 안 해 봤던 수업에서 온 시선이 나에게 꽂힐 땐 아찔할 정도로 두려웠다.

"효은, 네가 읽었던 책과 너의 생각을 공유해 볼까?"

선생님이 부드럽게 물어봐 주셨지만, 나에겐 사형선고와 다름없었다. 더듬더듬 준비한 내용을 발표할 때 나는 아이들이 놀리거나 수군거릴 줄 알았다. 하지만 누구 하나 잡담하거나 다른 짓을 하지 않았다. 아이들은 처음부터 끝까지 내 발표를 경청해 주었다. 50년 같은 5분 동안 나는 내가 무슨 얘기를 했는지 모른다. 우울한 기분으로 내 자리로 돌아와 앉았을 때 예상외로 선생님은 나를 칭찬하기 시작했다.

"모국어가 아닌 언어로 많은 사람 앞에서 발표하는 것이 어려웠을 것이란 걸 안다. 다른 학생이 효은이처럼 제2의 언어로 유창하게 얘기할 수 있을까? 여기 있는 학생 누구보다 더 큰 용기가 필요했을 텐데 앞에 나오기까지의 용기가 정말 대단해. 이 수업을 통해 더욱 용기를 갖길 바란다."

짧고 간결한 칭찬이었지만, 나는 내 인생의 첫 번째 전환점을 선물 받은 기분이었다.

물론 이 수업을 시작으로 갑자기 말을 잘한다든가 자신감이 넘쳐흐르는 일은 없었다. 여전히 발표 수업은 어렵고 식은땀이 났다. 하지만 '아이들이 내 얘기를 들어 주는구나' 하는 조그마한 자신감이 생겨났다.

한 가지 더 바뀐 점은, 이전에는 발표할 일이 없어 내 생각을 정리할 일이 없었다. 시험에 대비하기 위해 선생님이 알려 주시는 것을 받아 적고 암기하는 과정만 필요했을 뿐이다. 나의 생각이란 필요하지 않았다. 하지만 발표 수업을 통해 내 생각을 정리하고, 상대방을 설득하기 위해 논리적으로 얘기하는 연습이 필요하다는 것을 알게 되었다. 이젠 나도 말할 수 있게 된 것이다.

내 생각을 자신 있게 표현하는 것은 생각보다 굉장한 일이었다. 내 생각 표현으로 힘든 친구를 위로할 수도 있고, 내가 원하는 동아리를 만들 수도 있었다. 난 이전에는 생각하지도 못했던 활동들을 하기 시작했다. 작은 깨우침이 내 생활에 큰 변화를 가져온 것이다.

내가 발표를 피하게 된 이유는 무엇일까. 되돌아보면 성격 탓도 있지만, 두려움을 극복할 연습이 부족했던 것 같다. 해 보지 않았기 때문에 두려움부터 앞섰다. 내가 이렇게 하면 남들이 비웃겠지 하는 생각에 피하기만 했었다. 학원에서도 학교에서도 나만의 생각을 공유할 공간과 시간이 없었기 때문이다.

하버드 교수진이 연구한 수재들의 공부법에 자기표현력을 다룬 책이 있다. 교수님은 원초적인 질문을 다시 한 번 던지면서 학생들이 진심으로 원하는 것은 무엇인가 성찰하게 만든다. 이 과정을 통해 본인의 인생을 리드하는 지침서를 만들어 준다. 이렇듯 나는 사회를 리드할 수 있는 발판이 자기표현의 힘이라고 생각한다.

무대공포증에 시달리던 내가 강연가를 꿈꾸고, 선진 문화센터 설립을 꿈꾸게 된 이유는 변화를 가져올 수 있다고 믿기 때문이다. 우리는 영어를 초등학생 때부터 대학생 때까지, 혹은 직장에 따라 최소 16년 이상을 공부한다. 하지만 정작 해외에 나가면 입은 움직이지 않고 머리부터 돌아간다. 완벽한 문장 구사를 위해 주어와 동사의 위치부터 찾는다.

내가 그랬다. 한국에서 초등학교에 입학하자마자 엄마 손에 이끌려 어학원부터 다녔다. 하지만 정작 스피치 수업 때 나의 모습은 어땠던가. 영어공부 7년 차라고 절대 얘기하지 못하는 창피한 상황이었지 않은가. 결국 한국에서의 영어공부는 무한경쟁, 점수전쟁에서의 숫자를 얻기 위한 값비싼 사교육이었던 셈이다.

나는 모든 아이들이, 학생들이 당당하게 살아가길 원한다. 스스로 원하는 것을 정확하게 파악하고 표현하며 자신의 삶을 리드해가길 바란다. 문법을 조금 틀리면 어떤가. 잘못하고 우물쭈물하기보단 조금 틀려도 자신 있게 본인을 표현하면 무시하는 사람은 없을 것이다.

스스로 가두어 놓은 우물 안 개구리가 세상 밖으로 나올 방법은 영어, 수학 공부가 아닌 자기표현법을 기르는 일이다. 내가 진심으로 원하는 것을 찾고 되고자 하는 목표가 생긴다면 영어, 수학 공부는 자연스레 따라올 것이다. 내가 못하는 것, 혹은 못났다고 생각되는 부분을 스스로 콤플렉스라고 칭하며 남들 앞에서 작아질 필요가 전혀 없다. 세상에 완벽한 사람은 존재하지 않는다. 우리의 부족한 부분을 우물 안에서 꺼내 당당하게 말할 수 있는 시대가 올 수 있도록 문화교육에 힘쓰는 것이 나의 소명이다. 첫 스피치 시간에 나에게 작은 자신감을 심어 준 선생님처럼 모든 아이들에게 용기를 심어 주고 자신 있게 살아가는 방법을 알려 줄 것이다.

새로운 환경에서 부대끼며 살아남기 위해 노력해 온 결과 나는 이전보다 행복한 삶을 살아가고 있다. 지금은 누구보다 강한 멘탈을 지녔다. 나의 인생을 당당하게 리드하고 있다. 하버드 학생들은 교수진들에게 배운 교육으로 자신의 삶과 미래를 리드해 나간다. 그처럼 한국 아이들도 세계를 선도하는 아이들이 될 수 있도록 도움을 줄 것이다. 우리 아이들이 누구보다 행복하고 목소리가 큰 아이들이 되기를 소망한다.

국내 문화교육센터를
글로벌 체인으로 만들기

내 방에는 나만의 보물지도가 붙어 있다. 내가 이루고 싶은 버킷리스트의 목표 기한을 최소 두 달부터 최대 10년까지 설정해 두었다. 매일 아침저녁으로 보물지도를 바라보며 스스로 긍정에너지를 불어넣는다. 내가 매일 보는 보물지도의 마지막 이미지는 글로벌 지사를 두고 있는 대표의 모습이다. 내 최종 꿈은 문화교육센터를 글로벌 체인으로 확장하는 것이다. 인생의 주인공이 되고 싶은 사람들에게 다양한 콘텐츠를 활용해 행복하게 사는 법을 알려 주고 싶다.

1990년대에 영어학원에 다닌 사람 중 E 어학원을 모르는 사람은 없을 것이다. E 어학원은 약 20년 전 어학원의 붐을 일으킨 대형 프랜차이즈 영어학원이다. 이 학원이 급속도로 성장한 이유는 기존의 영어학원과는 달랐기 때문이다. 기존에는 한국인 선생님이 문법과 읽기를 가르치는 수동적인 수업이었다. 하지만 이 어학원은 각종 행사와 게임으로 학생들의 참여도를 높였다. 선생님과 대화를 한다는 자체가 새로웠다. 어학원에서는 선생님을 부를 땐 무조건 '티쳐'였다. 선생님이라고 부르면 대답을 안 하셨다.

"티쳐(Teacher)!"

"예스(Yes)?"

"이게 뭐예요?"

"왓(What)?"

"음(Um)… 왓 이즈 디스(What is this)?"

이러한 형태로 아무리 한국말을 잘하는 선생님이라도 학생이 한국말로 질문하면 못 알아듣는 척했다. 원하는 대답을 듣기 위해선 무조건 영어로 질문해야 했다. 처음에 나는 선생님이 정말로 한국말을 하나도 못 하는 줄 알고 있었다. 그러다 수업 마지막 날 한국말로 유창하게 인사하는 외국인 선생님을 보며 배신감을 느낀 적도 있었다.

초등학교 6년 동안 다닌 E 어학원은 새로운 문화를 익히는 데 최고의 학원이었다. 20년 전에는 외국 사람들을 많이 볼 수 없었다. 하지만 학원만 가면 선생님과 영어로 대화할 수 있었다. 그것 자체가 신기하고 즐거웠다. 매년 핼러윈 데이와 크리스마스 파티를 열어 주는 것이 이 학원에 다니고 싶었던 가장 큰 이유이기도 했다. 파티를 즐기며 배운 영어 과목은 내가 제일 잘하고 좋아하는 과목이었다.

하지만 중학생 때 다닌 또 다른 형식의 어학원은 지옥이었다. E 어학원의 후발주자인 R 어학원은 매번 시험점수로 학생들을 압박했다. 정형화된 점수전쟁 학원이었다. 학원에 들어가기 위해서는 레벨 테스트를 받고, 각 수준에 맞는 수업을 들어야 했다.

내가 들어갔던 과정에서는 내신 성적 관리를 철저하게 했다. 이를 위해 방대한 숙제는 물론이고 수업시간에 친구들과 대화도 할 수 없었다. 외국인 선생님이 가르친다는 것을 제외하고는 기존의 학원들과 다를 바가 없었다.

그러면 나의 영어성적은 올랐을까? 전혀 아니다. 영어에 대한 흥미가 뚝 떨어지며 나는 압박감을 느끼기 시작했다. 이전에는 100점이었던 영어 점수가 90점, 80점으로 점점 내려갔다. 급기야 영어 문법 울렁증에 걸리고 말았다.

두 학원의 교육 차이를 확연히 느낀 후 나는 답답함을 느꼈다. 꼭 이런 학원에 다녀야 하나 싶었다. 그래서 엄마에게 폭탄선언을 했다.

"엄마, 나 학원 다 안 다닐래! 혼자 하는 게 훨씬 좋겠어!"

이렇게 호언장담한 후 기말고사를 준비했다. 그리고 몇 주 뒤, 난 최악의 성적을 찍었다. 그동안 학원 공부 시스템에 익숙해져 혼자 공부하는 방법을 몰랐던 것이다. 그냥 그 학원에서 도망치고 싶어 저질러 버린 것이었다. 나는 충격에 빠졌다. '그 지긋지긋한 곳에 다시 돌아가야 하는 걸까?'라고 걱정부터 했다.

내가 만들고 싶은 문화교육 학원은 학생 참여가 자발적으로 이루어지는 행복한 학원이다. 행복한 학원을 위해 내신 관리, 점수 내기에 초점을 맞추지 않을 것이다. 인생을 맞이하는 자세를 다른 관점에서 생각할 기회를 제공해 주고 싶다. 좋은 대학, 좋은 직장에 가기 위해 16년을 압박감에 살다 보면, '내가 진정 좋아하는 것은 무엇일까?'라는 생각을 할 틈이 없다. 아마 내가 잘하는 것, 좋아하는 것을 찾기보다 수학 문제 정답 찾기가 더 쉬울 것이다.

요즘 위로를 주는 에세이 형식의 책들이 베스트셀러로 꾸준히 사랑받고 있다. 자존감과 자신감의 키워드 또한 순위권에서 내려가질 않는다. 한국의 사회 구성원들이 아파하고 있다는 증거다. 일상의 변화를 바라거나, 직장생활에 지친 직장인들은 마음의 무게를 덜어 내기 위해 책을 찾고 있다. 만약 어렸을 적부터 자신감을 갖고 살아가는 방법을 배웠다면 어땠을까. 되고자 하는 꿈을 잃지 않는 방법을 알고 있었다면, 이를 위해 경험하고 부닥쳐 보았다면, 지금처럼 아파하고 있을까 생각하게 된다.

초등학생 때 적은 꿈을 모두 기억하고 있을 것이다. 그 꿈을 이룬 사람은 몇이나 될까. 우리는 나이를 먹을수록 현실과 타협하게 된다. 현실의 유리천장 때문에 슬그머니 뒷걸음치고 있는 자신을 보며 쓸쓸함을 느꼈을 것이다. 나 또한 그랬다.

나는 초등학교 1학년 때 대학교수의 꿈을 적어 게시판에 붙여 놓았던 기억이 난다. 하지만 그것은 아빠가 만들어 준 꿈이었다. 나 스스로 원하는 꿈이 아니었기 때문에 동기부여가 될 수 없었다. 당연히 대학교수가 되기 위한 점수가 나오지 않았다. 결국, 성적이라는 유리천장에 부딪혀 점점 꿈은 사라져 갔다.

나는 춤이 좋았다. 성격은 내성적이었지만, 사람들 앞에서 공연하는 것을 상상하며 거울을 보고 혼자 연습할 정도였다. 지금도 춤출 때면 행복감을 느낀다. 대학생 때 용기를 내어 댄스동아리에 가입한 적이 있다. 이후 응원단장으로도 활동한 적이 있다. 쑥스러움을 이겨 내고 사람들 앞에서 공연할 수 있었던 나 자신이 너무 대견스러웠다.

내가 대견스러웠던 이유는 내가 하고 싶은 일을 자신 있게 시도해 봤기 때문이다. 내가 좋아하는 것을 찾고, 시도해 보고 경험해 본 사람만이 느껴 볼 수 있는 성취감이었다. 하고 싶은 일을 해낼 때 내 삶을 주도할 수 있는 자신감이 조금씩 생기는 것이다. 이런 자신감을 느끼도록 트레이닝 하는 곳이 내가 설립하고자 하는 문화교육센터다. 자기표현법을 배우고 다른 사람과 생각을 공유하다 보면 자신을 찾아 가는 길이 보인다.

나의 최종 목표는 글로벌 체인을 운영하는 것이다. 이를 위해 먼저 한국의 문화교육센터에서 아이들의 변화를 이끌어내고 싶다. 인생을 바라보는 시야가 넓어지고 삶을 대하는 자세가 바뀔 것이라고 믿는다. 아이들의 변화된 생각을 기록하며 성공사례를 널리 알릴 것이다. 이는 여러 사람에게 동기부여가 될 것이다. 해외에 있는 사람들 중에도 인생의 주인공이 되고 싶은 사람들이 있을 것이다. 이런 사람들을 위해 여러 교육프로그램을 기획하고 제공하며 삶의 만족도를 높이는 데 일조하고 싶다.

나의 보물지도의 첫 번째 목표는 베스트셀러 작가가 되는 것이다. 평범하고 내성적인 한국 중학생이 당당한 성인으로 성장할 때까지의 과정을 그릴 것이다. 이를 통해 많은 사람에게 용기와 자신감을 심어 주고 싶다. 책을 읽고 나를 찾는 분들을 위해 성심성의껏 컨설팅을 진행하고 내 인생의 주인공이 되는 방법을 모두 공유할 것이다. 이후에 국내 체인점들을 열고 해외 판권을 계약할 것이다.

이전의 나와 같은 경험을 하고 있는 전 세계의 친구들에게 변화할 기회를 만들어 줄 것이다. 국제적으로 뻗어 나가는 글로벌 체인의 대표가 되어 있는 나를 매일 상상한다.

최고의
메신저 되기

　　30대가 되기 전, 나는 두려웠다. 내 인생이 이렇게 흘러가도 좋은 것인가. 매일 의문을 가지고 불안해했었다. 내가 꿈꾸었던 30대의 모습은 지금과 많이 다르기 때문이다. 상상 속의 내 모습은 내가 원하는 직업을 갖고 완벽한 커리어 우먼으로 당당하게 살아가는 것이었다.

　　10대 때 깨우친 자신감으로 살았던 20대는 내 인생의 황금기였다. 내가 원하는 것들에 거침없이 도전하고 꿈을 향해 달려 나갔다. 목표하는 바가 뚜렷했기 때문에 두려울 것이 없었다.

　　한번은 국제기구 대외활동에 지원한 적이 있다. 한국 지사였지만 전국적인 대단위 모집이었기 때문에 경쟁률이 어마어마했다. 그만큼 흔히 말하는 고스펙 지원자들이 많았다. 한국 SKY 대학생들은 물론이고 외국 대학생, 석사, 의사들까지 전문분야에 종사하는 분들이 대거 몰려왔었다. 나는 그때 스물네 살의 평범한 대학생이었다. 내가 가진 강점은 꿈을 이루리라는 자신감과 가능성을 평가 받을 수 있는 열정 두 가지뿐이었다.

꿈과 목표를 적은 자기소개서로 300:1의 경쟁률을 보였던 1차 서류전형을 무사히 통과할 수 있었다. 2차 면접은 2:2로 진행되는 형태였다. 나와 한 여학생분이 호명되어 면접 장소로 이동했다. 떨리는 자기소개 시간. 영어로 자기소개를 해야 했다. 준비한 자기소개를 당당히 하고 다음 분의 소개를 들었다. 연세대학교에 재학 중인, 나보다 한 살 많은 학생이었다. 냉철한 사회의 잣대로 비추어 본다면 학력에서 1:0으로 내가 진 거다.

면접이란 같은 장소에 있는 경쟁자와의 싸움이다. 기 싸움, 심리 싸움에 절대 말려들어선 안 된다. 내가 준비한 내용은 다 쏟아 놓고 오겠다는 마인드 컨트롤이 중요하다. 첫 자기소개에서 1:0으로 멘탈이 조금 흔들렸으나 바로 자세를 다잡았다. 그리고 이제부터는 내가 이기는 싸움으로 이끌겠다는 다짐을 했다.

최종 면접 결과는 나의 승리였다. 최종 합격을 받은 리스트에 그 학생은 올라와 있지 않았다. 나의 뚜렷한 목적의식과 자신감이 역시나 최고의 스펙이 되어 준 셈이다. 이런 경험들을 통해 나는 꿈의 위대함을 다시 느낄 수 있었다.

이후 수출입은행, 유엔 글로벌콤팩트 한국협회 등 국제기관이 주최하는 대외활동에 도전만 하면 무조건 합격통지서를 받았다.

이러한 스펙들이 있으니 대학교를 졸업하면 내가 원하는 기업에 바로 들어갈 수 있을 것이라 생각했다. 실제로 졸업 직후 대기업들로부터 서류 합격통지서를 비교적 수월하게 받을 수 있었다. 자신감이 최고의 스펙이라 여겼던 나는 열정과 패기가 넘쳤고, 전형별 좋은 결과를 얻을 수 있었다.

하지만 내가 원하는 기업은 단 한 곳이었다. 선택과 집중을 위해 다른 기업의 시험에 안 간 적도 있었다. 혹은 면접 준비를 하지 않은 채 참석한 적도 있었다. 그 결과 당연히 다른 기업의 시험에서 떨어졌으나 나는 개의치 않았다. 오직 한 곳만 붙길 원했기 때문이다. 지금껏 내가 원하는 곳이면 무조건 합격해 왔기 때문에 내가 목표하던 기업도 나를 당연히 받아 줄 거라고 자만했다.

내 인생의 최대의 시련은 여기서부터 시작되었다. 내가 오로지 원했던 곳에서는 나를 원하지 않았다. 2월부터 6월까지 5개월 이상 진행되는 시험의 마지막 단계에서 미끄러지고 만 것이다. 자유분방하고 개성 있는 내 성향을 보수적인 집단에서는 리스크라 여기며 나를 최종 면접에서 탈락시켰기 때문이다. 지금까지 준비한 기간과 노력을 한순간에 잃어버린 기분이었다.

이후 나의 방황기가 시작되었다. 마케팅 회사, 은행 인턴, 화장품 영업사업, 아르바이트 등 무엇이든 했다. 틈틈이 떨어졌던 이전 기업에도 재지원을 했었다. 그러나 한번 맞지 않은 기업은 끝까지 맞지 않는 법인지 그 회사와는 결국 인연이 닿지 않았다. 2년 동안 다시 취업 준비를 하며 나와 잘 어울리는 직무의 회사로 들어갔다. 처음에는 힘들었지만 나름 잘 버텨 내고 있었다. 그렇게 1년 반 동안 쉼 없이 달려오다 문득, 알 수 없는 브레이크가 걸렸다. 두려움이었다. 30대를 맞이할 준비가 되어 있지 않았다. 이전의 나의 에너지를 모두 잃은 내가 싫었다. 자존감은 다시 곤두박질치고 있었다.

나쁘지 않은 복지와 월급을 받았기 때문에 무난한 이 생활에 적응해 가고 있었다. 쳇바퀴 도는 것 같은 평범한 생활. 대학생 때 외치던 나의 목표는 다 사라진 상태였다. 면접장에서 세계를 무대로 살아 보겠다고 외쳐 대던 신입의 패기는 눈곱만큼도 남아 있지 않았다. 난 변화도 목표도 없이 이대로 만족하며 평범한 회사원으로 살아가고 싶지 않았다.

그래서 생각해 낸 것이 창업이었다. 국제적인 내 기업을 설립해 많은 돈을 벌 수 있는 대표가 되고 싶었다. 음식점을 차려 볼까, 나만의 무기를 길러 볼까 생각하며 취미학원에 다니기 시작했다.

그러던 중 남자 친구로부터 김태광 작가님의 저서《나는 직장을 다니면서 1인 창업을 준비했다》를 선물 받았다. 나의 꿈을 응원하는 남자 친구의 메시지가 적힌 이 책이 나를 성공으로 인도하는 나침반이 되어 줄 것만 같았다.

책 제목부터 심장을 두근두근하게 했다. 시간을 쪼개고 밤을 새워 가며 책을 읽었다. 책에서는 1인 창업으로 부를 창출하는 방법을 자세하게 설명하고 있었다. 책 속에 작가님이 친절하게 적은 전화번호와 카페 주소에 신뢰가 갔다. 나는 바로 한책협에 가입했다.

한책협의 1일 특강에 참석해 작가님의 강의를 들을 때 내 머릿속에서는 소용돌이가 치고 있었다. 심장이 다시 벌렁거리며 내가 나아가야 할 방향을 드디어 찾았구나 하는 기쁨을 느꼈다. 김태광 작가님의 강의는 사람의 인생을 바꾸어 주는 충분한 파급력이 있었다. 나는 이전 의식과는 차원이 다른 엄청난 꿈을 다시 꾸기 시작했다.

1일 특강 당일, 나는 책 쓰기 수업을 신청했다. 1년 반 동안 직장생활을 하며 모은 결혼자금을 과감히 깨고 나의 인생에 투자했다. 결혼 예정인 남자 친구는 나의 결정을 흔쾌히 받아들여 주었다. 1인 창업의 길을 걷겠다는 나의 목표를 응원해 주어서 진심으로 행복했다. 이젠 앞으로 달려 나갈 생각만 하며 매일 미래를 상상하고 꿈을 꾸었다. 불과 한 달 전만 해도 여덟 시간을 자도 피곤함에 찌들었던 직장인은 이제 존재하지 않았다. 하루 스물네 시간이 부족해 잠을 줄이고 밥 먹는 시간, 이동시간을 쪼개어 사용했다. 자기계발에 집중하는 1인 창업가의 마인드로 거듭난 것이다. 녹슬어 잘 굴러가지 않던 나의 인생 바퀴가 꿈과 희망이라는 기름칠로 다시 굴러가기 시작했다. 꿈의 중요성을 느낀 두 번째 순간이었다.

이전과 같은 회사생활을 해도 행복감이 밀려왔다. 무엇보다 큰 꿈을 꾸고 이루어짐을 강직하게 믿고 있는 내가 너무 대견스러웠다. 앞으로의 생을 살아가는 데 있어 굉장한 원동력이 될 것이라 믿었다. 그리고 꾸준히 그럴 것이다. 이런 변화는 모두 김태광 작가님의 메시지로부터 시작되었다. 사고의 전환, 절대 쉽지 않은 일이다. 한 사람의 인생을 바꾸어 주는 힘을 갖고 있기 때문이다.

나의 목표는 김태광 대표 코치님처럼 꿈을 심어 주는 최고의 메신저가 되는 것이다. 꿈을 갖고, 또 잃어 보며 삶의 방향이 완전히 달라짐을 경험했다. 우리는 살면서 시련을 맞이할 수밖에 없다. 이때 우리가 대응하는 방법에 따라 실패도 하지만 전화위복이 되기도 한다. 위기를 기회로 바꾸는 힘은 꿈을 잃지 않는 것이다. 내 안의 모든 자신감을 똘똘 뭉쳐 모아야만 시련을 이겨 낼 에너지가 생긴다.

김태광 작가님을 통해 꿈을 찾고 지치지 않는 에너지를 갖춘 것처럼, 꿈을 잃은 사람들에게 생명력 강한 씨앗을 심어 주는 최고의 메신저가 될 것이다. 미래의 내 청중들을 위해 나는 오늘도 내 마음속 꿈의 씨앗을 키워 나간다.

한국 대표로
문화교육의 중요성 연설하기

미국의 오바마 대통령이 한국 교육을 극찬한 기사를 본 적이 있는가. OECD에서 주관한 국제학생평가프로그램(PISA)에서 한국이 2위를 기록하며 이슈 되었다. 이후 미국 대통령은 한국식 교육 비결에 궁금증을 갖고 이명박 전 대통령에게 교육 방법을 물어봤다고 한다.

실제로 미국 유학생활 중 느낀 한국 유학생들의 지적 능력은 우수했다. 초등학생 때 배운 기초함수를 미국에서는 중학교 2학년 때 배웠기 때문에 눈 감고 풀 수 있었다. 고등학교 수학도 마찬가지였다. 다른 수업들 또한 집중만 하면 무난하게 시험 점수를 받을 수 있었다.

한번은 고등학교 중간고사 다음 날, 수학 선생님이 시험 점수를 벽에 붙여 놓은 적이 있다. 본인의 성적 확인 후 이상 있는 아이들은 얘기하라는 의도였다. 그 종이에는 이름 없이 성과 학생 번호만 오픈되어 있었다. 1등부터 20등까지 적혀 있던 용지에는 Kim, Lee, Park의 성을 가진 학생들이 A+ 와 A를 모두 가져간 상태였다.

성적을 확인한 미국 친구가 "왜 이렇게 한국 학생들은 똑똑한 거야! 비결이 뭐야?"라며 투정 아닌 투정을 부린 적도 있었다. 우리가 높은 점수를 받는 것은 당연한 결과다. 한국에서 이미 배웠던 부분이기 때문이다. 지금 우리 학생들에겐 선행학습이 당연한 일이 되어 버렸다. 학원에서 미리 배워 학교 시험에서 높은 점수를 받는 시스템이 고착되어 버렸다.

그렇다면 학생들의 행복 지수는 어떨까? OECD 국가 중 한국이 최하위를 기록하고 있다. 여기서 나는 항상 의문을 가졌다. 왜 행복하지 않은 걸까. 공부와 학생들 사이에 행복의 교집합은 없을까. 성취감과 만족감으로 청소년기의 하루하루를 보낼 방법은 없을까. 그러다 내가 보낸 유년 시절을 돌아보게 되었다.

나는 두 나라에서 교육받은 경험이 있다. 첫 번째는 여덟 살부터 열다섯 살까지 학원만 다니던 평범한 한국 학생이었다. 두 번째는 열다섯 살부터 스무 살까지 자유분방한 학교생활을 하던 평범한 미국 유학생이었다. 두 생활을 비교해 본다면 내 삶의 만족도는 부모님과 함께 한국에서 살았던 때가 훨씬 높았다. 가족과 함께하는 안정감과 행복함이 있었기 때문이다.

유학생활은 부모님과 함께한 것이 아니었다. 때문에 혼자 해결해 나가야 하는 문제들에 어려움을 느꼈다. 하지만 학교생활만큼은 달랐다. 학교생활의 행복도를 고른다면, 나는 미국의 교육방식을 택하고 싶다. 한국의 교육방식이 안 좋다는 것은 아니다. 하지만 다양한 커리큘럼으로 학생들의 자립심을 길러 주는 미국의 교육 방침이 나에게 도움이 되었기 때문이다.

나는 유학생활을 통해 나를 찾게 되었다. 정확하게는 학교에서 제공해 주는 기회를 통해 내 속의 알을 깨고 나올 수 있었다. 그중에 기억에 남는 몇 가지 수업을 꼽아 보자면, 미술, 영어, 댄스 수업이 있다. 먼저 내가 좋아했던 수업은 미술과 댄스 시간이었다. 영어수업은 어려웠지만, 자기표현을 할 수 있는 환경을 제공해 주었기 때문에 기억이 많이 난다.

미국 학교에서는 1년에 한 번씩 부모님을 학교에 초대하는 큰 이벤트가 있었다. 저녁에 파티를 열어 학생들이 수업시간에 만든 미술작품, 댄스공연, 노래공연 등 학교생활을 보여 줄 수 있도록 했다. 먼저 미술 시간이 기억에 남는 이유는 수업시간 5분 만에 완성한 나의 작품이 이 행사에서 가장 높은 가격에 팔렸기 때문이다. 학부모들의 기부 행사에서 내 작품이 비싼 가격에 낙찰되었다는 소식을 들었을 때, 무언가 해낸 듯한 뿌듯한 기분이 들었다. 이후 미술 수업에 굉장히 열중했던 기억이 난다. 나의 예술적 감각에 자신감을 심어 준 수업이었다.

두 번째, 댄스 시간이다. 체육 점수를 얻으려면 체육과 댄스 수업 중 하나를 선택해야 했다. 미국의 햇빛은 굉장히 강렬했다. 댄스 수업을 선택한 첫 번째 이유는 그 뜨거운 태양을 피하고 싶었기 때문이다. 두 번째 이유는 춤추는 것을 좋아했기 때문이다. 친구들 앞에서 춤추는 것이 쑥스럽긴 했지만, 한번 도전해 보겠다는 마음으로 신청했다.

수업 시작부터 중간고사까지는 탭댄스, 발레, 스포츠댄스 등을 즐겁게 배웠다. 선생님의 아름다운 춤을 따라 하는 학생 중 나만큼 잘 따라 하지 못하는 학생들이 많았다. 덕분에 서로 웃어 가며 즐겁게 배울 수 있었다. 하지만 중간고사 이후 당황스러운 과제를 받았다. 바로 부모 초청 행사에서 보여 줄 안무 창작의 과제였다. 우리는 팀을 만들고 노래를 골라 가며 안무를 짜기 시작했다.

선생님의 관여도는 0%였다. 순전히 학생들의 아이디어로 이루어지는 수업이었다. 방과 후에 모여 서로 콘셉트를 정해야 했다. 아이디어를 모으느라 의견 충돌도 있었다. 하지만 서로의 안무를 따라 하고 맞춰 가며 완성한 곡은 내가 봐도 너무 멋졌다. 행사에서도 큰 박수를 받으며 성황리에 마무리할 수 있었다. 이젠 청중 앞에서 춤출 수 있을 정도의 자신감도 장착되었다.

마지막으로 영어수업이 기억에 남았던 이유는 수업이 너무 어려웠기 때문이다. 시험도 제일 많고 발표와 논문 쓰기 과제가 정말 많았다. 시험은 공부하면 무난하게 볼 수 있어서 버틸 만했다. 반대로 발표 준비와 논문 쓰기는 밤을 지새우기 일쑤였다. 하지만 배울 수 있는 점이 많았다. 발표 수업을 통해 친구들의 다양한 사고와 기준을 알 수 있었다.

각각 다른 나라에서 온 친구들의 발표를 듣는 시간이 즐거웠다. 각자 자신의 문화와 기준으로 공유하는 발표는 세상의 다양성을 존중할 수 있게 만든 시간이었다. 나 또한 발표 연습을 통해 내 생각을 정리하는 법과 표현하는 법을 배우고, 무대에 서는 두려움을 극복할 수 있었다.

가장 기억에 남았던 세 가지 수업의 공통점은 바로 학생들의 참여다. 한 가지 목표를 완수하기 위한 협동심. 완수했을 때의 보람과 자신감. 서로의 다양성을 존중하는 이해력. 내 생각을 정리하고 표현하기 위한 자기 발견의 시간. 나는 이런 과정들을 통해 적극적인 성향과 자신감 넘치는 성격을 갖게 되었다. 5년 동안의 수련을 통해 성인이 된 지금, 난 행복한 인생을 살아가고 있다. 목표가 뚜렷하고 이를 이루기 위해 즐겁게 나아가고 있다. 물론 그 과정에서 시련과 아픔도 있었다. 하지만 스스로 빠르게 치유할 수 있었고, 또한 성장할 수 있었다.

열다섯 살 이전의 나는 소극적이고 내성적인 학생이었다. 사랑받으며 자란 둘째 딸이었지만, 무언가에 위축되어 있어 내 생각을 잘 표현하지 못했었다. 지금 생각해 보면, 늘 나보다 앞서 있는 아이들과 비교하며 내가 못하는 부분만 생각하고 있었기 때문이었다. 자신감이 당연히 하락할 수밖에 없었고, 나의 미래와 꿈에 대해 생각할 틈이 없었다.

하지만 열여섯 살, 미국 고등학교 2학년 때 나는 무엇을 좋아하고 잘하는지 찾게 되었다. 그리고 제일 크게 변화된 부분은 자신감이었다. 이것만큼은 내가 잘하는구나. 그 사실을 발견한 후 나보다 앞서가는 아이들과 다시는 비교하지 않게 되었다. 나와 너의 차이를 인정하게 된 것이다. 나를 사랑하는 방법을 깨닫고 온전히 받아들이니 나의 행복도는 저절로 올라갔다.

이후 나의 강점을 살려 하고 싶은 분야를 발견하고 개발하게 되었다. 이루고자 정한 목표를 위해 내가 스스로 달려가고 있음을 깨닫게 되었다. 동기부여가 되니 꿈과 희망이 생기고, 이를 성취했을 때의 성취감과 만족도는 상당히 높았다. 이렇게 나에게는 이전과는 다른 단단한 자신감과 자존감이 생겼다.

나의 꿈은 학생들에게 꿈과 자신감을 심어 주는 메신저가 되는 것이다. 나는 자신을 발견하게 하고 꿈을 키워 주는 문화교육센터를 설립할 것이다. 수동적인 교육에서 벗어나 나를 표현할 수 있는 또 다른 인생 학원을 만드는 것이 나의 목표다. 학생들의 변화를 지켜보며 꿈을 찾고 행복한 삶을 이루는 데 도움이 되고 싶다. 10년 후, 한국 학생들의 행복 지수는 최하위에서 벗어나 있을 것이라 믿는다.

성적과 학생의 행복. 무엇이 더 중요한지는 정의할 수 없다. 부모가 중요시하는 우선순위로 아이들의 삶은 바뀔 것이다. 하지만 두 교육을 받아 본 학생의 관점에서, 나는 행복을 택하고 싶다. 나를 찾아 가는 학생의 삶. 나의 기준을 찾고 세상을 이겨 나가는 건강한 자신감을 길러 주는 것이 나의 우선순위다.

나의 목표는 한국 대표로 문화교육의 중요성을 연설하는 것이다. 나는 꿈과 행복의 중요성을 널리 알리는 메신저가 될 것이다. 그래서 자신을 사랑할 수 있을 만한 자신감을 심어 주어 한국 학생들의 행복 지수를 높이는 데 일조하고 싶다. 10년 후, 나는 행복 지수가 높은 한국 학생들의 비결을 궁금해하는 각국 정상들에게 행복의 비결을 공유해 줄 것이다.

경제적 어려움이 있는
사람들에게 도움 주기

14년 전, 한국에서 미국으로 건너가는 비행기 안이었다. 나는 아버지가 주신 편지를 읽고 있었다. 지금도 그 내용을 기억하고 있다.

'사랑하는 딸, 효은아. 너는 지금 크고 하얀 캔버스 종이와 함께 여행을 떠나는 것이다. 아직 아무 그림이 없는 새하얀 종이에 앞으로 네가 원하는 그림을 마음껏 그려 넣어라. 더 넓은 세상에서 꿈을 키우고 크게 생각해라. 네가 다시 한국에 돌아올 때, 그 캔버스에 아름답고 화려한 너만의 꿈으로 가득 채워져 있길 바란다.'

정신없는 유학생활 도중에도 나는 틈틈이 아버지가 주신 편지를 읽었다. 과연 내 캔버스에 무엇을 그려 넣을 수 있을까 고민했다. 3년을 고민하며 지내던 어느 날, 나는 아프리카에서 온 아이들의 공연을 보게 되었다. 고등학교에 비영리 단체가 후원 홍보를 위해 찾아온 것이다. 나는 이 사건을 계기로 내가 원하는 일을 드디어 찾게 되었다.

나는 유학생활 동안 잠깐 암흑기를 보낸 적이 있다. 심리적으로 너무 힘들었기 때문에 표정의 변화도 미소도 찾아 볼 수 없는 얼굴을 하고 다녔다. 공부하거나 점심을 먹을 때, 심지어 자기 전까지 부정적인 생각으로 가득 차 있었다. 모두 나를 싫어하는 것 같았고 미워하는 것 같았다.

날 질투해서 생기는 일일까. 나 때문에 이런 일들이 생기는 것일까. 이해할 수 없었다. 불행한 생각만 하며 세상의 암울한 기운은 다 빨아들이고 있었다. 내가 입고 다니는 옷들도 나의 심리상태를 대변하듯 어두침침했다. 집에서나 학교에서나 함께 유학생활을 했던 사촌 동생과의 대화가 전부였다.

아프리카에서 온 아이들을 만났던 그 시기는 유학생활 중 최고의 암흑기를 보내고 있던 그때였다. 내가 제일 힘든 시기를 보내고 있다는 생각에 사로잡혀 있을 때, 아프리카 아이들의 생활을 영상으로 보게 되었다. 한참 영상을 보던 나는 눈물을 흘렸다. 가슴이 두근거리고 어지러웠다. 그리고 동시에 부끄러움이 찾아왔다.

나에게는 하루하루가 전쟁이었다. 나를 마주하는 사람들과의 감정적으로 틀어진 감정싸움에 지쳐 있었다. 부모님과 함께 지내는 것이 아니었기 때문에 내가 의지할 수 있는 사람은 사촌 동생뿐이었다. 사촌 동생과 나는 서로의 버팀목이 되어 주었다.

하지만 내가 봤던 영상 속 아이들은 정말 전쟁 속에 사는 아이들이었다. 매일 반복되는 내전에서 살아남은 아이들이었다. 부모님을 잃은 아이가 대다수였다. 열 살도 되지 않은 아이들은 동생들을 먹여 살리기 위해 가장이 되어야만 했다. 그 와중에도 미소를 띠며 하루하루를 소중하게 생각하고 감사하게 생각한다는 아이들의 얘기가 충격으로 다가왔다. 스스로가 정말 창피했다. 내가 지금 느끼는 아픔은 이 아이들과 비교하면 행복에 겨운 투정이라고 얘기하는 것 같았다.

그 충격적인 사건 이후로 나는 주위를 둘러보게 되었다. 내가 불행하다고 생각하는 지금의 환경을 천천히 생각해 보니 잠깐 스쳐 지나갈 시련일 뿐이었다. 나에게는 사랑하는 가족이 있었고, 좋은 환경에서 공부할 수 있는 학교가 있었다. 힘들면 전화 한 통으로 부모님의 목소리를 들을 수 있다는 것이 큰 혜택처럼 다가왔다. 동시에 그 아이들에게 미안한 감정이 들었다. 내가 무엇을 하면 도움이 될 수 있을까 생각했다.

이후 집 안에만 가만히 있던 내가 움직이기 시작했다. 나보다 어려움이 있는 사람들에게 눈길이 갔다. 이전에는 보이지 않던 것들이 보이고 들렸다. 자기연민에 빠져 볼 수 없었던 세상이 눈에 들어오기 시작했다. 생각보다 도움의 손길이 필요한 곳이 많다는 사실에 놀랐다. 그리고 지금 내 연령대의 학생도 참여할 수 있다는 것이 두 번째 기회를 부여받은 것처럼 기뻤다. 누구를 도와주는 일은 어른들만 할 수 있는 일이라고 생각했기 때문이다.

나는 바로 지금부터 할 수 있는 일들을 하나씩 해 나가기로 했다. 내가 그때 가장 먼저 한 일은 새벽 봉사활동이었다. 밥을 못 먹을 정도로 집안 환경이 어려운 사람들에게 아침 빵과 커피를 나눠주는 일이었다. 매주 토요일 새벽에 일어나 후원단체와 함께 한 시간 반을 이동했다. 당시 던킨도너츠사에서 후원하는 도넛과 빵을 나눠 주며 그분들과 대화를 나누었다. 매주 새벽 5시에 일어나는 것은 힘들었지만 그곳에 도착했을 때는 또 다른 행복함이 있었다. 몸은 피곤했어도 조금의 도움이 되었다는 보람을 느낄 수 있었다.

감사함과 행복함. 많은 사람들이 봉사활동 후 느낀 소감으로 자주 하는 말이다. 초등학교와 중학교에 다니며 점수를 얻기 위해 유치원에서 청소하는 봉사활동을 해 본 적이 있다. 그렇지만 그 당시 봉사활동이 가져다주는 감사함과 행복함을 이해하지 못했다. 진심에서 우러나온 행동이 아니었기 때문이다. 하지만 이 경험을 통해 사람들이 왜 이런 기분을 느끼는지 알게 되었다. 진심으로 도움이 되고자 노력하고 마음을 주고받았다. 그 과정에서 나로 인해 행복을 느끼는 사람들을 마주하며 나도 행복을 느끼고 있었다.

이후로도 나는 학교와 교회에 주기적으로 봉사활동을 다니며 예전의 활기를 되찾았다. 마음속 한쪽에 아프리카 아이들을 품은 채 고등학교를 졸업하고 대학생이 되었다. 나에게 큰 깨달음과 동시에 감사함을 알려 준 친구들. 동시에 도움이 절실한 이 친구들을 위해 내가 할 수 있는 일을 찾고 싶었다.

그렇게 한국에서 대학교를 다니며 3학년이 되었다. 3년간 꾸준히 국제활동에 관심을 가지고 대외활동을 하고 있었다. 그러던 중 수출입은행에서 주관한 EDCF서포터즈 활동이 눈에 띄었다. EDCF란 개발도상국의 산업화와 경제 발전을 지원하는 정책기금이다. 대학생 대상으로 ODA(국제개발협력) 교육을 하고 프로젝트를 진행하는 활동이었다. 나는 이 과정을 통해 다시 한 번 개발도상국의 현실을 마주하게 되었다.

우리가 살아가는 데 있어 기본적으로 필요한 부분에 대한 결핍이 심각했다. 교육은 물론이고 위생 또한 제대로 잡혀 있지 않은 곳에서 힘들게 사는 아이들을 보며 마음이 아팠다. 나는 이때 내가 해야 할 일을 생각하게 되었다. 아프리카에 학교를 설립하겠다는 목표를 가졌다. 7년 전, 아프리카에서 온 아이들이 내 삶에 변화를 준 것처럼, 내가 이들을 위해서 하고 싶은 일을 드디어 찾게 되었다.

나는 지금도 봉사활동을 꾸준히 하고 있다. 지금은 나와 같은 꿈을 꾸고 있는 남자 친구와 함께 주기적으로 시설을 방문하며 나눔의 기쁨을 실천하고 있다. 지금도 느끼는 것이지만 사회에는 나를 필요로 하는 곳이 정말 많다. 먼 아프리카뿐만 아니라, 우리나라에서도 마음 아픈 일들이 많이 일어나고 있다. 모두 고칠 수는 없겠지만 내 도움으로 안타까운 일들이 줄어들면 좋겠다는 생각을 항상 한다.

나는 미래에 자산가가 되어도 꾸준히 봉사활동에 참여할 것이다. 그때는 많은 후원금으로 여러 단체에 기부하는 활동을 하고 싶다. 경제적인 어려움이 있는 곳에 거침없이 후원할 수 있는 자산가가 되어 감사함과 행복함을 나눌 것이다. 후원뿐만 아닌, 꿈과 희망을 심어 주는 메신저이자 멘토가 되어 아이들에게 행복을 전하고 싶다.

김태광 작가님의 《김태광, 나만의 생각》에 15년 동안 익명으로 기부해 온 찰스 피니의 이야기가 나온다. 찰스 피니는 익명으로 기부 활동을 한 미국의 자산가다. 그렇게 15년 동안 철저히 자신을 숨기며 6,000억 원가량의 금액을 후원해 왔다고 한다. 찰스 피니의 이야기를 보며 아무도 모르게 나누는 기쁨을 실천하는 진실한 사람이라고 생각했다. 나 또한 많은 사람에게 희망과 용기를 심어 주는 제2의 찰스 피니가 되고자 한다.

열다섯 살, 아버지가 주신 나의 캔버스화가 이렇게 완성되었다. 흰 종이였던 캔버스에는 예쁜 집과 학교를 짓고 있는 나의 모습이 그려져 있다. 그곳의 아이들과 함께 완성된 학교 앞에서 환하게 웃는 모습을 간직할 것이다.

PART 07

청춘들에게
더 큰 세상을
알려 주기

- 황나래 -

황나래 자기계발 작가, 동기부여가

8년 차 직장인이다. 현재 작가이자 동기부여가라는 가슴 설레게 하는 꿈을 그리며 청년들의 멘토가 되기를 꿈꾸고 있다. 또한 가치 있는 스토리를 전하는 강연가가 되기 위해 노력하고 있다.

20대 청년들의
희망의 아이콘 되기

　스물한 살. 나는 전문대학교 1학년 1학기를 마치고 아르바이트를 하며 휴학 중이었다. 호주 유학을 준비하고 있던 중이었다. 그런지라 영어를 사용할 수 있는 아르바이트를 찾아 이태원으로 갔다. 캐나디인 주인이 운영하는 샌드위치 가게에서 조리법을 배웠다. 그리고 청소를 하며 매일 영어 한마디라도 직접 사용하기 위해 노력했다. 하지만 영어 실력은 늘지 않았다. 외국인과 대화하는 것을 부끄러워하지 않는 정도까지의 자신감만 길렀다.

　그렇게 호주에서의 삶을 상상하며, 하루하루를 보내고 있었다. 계획대로라면 2학년 2학기를 마치고 유학을 떠나는 것이었다. 아버지 지인의 따님분이 호주의 한 지역에서 선생님을 하고 계시다고 했다. 아버지는 딸의 유학을 위해 많은 것들을 알아보고 준비하고 계셨다. 넉넉하지는 않지만 학비, 생활비 등 빚을 내서라도 영어권에 딸을 유학 보내겠다는 아버지의 마음은 확고했다. 그런 만큼 나는 내 용돈 벌이만 하며 영어 실력을 더 늘려 가는 데만 집중했다.

무난한 하루를 보내며 그날도 나는 아르바이트를 하고 있었다. 바닥 청소를 하던 중 전화벨이 울렸다. 어머니의 전화였다. 전화를 받자마자 어머니는 격앙된 목소리로 우시면서 말하셨다.

"아빠, 지금 응급실에 실려 왔는데, 죽을 수도 있대. 얼른 와."

전화를 어떻게 끊었는지 어떤 내용을 물어봤는지 기억나지 않는다. 나는 바로 병원으로 갔다. 아버지는 중환자실로 옮겨졌고 그로부터 한 달 후 돌아가셨다.

아버지가 돌아가신 그해는 가족 모두가 경제적, 심적 안정권에 들어선 시기였다. 이제 자식들만 잘 성장하면 되는, 봄날 같은 하루하루를 보내고 있던 시기였다. 그러나 삶은 계획대로 되지 않는다는 걸 이때 확실하게 알게 되었다. 아버지의 죽음을 슬퍼할 겨를도 없었다. 우리 가족은 현실 문제의 직격탄을 맞고 있었다. 보험이 없었던 아버지의 병원비는 고스란히 빚이 되었다. 그해, 우린 일어설 수 있는 희망이 아예 없는 가족으로 전락했다.

이런 상황에서도 어머니는 내가 학사학위를 갖기를 바라셨다. 어머니는 대출을 받아 나의 편입학원 비용을 내주셨다. 나는 전문대에서 호주 4년제 유학이 아닌 한국 4년제 대학에 편입하게 되었다.

세 달을 준비해서 화학과로 편입하게 되었다. 고등학교 때 이과 공부를 했지만 전문대는 영어과를 다녔었다. 그랬던지라 수학, 물리, 화학, 생물을 손에서 놓은 지 2년이 넘었었다. 하지만 학위를 받아야 했다. 나는 다시 이과 공부를 시작했다. 졸업 때는 학과 2등이 되어 있었다.

3학년 2학기부터 취업 설명회를 듣고 이력서 작성을 연습하고, 토익을 준비했다. 그런데 아무리 한다고 해도 토익 700점을 넘지 못했다. 그래도 '어느 한 곳이라도 내가 일할 곳은 있겠지'라고 생각했다. 대기업, 외국계 기업, 중소기업 등 다양한 직무에 지원서를 넣었다.

면접 연락이 오는 곳마다 감사한 마음으로 정장을 입고 가서 면접을 봤다. 그렇게 나는 합격 통보가 가장 먼저 온 광고 마케팅 회사에서 첫 인턴 업무를 시작했다. 솔직히 더 좋은 회사에 들어가고 싶은 욕심이 컸다. 그러나 그렇게 하려면 취업 재수를 하는 데 시간을 보내야 했다. 빨리 돈을 벌 수 있는 것에 중점을 두고 마케팅 회사에 들어갔다. 그렇게 첫 직장을 시작으로 무역, 물류로 업무를 전환하며 스물일곱 살을 맞이했다.

외국계 제조 회사에서 근무하던 당시, 나는 무역 CS 업무를 담당했다. 이 회사는 90% 이상이 여자 직원들로 구성되어 있었다. 그래서 해외 공장에 주재원으로 나가는 직원들은 대부분 여직원이었다. 이들은 회사 내에서 이른바 엘리트였다. 그들은 영어를 잘하며,

급여를 높게 받는 커리어 우먼들이었다. 나는 그들의 모습을 보고 해외 취업을 꿈꾸게 되었다.

하지만 허리에 문제가 생겼다. 의자에 앉아 있질 못할 정도였다. 그렇게 나는 어쩔 수 없이 퇴사하게 되었다. 하지만 현실적인 문제로 다시 입사를 해야 했다. 그때 나의 포커스는 오로지 해당 회사에 해외 지사가 있는지, 해외 지사로 한국인을 파견 보내는지 하는 부분이었다. 그렇게 몇 개월 후 나는 해외에 지사를 두고 있는 회사에 입사하게 되었다. 그러나 회사의 분위기를 파악하던 중에 여직원은 파견을 보내지 않는다는 것을 알게 되었다. 나는 충격에 빠졌다.

나는 그때 해외 근무 기회를 잡기 위해 아침 7시까지 회사에 출근해 필리핀에서 걸려오는 전화 영어를 공부했다. 옥상에서 허공에 대고 대화하며 꿈을 향해 나아가고 있던 시기였다. 이런 나의 노력이 무산된다고 하니, 억울했다. 그래서 다시 해외 취업을 위해 정보를 알아보기 시작했다.

토익 점수 700점 이하라는 최종 점수는 변함이 없었다. 하지만 나는 해외 취업 박람회에 참가하는 업체 중 몇 곳에 이력서를 제출했다. 낮은 영어 점수에 불합격을 예상하면서도 무리하게 지원한 거라 크게 기대하지 않았다. 그런데 면접을 보러 오라는 연락을 받게 되었다. 대기업은 아니지만 중국과 홍콩을 기반으로 10개 이상의 아시아 지사를 운영하고 있는 회사였다.

면접관은 내 얼굴과 이력서를 번갈아 보면서 "영어도, 중국어도 못 하시네요?"라고 했다. 나는 "네."라고 대답했다. 그러자 면접관은 "근데 어떻게 지원하셨어요?"라고 물었다. 나는 "언어를 못하면 지원을 못 하는 건가요? 그런 기준은 없던데요."라고 되물었다. 면접관은 당황해하면서도 나의 이유 없는 자신감에 놀라는 표정이었다.

나는 면접관들이 퍼붓는 질문에 시종일관 할 수 있다는 자신감을 표현했다. 면접관들이 흡족해하는 것이 면접을 보면서도 느껴졌다. 그러더니 마지막으로 할 얘기 있으시냐는 의례적인 질문에 나는 "영어를 잘하는 사람이 필요하시면, 저는 아닙니다. 그렇지만 일을 잘하는 직원을 뽑으시는 거면 저를 뽑으셔야 됩니다. 영어는 3개월 안에 업무하는 데 문제없도록 마스터할 수 있습니다."라고 말했다. 나는 곧 해외 근무를 하게 될 거라고 확신했다.

나의 첫 해외 근무는 홍콩에서 시작되었다. 우리 집의 경제적인 상황은 이때에도 전혀 나아지지 않았다. 오히려 내가 대학교를 다니면서 빚이 더 늘어난 상황이었다. 나는 이 빚을 갚아야 했다. 그래야 집안이 살아나고 어머니가 행복해진다. 나는 그것이 곧 나의 행복이자 목표라는 걸 알았다.

베트남으로 근무지를 옮겨 업무를 시작하면서부터 나는 본격적으로 일에 미치기 시작했다. 목표는 하나. 성과를 내야 급여가 오른다. 그래야 그 급여로 얼른 빚을 청산할 수 있다. 그렇게 나는 앞만 보고 달렸고, 서른 살에 한 회사의 지사를 담당하는 과장이 되었다. 연봉은 내가 처음 해외 근무를 시작할 때보다 약 2배를 받았다. 주변에서는 우리 집안은 곧 무너질 것이라고 예상하며 연민의 눈빛을 보냈었다. 그러나 나는 생활비를 제외한 모든 월급을 어머니에게 보냈고, 빚을 청산할 수 있었다.

스물네 살이 되던 1월 1일, 나는 나의 꿈과 관련된 사진과 문구를 뽑아 벽에 붙였다. 서른 살까지 이뤄야 하는 것은 총 세 가지였다.

첫째, 해외 취업
둘째, 자동차 구입
셋째, 높은 연봉

스물아홉 살 12월, 나는 내 꿈의 70%가량을 성취한 내 모습을 보게 되었다. 나는 스물네 살 무스펙, 빚만 있는 환경에서도 허망할 수 있는 꿈을 적어 놓고 해내겠다고 다짐했다. 그리고 이뤘다.

스펙, 환경 어떠한 것도 충분한 것이 없었다. 오히려 모든 부분이 기준 이하로 부족했던 나였다. 어려운 가정환경 속에서도 나는 목표를 세웠고 일단 도전했다. 내가 나의 토익 점수 때문에 해외 지원을 망설였다면, 면접에서 당당하게 나를 표현하지 못했다면 과연 나는 지금 어떤 삶을 살고 있을까? 상상하는 것만으로도 아찔하다.

일단 두드려 보자. 어떠한 일이건 시도조차 하지 않으면 일어나지 않는다. 만약 자신의 환경에 대한 불만이 있으면 나의 스물한 살 때를 상상해 보라. 이보다 더 나쁘고, 최악이라면 나보다 더 큰일을 해내고 값진 혜택을 받을 것이라 상상하라.

나는 남들이 잘 가지 않았던 길을 걸으며 업무적으로 빠른 성장과 다양한 경험을 하게 되었다. 다른 이의 사례가 아닌 나의 직접적인 경험을 바탕으로, 20대들에게 내가 했으니 너도 할 수 있다는 희망을 전달하고 싶다. 크고 좋은 일자리만을 고집하는 청춘들에게 더 큰 세상이 있다는 것을 알려 주는 대표적인 동기부여 강연가가 되고 싶다.

모든 대학에는 취업을 위한 강의가 개설되어 있다. 나의 책이 출간되고 난 후 연말부터 나는 본격적으로 강사의 길로 들어설 것이다.

2년 안에 어머니께
32평 아파트 사 드리기

내가 초등학교 1학년 때, 우리 가족은 가장 외진 빌라에서 살다가 18평짜리 아파트로 이사를 갔다. 네 식구가 살기에는 좁은 공간이었다. 하지만 기존의 우리 집은 화장실이 집 안에 없어 다른 집 옆에 있는 간이 화장실을 사용해야 했다. 그러나 아파트는 일단 화장실이 안에 있지 않은가. 이것만으로도 나는 너무 행복했다. 문을 열고 나오면 엘리베이터가 있었다. 엘리베이터는 사람을 쉽게 다양한 층으로 이동시켜 주었다. 단지 안에는 문방구와 작은 가게도 있어 그야말로 나에겐 천국이었다.

나는 이때까지만 해도 우리 집이 부자인 줄 알았다. 엄마는 자주 은행에 가셨고, 나는 엄마와 함께하고 싶어 항상 가는 길에 동행했다. 은행에 도착해서 번호표를 뽑고 기다릴 때면 나는 항상 엄마에게 "우리 집 돈 많지? 그래서 저금하러 온 거지?"라고 물었다. 그러면 엄마는 항상 "그럼."이라고 대답하셨다. 나는 전혀 몰랐다.

저축이 아닌 빚을 갚으러 매달 은행에 들렀다는 걸.

1990년대 초반, 엄마의 수중에는 500만 원이 전부였다. 그러나 아이들을 위해 아파트로 이사를 가야겠다고 생각했다. 그래서 분양가 약 5,000만 원인 아파트를 90% 대출을 받아 이사를 가신 거였다. 아버지의 수입은 거의 없었고 엄마는 밤낮없이 일해서 돈을 벌고 모으셨던 것이다. 지금이야 웃으며 미래를 보고 투자했다고 말씀하신다. 하지만 그 당시 엄마는 월급을 받아 오면 바닥에 돈을 쫙 펼쳐 놓고 이자, 원금, 생활비 등을 분리하셨다고 한다. 그럼 언제나 1원도 남은 적 없이 모자랐다고 한다. 머리가 너무 아파 다시 돈을 모아 옷장에 넣어 두고 몇 날 며칠을 미루다가 다시 마음을 다잡고 나가야 되는 돈을 정리하셨다고 한다.

부모님이 나이가 들어가시는 만큼 자식인 오빠와 나도 무럭무럭 자랐다. 키와 생각이 함께 자라나는 사춘기가 되자 집이 점점 더 작게 느껴졌다. 이때 엄마는 또 한 번의 도약을 결정하셨다. 자신을 위해서는 전혀 쓰지 않고 아끼고 모은 돈을 가지고 21평으로의 이사를 감행하신 것이다. 3평 차이가 그렇게 클 줄 몰랐다. 갑자기 거실 하나가 생기더니 식탁을 놓을 수 있는 공간까지 마련되었다. 그전에는 상을 펴서 밥을 먹었었다. 그런데 이젠 식탁에서 밥을 먹을 수 있게 된 것이다.

우리 가족은 엄마의 절약 정신과 결단력으로 21평 아파트에서 살게 되었다. 그리고 지금까지 그곳에서 살고 있다. 지금 우리 가족이 살기에 불편함이 없는 크기다. 하지만 가끔 화장실이 2개였으면 하는 순간들과 옷을 넣을 공간이 부족하다고 느껴지는 순간들이 있다. 그럴 때면 엄마는 "32평으로만 갔었어도 좋았을 텐데."라고 말씀하신다. 32평은 방 3개에 화장실이 2개이니 얼마나 서로 편하겠냐며 그곳에 사는 사람들을 부러워하셨다. 그 많은 평수 중에 32평을 얘기하시는 이유로는 또 하나가 있다.

내가 유치원을 다닐 때다. 유치원 버스가 아이들을 태우기 위해 여러 길을 거쳐서 우리 집 앞에 왔다. 엄마에게 배꼽 인사를 하고 버스에 타면 아이들과 시끄럽게 놀다가도 창밖을 자주 보던 나였다. 그러면 아파트 건물들이 우후죽순으로 생겨나고 있었다. 내 눈에는 그 광경이 신기했다.

집 대문만 열고 나와도 건너편 아파트 건설 현장에서는 공사가 한창이었다. 그걸 볼 때면 나는 항상 엄마에게 우리는 언제 이사를 가느냐고 물었다. 그러면 엄마는 항상 곧 간다고 얘기했다. 대화는 거기서 끝나지 않았다. 나는 "몇 평으로?"라고 되물었고, 엄마는 언제나 32평이라고 답했다. 그 나이에도 나는 32평이 뭔지 알고 있었다. 당시 신문 사이에 아파트 광고지가 껴 있었는데 그곳에는 예쁜 도면도와 평수마다 방과 화장실 개수가 적혀 있었다. 나는 그걸 매일 보는 유치원생이었다.

그날도 여느 날처럼 유치원 버스를 탔다. 그런데 같은 반 친구들이 아파트로 이사를 간다고 자랑하기 시작했다. 나는 당연히 우리도 곧 이사를 갈 거라는 엄마의 말을 믿었다. 그러곤 당당하게 나도 이사를 간다고 말했다. 그때 선생님께서 물었다. "너희 집은 몇 평으로 이사 가니?" 나는 "32평이요!"라고 대답했다. 그날 집으로 돌아와 엄마한테 있었던 일을 얘기하자 엄마는 얼굴이 빨개지셨다. 나중에 알고 보니 그 당시 나의 유치원 비용도 몇 달째 밀려 있어 엄마는 원장 선생님께 어떻게 말씀드려야 되나 고민하고 있었다고 한다.

엄마는 정말 하루도 쉬지 않고 자식을 위해 일만 하셨다. 아빠는 일보다는 술을 좋아하셨다. 자식의 생계는 엄마의 손에 달려 있었다. 엄마가 새벽부터 일한다는 것을 알고는 있었다. 그러나 아이인 나는 새벽에 기상하는 일이 거의 없었다. 내가 눈을 뜨면 엄마는 이미 아침밥을 준비하고 계시는 게 일상이었다.

그런데 그날 나는 별다른 이유 없이 새벽에 일어났다. 주위를 둘러보니 엄마가 안 보였다. 순간 너무 불안했고, 눈물이 났다. 내가 조용히 훌쩍거리고 있자 옆에서 자던 오빠가 일어나서 무슨 일이냐며 다가왔다. 엄마가 보고 싶다며 우는 다섯 살 아이를 다섯 살 많은 오빠는 엄마를 보러 가자며 내가 춥지 않도록 따뜻한 옷을 입혔다.

새벽 4시경 옅은 가로등 불빛에 의지하며 나는 오빠의 손을 잡고 언덕길을 올라갔다. 엄마가 일하고 있는 빌딩까지 가려면 아이

걸음으로 15분은 걸어야 했다. 그렇게 큰 언덕을 하나 지나 우회전을 해서 또다시 5분을 걸어야 되는 곳에 엄마가 있었다. 아직도 그날의 공기와 빌딩의 위치가 정확하게 기억난다.

나는 엄마가 보고 싶다는 마음 하나로 열심히 걸어갔고, 빌딩에 도착했다. 엄마를 찾으려고 빌딩 계단을 올라갔다. 3층쯤이었다. 화장실에서 무언가 탁탁거리는 소리가 들렸다. 순간 나는 '엄마가 저기 있구나'라고 생각했다. 나와 오빠는 속도를 조금 더 올려 걸어 올라갔다. "엄마!"라고 부르려던 찰나에, 나는 엄마의 얼굴을 보고 오빠 손을 끌어당겨 조용히 다시 아래로 내려갔다.

엄마는 물통에 대걸레를 넣고 빨고 있는 중이었다. 소리 없이 펑펑 울면서. 경제적인 역할을 하지 못하는 남편과 본인이 낳은 자식 2명을 먹여 살려야 되는 엄마의 부담감. 어디에도 그것을 말할 수 없는 순간들. 그때 엄마는 그 모든 것이 힘들고 비참해서 그렇게 우셨다고 한다. 그때 엄마의 나이 고작 30대 중반이었다. 나는 이때부터 알았다. 엄마가 힘들게 우리를 길러 주시고 있으니, 엄마에게 절대 무언가를 사 달라고 조르면 안 된다는 것을. 그래서 오빠와 나는 한 번도 엄마에게 뭔가를 사 달라고 해 본 적이 없다. 사 주지 못해 미안해할 엄마의 모습을 보고 싶지 않아서였다.

3년 전 우리 가족은 살면서 처음으로 집 인테리어를 했다. 문턱

이 많고 벽지가 낡고 때가 묻어 있는 집이었다. 하지만 엄마는 그 돈으로 오빠를 장가보내야 된다며 인테리어를 극구 거부하셨다. 그러다 자식들의 설득 끝에 공사를 시작했다. 그리고 깨끗하고 밝은 집에서 생활할 수 있게 되었다. 인테리어가 완성되던 날, 우리 가족은 서로 껴안고 울었다. 거쳐 온 집들과 그곳에서의 생활이 하나씩 떠올랐다. 우리 가족은 얼마나 똘똘 뭉쳐 생활해 왔는지를 알고 있었다. 때문에 서로에게 칭찬을 아끼지 않았다.

나는 요즘 꿈에 미쳐 있다. 항상 나의 꿈의 마지막은 최고의 강연가가 되겠다는 것이다. 그러기 위해 지금 해야 되는 것들을 단계적으로 진행하고 있다. 가족들은 내가 꿈을 꾸고 이룰 수 있도록 언제나 아낌없는 지지를 해 준다. 엄마는 매일 우리 딸에게 효도 받게 해 달라는 기도를 하시고 있다. 앞으로 잘될 딸에게 무엇을 받고 싶으냐고 물었더니 처음에는 "월 100만 원 용돈 받기."라고 하셨다. 그런데 얼마 전 보물지도를 만들고 있는 나를 보시더니 "나 받고 싶은 거 바꾸고 싶은데…."라고 하셨다. "나 32평 아파트 사 줘."라고 말하시면서 멋쩍게 웃으셨다.

엄마는 끝끝내 32평 아파트에는 갈 수 없을 거라고 생각하셨다고 한다. 하지만 이제는 딸을 보니 그 꿈을 이룰 수 있을 것 같다고 하신다. 그래서 나는 다짐했다. 최고의 강연가, 작가가 되어 엄마에게 서울의 32평 아파트를 사 드리겠다고! 엄마의 남은 삶에서 경제적인 문제가 없도록 내가 책임지겠다고!

"엄마에게 32평 아파트를 선물했습니다!"

이 얘기를 할 날이 얼마 남지 않았다.

10년 안에
100억 원 자산가 되기

20대 초반 나의 보물지도에는 '30대에 외국계 기업의 CEO 되기'라는 목표가 기재되어 있었다. 유명한 글로벌 기업의 회사명과 당시 CEO의 사진도 함께 벽에 붙여 놓았다. 그러고는 저 자리에 내가 오르겠다고 꿈꿨다. 그렇게 시간이 흘러 사회생활 5년 차에 들어섰다. 그때 나는 CEO는 되지 말아야겠다고 생각했다. 지사 관리를 하면서 자금 계획, 직원 관리 등 많은 부분의 일을 해내고 견뎌야 된다는 것을 알게 되었기 때문이다. 그런 만큼 어려운 일이라고 생각했다. 반 CEO로 일을 해 보니 매달 정해진 급여를 받고 사는 직원이 안정적이고 행복할 수도 있겠다는 생각이 들었다. 그렇게 내 마음은 전환되고 있었다.

사람은 적응하는 걸 두려워하면서도 적응을 참 잘하는 것 같다. 삶을 사는 동안 꿈에 대해 생각하지 않거나 현실에 안주하면 안 된다는 걸 안다. 그러면서도 꿈을 꾸지 않고 편안함을 추구하는 모순이 나에게서도 고스란히 보이고 있었다. 그렇게 회사생활에서 안정감을 찾고 있었다. 시간이 지나면 제때 나오는 급여, 시간이 가면 다가오는 퇴근시간, 퇴근 후 나의 개인생활 등 나름 무난한 하루하루를 보내고 있었다.

그렇게 긴 해외생활을 마치고 한국 복귀가 정해졌다. 나는 인터넷 검색창에 '운동', '작가', '강연가' 이 세 가지 키워드를 계속적으로 검색했다.

나는 해외생활 동안 하루에 최소 1시간에서 최대 3시간까지 운동했다. 그러나 거주하는 나라의 특성상 액티비티한 운동을 할 수 있는 시설이 없었다. 그러다 보니 특정된 운동만 돌아가면서 해 왔었다. 하지만 한국에는 정말 다양한 스포츠와 레포츠를 경험할 수 있는 기회가 가득했다. 그만큼 확인해야 될 것들도 많았다.

해외생활 중 내가 가장 많이 한 취미생활은 바로 독서다. 술자리, 모임을 선호하지 않았던 나는 여유 시간이면 항상 책을 읽었다. 회사 특성상 한국에서 물건을 받을 수 있는 기회가 있어 자주 책을 주문했다. 베스트셀러는 거의 다 사서 읽었다. 특별히 선호하는 장르가 따로 있지 않아 다양한 장르를 읽었다. 그러던 중 나는 한 가지를 깨달았다.

이전에 나는 책은 반드시 성공한 사람들만 쓸 수 있다는 고정관념이 있었다. 에세이 관련 책을 볼 때면, 나와 비슷하거나 저자보다 내가 더 힘들고 다양한 일을 경험했을 것 같다고 생각했다. 공감되는 책을 발견하면 어느 순간부터 작가의 프로필을 보면서 '직업이 뭘까?', '어렸을 때부터 글쓰기에 특출 났던 분은 아닐까?' 등등 작가에 대해 궁금해했다. 그러면서 나도 나의 스토리를 써 보면 어떨까 생각했다.

고등학생 때 〈우리들의 행복한 시간〉이라는 영화가 개봉했었다. 주변 친구들은 대부분 수능 공부에 집중하고 있었다. 하지만 나는 이 책을 읽어 봤기 때문에 영화를 봐야 된다는 나만의 논리를 세우며 공부를 뒤로하고 영화를 보러 갔다.

나는 쉬는 시간에 영화 이야기를 해 주겠다며 수업이 언제 끝나는지 시계만 보고 있었다. 종이 울리고 야간자율학습을 하기 전 가장 긴 휴식이 시작되었다. 반 친구들 대부분이 나를 중심으로 둘러앉았다. 나는 영화를 본 그대로 설명하기 시작했다. 신기하게도, 친구들은 내가 감동받았던 포인트에서 소리를 지르고, 내가 슬펐던 포인트에서 눈물을 흘리고 있었다. 나는 분명 영화의 영상을 보여 준 게 아니라 말로 설명했는데 말이다.

대학생 때는 조별 발표, 개인 발표를 하는 과제가 많았다. 정말 다양한 주제로 발표하게 될 기회가 주어졌다. 하지만 대부분의 학생들은 발표하는 걸 부담스러워하고 꺼려했다. 나에게도 많은 사람들 앞에서 어떠한 주제를 바탕으로 이야기를 한다는 것은 어색하고 부담스러운 일이었다. 그런데 시작하기 전 그 떨림과 설렘이 좋았다. 발표를 마치고 사람들의 시선과 박수를 받고는 희열을 느꼈다. 그래서 발표 날이 정해지면 첫인사부터 끝인사까지 수도 없이 연습했다. 점수는 언제나 A+였다. 준비한 만큼 성과로 보여 줄 수 있는 시간들이었다. 그러면서 점점 많은 사람들 앞에서 말하는 직업을 가져야겠다고 꿈꾸게 되었다.

그뿐만 아니라 나는 나의 목소리를 싫어했었다. 너무 허스키하고 저음이라 여성적이지 못하다는 생각을 많이 했다. 그래서 점점 볼륨을 줄여 높은 톤을 내 보려 부단히 노력했었다. 회사에서 화주를 응대할 일이 많다 보니 더더욱 높은 톤으로 대화하려 노력했다. 그러나 뜻대로 잘되지 않았다.

그러던 어느 날 업체 담당자와 저녁을 먹게 되었다. 처음 만나 인사하는데 화주가 갑자기 "목소리가 너무 좋으세요."라고 말하는 것이었다. 나는 당연히 옆에 계신 나의 상사에게 하는 말인 줄 알았다. 나는 그분으로부터 그의 회사 안에서 "목소리 멋진 그 여자분"으로 나를 기억하는 사람이 많다는 얘길 전해 들었다. 그때 나는 내가 신뢰감을 주는 목소리를 가졌다는 것을 알게 되었다. 그러곤 목소리에 대한 단점을 장점으로 판단하게 되었다. 이것이 곧 나의 꿈인 강연가에 적합한 재능이란 걸 깨달으면서.

이렇게 많은 직접적인 경험을 통해 나는 내가 잘하는 것이 무엇인지 알았다. 하지만 나는 일반 직장인으로서 진급과 급여 인상만을 바라보며 하루하루를 지내 왔다. 그러다 한국에 복귀하게 되었다. 나는 새롭게 원하는 걸 배우고 실행해 볼 수 있는 시기라는 생각이 들었다. 그러던 중 강의를 시작할 때 나를 알릴 수 있는 책이 있으면 얼마나 좋을까 생각하게 되었다.

나에게 책을 쓴다는 것은 큰 도전이었다. 내 나름의 용기와 결단력으로 하나하나씩 시작해 나갔다. 그렇게 나는 책을 쓰게 되었고, 내 꿈에 한 걸음 다가갈 수 있게 되었다. 이건 오로지 나를 위한 선택이었다. 내가 하고 싶고 잘하는 것은 말로 사람의 마음을 움직이는 것이었다. 나는 책을 출간하고 전국 대학교의 취업 관련 강의를 시작으로 최고의 동기부여 강연가로 성장할 것이다. 나의 책은 베스트셀러가 되며, 이로 인해 학교, 기업, 공공기관의 강의가 쇄도할 것이다. 나는 지속적으로 책을 쓰며 더 많은 분야 관련 강의 콘텐츠를 만들어 나갈 것이다. 이를 통해 자산가로 성장할 것이다.

자기계발, 에세이 부문
베스트셀러 작가 되기

해외에서 근무를 시작하면서부터 자연스럽게 자취를 하게 되었다. 그러다 보니 적극적으로 모임에 참석하지 않으면 비슷한 또래 친구들을 사귀기가 어려웠다. 몇 차례 다양한 모임에 참석해 보았으나, 대부분 술을 마시고 부정적인 이야기를 하며 시간을 보냈다. 밤늦게 집에 돌아오면 마음은 더 공허해졌다. 분명 주말 저녁을 왁자지껄하게 보냈는데 왜 즐겁지 않은지 고민했다. 그리고 나는 이렇게 흘려보내는 시간들을 나에게 집중하는 시간으로 바꿔 보자고 결심했다.

금요일 퇴근길에 나는 마트로 향했다. 맥주 한 캔에 500원, 바게트 긴 거 한 개에 500원인 물가에 행복해하며 주말 내내 먹을 음식을 구매했다. 터벅터벅 걸어 집에 도착하면 작은 냉장고에 사 온 맥주를 가득 채웠다. 맥주만 봐도 이미 배가 든든해졌다. 사 온

식료품들로 간단하게 요리해서 식탁 위에 올려놓으면 제대로 된 주말이 시작되었다.

한국에 있을 때는 금요일 밤부터 친구를 만나느라 TV를 거의 보지 않았다. 그런데 해외생활을 하다 보니 한국의 문화와 세련된 광고가 정말 그리웠다. 내가 있던 곳은 인터넷 공급이 열악했다. 그래서 가끔 버퍼링이 걸릴 때면 밥을 기다리는 강아지처럼 손을 모으고 TV 화면만 쳐다보았다. 이때 가장 많이 봤던 분야는 강연 프로그램이었다. 다양한 분야에서 다양한 일을 하며 성공한 삶을 살고 계신 분들의 강연을 보게 되었다. 일하고 있는 분야는 모두 달랐지만, 강연자들 대부분의 공통점은 매우 많았다.

첫째, 시련에 좌절하지 않고 다시 나아간다.
둘째, 시작은 미미했으나 끝은 창대하다.
셋째, 자신만의 기준과 경험이 있다.
넷째, 자신이 가진 것을 다른 사람들과 나눈다.

강연가 모두가 부자이거나 유명인은 아니었다. 하지만 그들의 이야기는 그 내용에 빠져들 만큼 매력적이었다. 가끔은 나와 비슷한 또래의 강연자나 비슷한 경험을 가진 강연자가 이야기를 풀어 나가기도 했다. 그럴 때면 나는 거의 넋이 나간 표정으로 TV를 바라봤다. 그러면서 마음속으로 '나도 저 자리에 설 수 있을까?'라는 질문을 하기 시작했다. '내 이야기로 청중을 감동시킬 수 있을까?' 나는 또 고민에 빠졌다.

강연 프로그램을 시청하고 나면, 자연스럽게 책을 검색하는 사이트에 로그인을 했다. 성공을 갈망하고 꿈을 이뤄야겠다는 생각이 컸던 나는 성공자의 삶을 닮고 싶어 자기계발 분야의 책을 검색했다. 하지만 나는 해외 근무 중이어서 책을 공수받기가 쉽지 않았다. 그래서 책을 빌릴 수 있는 장소를 찾기 시작했다.

그러다 한인회에서 자체적으로 도서관을 운영한다는 정보를 입수했다. 나는 퇴근길에 그곳으로 향했다. 생각보다 매우 작은 도서관이었다. 크기만큼 책 수량이 많지는 않았다. 하지만 신간 도서 신청도 받고, 베스트셀러는 대부분 구비되어 있는 알찬 곳이었다. 회원 등록을 하면 3권까지 빌릴 수 있는 제도를 시행하고 있었다. 나는 3권 중 2권은 자기계발서, 1권은 에세이를 빌려 집으로 왔다.

본격적으로 책을 읽기 전 집중을 위해 귀마개를 장착하고 자리에 앉았다. 내용은 술술 익혔다. 많은 이전 시대 성공자들의 경험 사례들과 저자의 성공 경험담들이 책 안을 가득 채우고 있었다. 나는 이렇게 책으로 만나는 사람들의 성공 스토리들을 읽으며 주말을 보내기 일쑤였다.

휴가나 출장으로 한국을 잠시 방문하는 경우에도 서점은 빼놓지 않고 들렀다. 공항 안에도 서점은 있다. 5분만 시간을 내면 책을 살 수 있는 시간은 언제나 충분했다. 나는 항상 손에 책을 들고 비행기에 탑승했다. 어떤 책을 들고 타느냐에 따라 비행시간 중 책 읽기 할당량은 완전히 달라졌다. 여러 차례 시도해 본 결과, 나는 자기계발서나 에세이가 아닌 책을 읽으면 집중을 잘 못하고 금세 책을 덮는다는 걸 알게 되었다.

내가 관심을 갖고 잘 쓸 수 있는 분야는 자기계발서와 에세이라는 것을 회사생활과 삶의 경험을 통해 알게 되었다. 나에게는 이미 이루어진 일들이지만 다른 누군가에게는 다른 길이 될 수 있는 해외 취업. 나에게는 이미 살아 본 곳에 대한 생활이야기이지만 다른 누군가에게는 막막한 환경일 수 있는 해외생활 등. 나의 경험을 바탕으로 한 자기계발서와 에세이 책을 낸다면, 나는 이에 대한 다양한 강의 주제로 학생들을 만날 수 있을 거라고 생각했다.

막힘없이 나의 경험을 말할 수 있다는 것은 그만큼 거짓이 없다는 증거다. 누구도 대신 할 수 없는 특별함이기도 하다. 거짓 없는 경험을 통해 보고 느낀 것을 청년들에게 들려주고 그들이 나를 통해 자신감을 얻고 도전정신을 갖게 된다면 나는 선배로서 진심으로 행복할 것 같다. 나의 진실된 이야기들이 그들의 마음에 울림으로 작용하길 바란다. 그래서 나는 나의 책이 베스트셀러가 되길 꿈꾼다. 많은 사람들이 읽는다는 것은 그만큼 많은 사람에게 선한 영향력을 행사하는 멘토가 된다는 증거이기 때문이다.

나에게는 회사생활을 하며 직속 후배를 뽑고 교육시켰던 경험이 있다. 그들과 나의 나이 차이는 평균 3~6살이었다. 지금 전부 20대다. 별로 차이가 안 난다고 생각했으나 문화를 받아들이는 데, 사용하는 언어에 큰 차이점이 있다는 걸 깨달았다. 하지만 이 친구들이 나에게서 공통적으로 느낀 것이 있다. 꿈을 꾸고 나아가는 길에 선택과 집중하는 나의 모습에서 보이는 자신감과 도전 정신이다. 나는 20대 중반 선택한 해외 취업과 이곳에서 버티고 이겨 내며 견뎌 온 나의 인내심, 그로 인해 얻게 된 성과들, 너무나 현실적인 해외생활의 명암 등 나의 경험이 이들이 살아갈 지금에 도움이 된다는 것을 알게 되었다.

나는 베스트셀러 작가가 되어 강연회와 사인회를 열고 싶다. 같은 생각과 마음을 가진 독자들을 직접 만나서 소통하는 자리를 갖고 싶다. 그리고 독자들에게 당신도 할 수 있다고, 함께 해 보자고 응원해 주고 싶다. 그리고 나도 독자들의 기운을 받아 더 많은 책을 출간하고 청년들과 소통하며 지내고 싶다.

가치를 가진
강연가 되기

지금 우리는 사상 최대의 경제 위기와 실업률을 겪고 있는 시대에 살고 있다. 그래서 그런지 사회생활을 하기 전부터 어른들이나 나와 비슷한 이들에게서 자주 들었던 이야기는 월급을 제때 주는 회사에 감사해 하며 몸담고 있어야 된다는 것이었다. TV에서도 온통 경제적 어려움에 대한 얘기들로 가득하다. 그래서 나 또한 '새로운 것을 하는 건, 무언가를 꿈꾸는 건 사치구나'라고 생각했던 것 같다.

실제 주위 사람 대부분이 경제를 걱정하며 지금의 삶에 만족하고 감사해야 된다고 했다. 특히 몇몇 지인들은 지금이라도 공무원을 준비하라며 진지하게 조언하셨다. 나는 그동안 해외에서 일해 왔다. 그리고 그곳은 후진국이나 개발도상국으로 한창 나라 전체가 발전해 나가는 모습을 쉽게 찾을 수 있었다. 그렇기 때문에 나에게는 한국이 더욱 침체된 분위기로 비쳐졌다.

주변의 상황과 환경들로 나는 유일한 스펙으로 가지고 있던 자신감이 점점 줄어드는 나 자신을 발견했다. 나 또한 일반적이고 현실적인 고민에 빠졌다.

'내가 강연, 강의를 잘 할 수 있을까?', '나의 스토리가 젊은 친구들에게 도움이 될까?'

완전히 현실적인 고민들이었다. 연봉이 많고 적음은 더 이상 중요하지 않았다. 돈의 크기에 따라 삶의 크기가 변한다는 것은 알고 있었다. 그러나 집 빚을 갚고 한국에 돌아오고 나니 또다시 나는 가진 게 없었다. 그래서 잃을 것도 없었다. 얼마의 연봉을 받는지보다 어떠한 일을 하며 어떻게 살아가는지가 점점 중요해졌다. 나는 나 자신과 사회에 가치 있는 일을 하는 사람이 되고 싶어졌다.

계획을 세우고 나아가는 데까지 시간이 필요한 것은 당연하다. 하지만 당시 내 상황은 준비 과정에서 발생하는 비용과 시간이 넉넉하지 않았다. 집안의 빚을 청산하고 내 개인 돈을 모은 지 얼마 안 되었기 때문이다. 그런지라 준비 과정 속도 대비 자산은 턱없이 부족했다.

이런 나의 고민을 나의 가족들이 알게 되었다. 그리고 하나둘씩 나에게 투자를 자청했다. 나는 나의 꿈에 투자해 주는 것만으로도 너무 감사했다. 오빠는 내가 혹시라도 안일한 생각으로 책 쓰기를 시작하고 배우는 것에 돈만 투자하는 거라면 당장 뜯어말리려고 했었다고 한다. 이 얘기를 듣고 나는 오히려 내가 좋아하고 잘 할 수 있는 일을 찾아 제대로 나아가고 있다고 확신했다.

지금도 자주 불안이 머리를 뚫고 가슴으로 바로 꽂힐 때가 있다. 30년 넘게 가지고 있던 습관을 하루아침에 고칠 수 없다는 건 알고 있다. 하지만 꾸준히 생각을 바꾸려 노력 중이다. 그런데 그게 잘 안 될 때가 있다. 그럴 때면 최대한 밖으로 표출하지 않고 속으로 부정적인 단어를 그와 반대인 긍정의 단어로 바꾸는 연습을 한다. 그러면 조금씩 마음이 가라앉고 고민거리들에 대한 해결 방안이 떠오른다.

　　요즘 주변 사람들을 통해 SNS의 중요성을 알게 되었다. 이를 통해 나의 생각을 공유하고 많은 사람들과 소통하며 강연을 준비하면 된다는 것을 알았으며, 나를 표현하는 방식이 다양하다는 것도 이제 조금씩 깨닫고 있다.

　　SNS에 젬병이었던 내가 몰랐던 신세계들이 무한대로 이미 펼쳐져 있었다. 결국, 내가 열심히 준비를 잘하면 되는 거였다. 나만 잘하면 되는 거였다. 그리고 상황을 적극적으로 나에게 맞게 활용하면 된다는 것도 알게 되었다.

　　여기서 가장 중요한 기초는 생각의 전환이었다. 대부분의 시간을 부정적인 말을 듣고 하는 것에 노출되어 있는 환경을 바꾸는 것이 급선무였다. 그래서 자기계발 관련 강의를 듣고 같은 꿈을 가지고 나아가는 사람들이 있는 모임에 자주 나가기 시작했다. 그곳에서는 자연스레 나의 꿈에 대해 이야기할 수 있었다. 꿈의 크기가 클수록 더 크게 칭찬과 축복을 받을 수 있었다.

하나라도 이루고 말하라는 사람들과 꿈도 크다고 비꼬며 말하는 사람들 사이에서 벗어나는 것만으로도 나의 삶에는 많은 변화가 있었다. 일차적인 변화는 남을 미워하지 않으려 노력하는 것이고 이차적인 변화는 나를 사랑하는 것이었다. 사회생활을 하다 보면 자연스레 나의 감정보다도 타인의 감정에 집중하게 된다. 그렇게 나를 잃고 우울해하는 경우가 흔하다. 이 부분을 바꾸는 것만으로도 삶에서 중요한 사람을 구분하고, 중요한 순간을 선택할 수 있다는 걸 깨달았다.

생각해 보면, 내가 20대 초반이었을 때도 중반이었을 때도 대학을 졸업할 때도 취업을 했을 때도 경제가 좋았던 적은 없었다. 그때도 지금도 실업률이 높거나 경제가 불황인 시기를 우리는 살고 있다. 심지어 내가 대학생 때는 이과생이 더 취업이 안 되었다. 기업에서는 문과 졸업생 채용을 선호했었다. 그러나 지금은 반대로 이과생 채용을 선호하고 있다.

그러니 경제 상황에 크게 좌우되지 않는 내가 좋아하고 잘할 수 있는 일을 찾고 해야 된다는 것이다.

나의 꿈은 베스트셀러 작가이자, 최고의 동기부여 강연가다. 나는 무엇보다 강연을 많이 하고 싶다. 나의 경험을 바탕으로 내가 가진 재능을 활용해 청년들에게 용기와 도움을 주고 싶다.

나는 많은 대학교, 공공기관에서 취업, 스피치 관련 강의를 시작한다. 최고의 청년 멘토, 동기부여 강연가가 된다. 많은 기업체에서 리더십 및 자존감 강의를 한다. 그리고 5권 이상의 나의 저서를 출간한다. 이로써 나는 나를 브랜딩해 세상에 나의 가치를 전달한다.

PART 08

사람들에게
존경받는 브랜드 회사
설립하기

- 이은영 -

이은영 제인 홈(Jane Home) 대표, 디자인.닷(D.DOT) 수석 디자이너, 패브릭 디자이너,
前 플로리스트, 홈 스타일리스트

감성이 느껴지는 홈 패브릭 브랜드 '제인 홈(Jane Home)'을 운영하고 있으며, 프리랜서 디자이너로도 활동 중이
다. 디자인에 있어서 고객과의 소통을 중요시하고 우아함과 세련됨을 추구한다. 앞으로 디자인과 관련된 다양한 브
랜드 컨설팅을 계획하고 있으며, 현재 '셀프 인테리어'를 주제로 개인저서를 집필 중이다.

브랜드 회사
설립하기

내가 다니던 고등학교 미술 선생님은 인기가 없었다. 골드미스에 보라색을 좋아하고, 항상 날카로운 시선으로 학생들을 편애했다.

나는 학비를 벌고자, 학교에서 문서 도우미를 했다. 선생님들의 사적인 부분을 함께하다 보니, 혜택 받는 부분이 많았다. 미술 선생님은 다행히도 나를 예뻐해 주셨다. 미술시간을 통해 자존감은 높아져 갔다. 그러던 어느 날, 나는 포스터 물감으로 색을 입히는데 문득 이런 생각이 들었다.

'내 브랜드 회사에 사용할 메인 컬러는 바로 이거야! 이 색을 중심으로 디자인 해야겠어'

그 컬러는 다름 아닌 네이비, 딥 그린, 그레이, 버건디 컬러였다. 그날따라, 그 네 가지 컬러가 나의 마음을 완전히 사로잡았다. 현재 디자인을 할 때도 내가 많이 쓰는 컬러들이다.

나는 먼 훗날의 내 꿈을 시각화하고 있었다. 내가 좋아하는 컬러의 브랜드 제품을 생산하는 상상을 했다. 미래를 위해 나만의 사인도 만들어 냈다.

각자 자신의 꿈을 발표해 보는 시간이 있었다. 나는 그때 'DIY(do it yourself) 디자이너'라고 말했다. 친구들은 내 꿈의 직업에 대해 의아해하는 표정을 지었다.

"'뭔가를 만들고 꾸미는 디자이너'라는 뜻이야."

그제야 친구들은 고개를 끄덕였다.

나는 '당장 미술을 전공하지 못해도, 언젠가는 내 이름으로 된 큰 사업을 하겠노라!'라고 다짐했다.

수능이 끝나고 아르바이트를 해야겠다는 생각을 했다. 인쿠르트에 '큐레이터 아르바이트 구함'이라는 문구가 있었다. 나는 바로 클릭했다. 그리고 면접을 보기로 결심했다. 그곳은 천호동이었는데, 가는 길이 영 을씨년스러웠다. 엘리베이터도 없는 건물이었다. 5층까지 헉헉거리며 올라갔다.

그런데 아뿔싸! 이게 웬일인가! 그곳은 영화에서나 나올 법한 흥신소 같은 분위기였다. 우아한 큐레이터를 상상하고 그 먼 길을 찾아갔건만, 전혀 예상치 못한 곳을 맞닥뜨리게 된 것이다.

"저… 큐레이터를 구한다고 해서, 왔는데요. 여기서 구인광고 내신 거 맞나요?"

"네. 저희는 액자 파는 일을 합니다. 한번 해 보시겠어요?"

"제 생각과 맞지 않는 일 같아서요. 이만 가 보겠습니다."

그때, 한 여자분이 내 팔을 꽉 잡았다. 오늘 하루만 자신과 함께 다녀 보자는 거였다. 나는 식겁했다. 하지만 한편으로는 '어디 한번 오늘만 같이 다녀 볼까! 그 뒤에 결정해도 늦지 않잖아'라며 내 마음을 진정시켰다.

일의 순서는 이러했다. 일단 검은색 봉고차 트렁크에 액자를 잔뜩 싣는다. 그다음 사장님이 내려 준 곳에서 각자 분량의 액자를 들고 다니며 판매한다. 판매를 못했어도 다음 정해진 시간까지 컴백한다. 당시 나는 정신 나간 사람처럼 머릿속이 빙빙 돌고 있었다.

'아니, 이러다가 아는 사람을 만나면 어떻게 해? 그리고 누가 이런 그림을 돈 주고 사겠어'

나를 끌고 간 언니는 그림에 대해 자세히 설명해 주었다. 한 장당 3만 원에 팔면, 내 지분은 1만 원이라는 말과 함께 말이다.

판매 영역을 분석해 본다면, 나름 타당한 이유가 있었다. 대기업이 있는 여의도, 이제 신규 분양하는 상가들, 사람들이 군집해 활동하는 곳을 주 무대로 삼았다. 그 언니는 그날 나와 함께 7만 원을 벌었다. 나는 신기하기만 했다. 집으로 돌아간 후 밤새 고민했다.

'나도 할 수 있을까? 나는 못 해. 아는 사람이라도 만나면 어떻게 해!'

하지만 나는 한편으로는 이런 생각을 했다. 나를 극복하지 못하고 도전하지 않는다면, 세상 어떤 일도 할 수 없을 거라고. 그렇게 다음 날 내 발길은 그곳으로 향하고 있었다.

나는 나를 극복하고 그날 7만 원이라는 성적을 거두었다. 미용실에서 파마하고 있던 아줌마에게 판매를 했다. 마침 집을 이사했는데 데코 용품이 필요하다고 얘기했다. 치과에서도 판매가 이어졌다. 손님들에게 안정감을 주는 그림이 필요하다고 말했다. 일반 회사에서는 화장실에 걸어 둘 그림으로 몇 개를 구매해 줬다.

내 판매 전략은 사람들의 감성을 자극하기였다. 차분하게 그림에 대해 설명해 주고, 그림 테라피에 대한 이야기를 했던 것이다. 모두 나에게 잘했다며, 칭찬을 쏟아부었다. 사람들은 미적 소품들에 예상외로 관심이 많았다. 구매하고 싶은데, 방법을 모르는 듯했다.

나는 그곳에서 에이스의 면모를 보이며, 돈을 벌기 시작했다. 그때 내가 시작도 하기 전에 포기했다면, 많은 교훈을 얻지 못했을 것이다. 그렇게 시간이 지나면서, 사람들과의 소통 방법을 알게 되었다. 모르는 사람에게 말을 거는 것도 쉬워졌다. 밝고 자신감 있었던 어린 날의 나의 모습을 되찾아 갔다. 내 인생에 가장 많은 변화를 준 시간이었다.

지금은 IKEA, ZARA HOME, MUJI 등 손쉽게 미적 소품을 살 수 있는 매장이 즐비하다. 사람들 인식도 많이 바뀌었다. 내 집을 꾸미는 것이 가꾸는 것으로 달라졌다. 계절이 바뀌면, 집에도 옷을 입혀 주기 시작했다.

회사 동료였던 친한 친구가 건물을 샀다. 요즘에 핫한 한남동에 말이다. 그 친구는 멋진 인테리어 디자이너에 부동산에도 눈이 밝은 친구다. 1층에는 본인의 사무실 겸 숍을 열고 싶어 했다. 내가 꿈꾸던 그 일이었다.

'나도 내 이름으로 된 건물이 있었으면 좋겠다. 그곳에 내가 평생 일할 수 있는 숍을 열고 싶다!'

나는 늘 이렇게 바라고 기도했다. 지금은 꼭 꿈이 이뤄졌다고 믿게 되었다. 왜냐하면 곧 일어날 일이기 때문이다. 다음은 나의 미래가 될 목록이다.

- 내가 원하던 100억 원짜리 랜드마크를 짓는다.
- 건물 1층에 공간 스타일링을 전문으로 하는 브랜드 회사를 설립한다.
- 해외에서 멋진 가구와 패브릭 소품 등 리미티드 에디션을 수입한다.
- VIP 소비자만의 공간을 따로 기획한다.
- 일반 소비자의 공간도 기획하고 컨설팅해 준다. (컨설팅 비용은 공간의 크기와 중요도에 따라 100만 원에서 1억 원까지 다양하다.)
- 컨설팅이 끝나면 디자이너들이 콘셉트를 구체적으로 자료화한다.
- 우리 회사의 제품들을 적재적소에 배치해 최고급의 스타일링

을 선사한다.

　내가 운영하는 브랜드 회사에서 기획한 스테이셔너리도 출시할 것이다. 그것들은 고급 브랜드 이미지로 다양한 매체에서 활약하며, 그 가치를 상승시킬 것이다.
　나는 직원들의 복지 문화가 뛰어난 회사로 성장시키고 싶다. 그래서 사람들의 존경을 받으며 기부 문화에도 힘을 쓰고 싶다. 매년 파티와 자선행사를 열어 우리 브랜드의 가치를 드높이고 싶다.

복합문화공간
만들기

공원에서 꽃을 보며 쪼그려 앉아 있는 제인이를 보면서 엄마가
말했다.

"제인이는 꼭 널 닮았어."

"뭐가 닮았는데?"

"너도 어렸을 때 없어져서 찾아 나서면 주인집 꽃밭에 앉아 있
었거든."

"엄마, 그래서 내가 이런 일을 하게 되었나 봐!"

어렸을 적, 꽃만 보면 행복해하던 나였다. 가정형편이 녹록지 않
아 힘들게 용돈 1,000원이 생기면 꽃을 파는 리어카 아저씨를 찾
아다녔다. 그러곤 할머니가 꽃을 너무 좋아하셔서 선물로 드리려
한다는 착한 거짓말을 했다. 그러면서 안개꽃 한 움큼을 받아 냈었
다. 물론, 할머니도 내가 꽃을 사 오면, 소녀같이 좋아하셨다.

성인이 된 이후로 나는 직접 번 돈으로 꽃을 배우기 시작했다.

그때 당시만 해도 '플로리스트'는 생소한 직업이었다. 월급은 100만 원인데, 수강료가 25만 원이었다. 독일의 유로피안 디자인을 알려 주는, 나름 열심히 검색해서 찾아간 곳이었다. 수강 중에 국가공인 독일플로리스트 시험을 준비하는 사람들은 2,000만 원을 내고 연수를 다녀와야 했다.

나에게는 늘 돈이 없었다. 그 당시 나에게는 가난한 집에 태어나면 부잣집 딸들이나 가지는 고급스러운 직업을 가질 수 없다는 것이 너무나도 당연시되어 버렸다. 그래서 더욱 좌절을 많이 했었던 것 같다.

그러다 한 번의 기회가 찾아왔다. 회사 동료의 친척 중 한 분이 나에게 투자를 해 주시겠다고 했다. 그분은 여자분이셨고, 보험설계사였다. 보험을 통해 여러 번 만나면서 내 꿈에 길을 열어 주고 싶다는 생각을 했단다. 젊은이들의 꿈을 위해, 스폰서가 되어 주고 싶다고 말했다. 그리고 그에게 그 대상이 나였던 것이다. 역시 나의 시대가 열렸다는 생각과 함께 세상을 다 가진 기분이었다.

나는 그때까지만 해도 생소한 플라워 카페를 제대로 만들어 보겠다고 다짐했다. 여러 곳을 벤치마킹하면서 장단점을 파악하고, 나만의 감각을 구체적으로 시각화하기 시작했다.

'냉장고에 꽃이 갇혀 있는 건 너무 답답해 보여. 소비자가 배스킨라빈스처럼 꽃을 골라서 포장하면 어떨까.' 그렇게 시작한 것이 분당 정자동 카페였다. 지금 생각해도 세련되고 고급스러운 인테리어에 완벽한 스타일링이 더해진 최고급 플라워 카페였다.

"엄마, 할머니. 조금만 기다려. 내가 돈 많이 벌어서 꼭 호강시켜 줄게!"

나는 아빠의 자리를 대신했던 할머니에게 꼭 그 은혜를 보답하고 싶었다.

정자동 카페는 모든 사람들을 행복하게 만드는 마법 같은 공간이었다. 꽃 향기가 은은하게 퍼지고, 감미로운 음악과 부드러운 커피가 더해져, 사람들을 미소 짓게 만들었다. 나는 새벽에는 꽃시장을 가고, 그다음 새벽 1시가 되어서야 퇴근했다. 내 잠옷은 꽉 끼는 청바지였다. 그래야 힘든 새벽, 아무런 준비 없이 나가도 되니까 말이다.

플라워 카페는 정자동 사모님들의 아지트가 되었다. 오가며 일상 이야기를 들려주는 단골손님들이 늘어났다. 축하파티를 위해, 꽃을 사기 위해 사람들이 모여들었다. 각자의 삶을 축복하기 위해 모이는 공간이었다.

나는 꽃만 파는 게 아니었다. 사랑도 팔고 있었다. 그때 나는 '나에게는 사람들을 행복하게 만드는 재주가 있구나. 나에겐 엄청난 매력이 숨어 있구나'라고 생각했다.

손님들은 나와 이야기하고, 함께하는 것을 좋아했다. 교양 있고 부유한 그들의 스토리는 언제나 나를 감동시켰다.

그러던 중, 나의 꿈은 산산조각이 나고야 말았다. 행복함 속에서도 늘 나를 차갑게 바라보는 시선이 있었다. 바로 스폰서 부부였다.

큰돈을 들였지만 그에 따른 결과가 만족스럽지 못했기 때문에 나를 옭아매기 시작했다.

나는 그곳을 벗어났으면 좋겠다는 익명의 문자를 받고, 미련 없이 그곳을 빠져나오고 말았다. 그 이후에도 나를 이용해 돈을 벌고 싶어 하는 사람들이 내 곁을 맴돌았다.

나는 당당히 이렇게 외치고 싶었다.

"나는 반드시 성공해서 내가 원하는 공간을 만들 거야!"

아픈 만큼 성숙해진다고 했던가! 시련은 곧 다음 꿈을 넘을 수 있는 허들이었다.

요즘은 미세먼지가 이슈화되면서, 그린카페가 핫플레이스로 떠올랐다. 사람들이 마음껏 숨 쉬며, 힐링할 수 있는 공간이 점차 만들어지기 시작했다. 내가 먼저 열었으면 대박이었을 그런 공간들이 우후죽순 생겨나고 있다.

플라워 카페를 하며 현장에서 느꼈던 것은, 사람들이 꽃과 파티를 쉽게 접하고 싶어 한다는 것이었다. 특별한 일이 아닌 삶에서 작은 일상으로 다가가고 싶어 한다는 것이었다. 의식주가 해결되면서, 우리는 평범한 일상이 가끔은 여유로운 사치가 되기를 바란다.

돈이 있어도 없는 교양을 사긴 어렵다. 어릴 때부터 미술과 음악을 접해 본 사람은 뭔가 여유롭고, 품격 있어 보인다. 나는 가정형편이 어려웠어도 명화와 음악에 대한 상식을 쌓기 위해 노력했다. 한마디로 '내가 돈이 없지. 가오가 없냐' 이런 마음에서였을 거다. 이제는 그런 모습이 빛을 발휘해, 어딜 가나 대화에는 꿀리지 않는 사람이 되었다.

기사에 나오는 복합문화공간을 들여다보면, 각각의 특징이 있다. 성수동 '성수연방'은 음식점, 서점, 카페, 스토어 등을 모아 놓은 곳으로 쇼핑까지 할 수 있다. 그리고 김포의 '나인블럭'은 폐직물 공장을 인테리어한, 카페와 전시문화를 엿볼 수 있는 곳이다. 가장 핫한 한남동의 '사운즈한남'은 도심 속 리조트를 표현한 곳이다. 이곳에도 역시 유명 레스토랑과 와인 전문점이 입점해 있고, 서점과 플라워 숍이 자리 잡고 있다.

내가 만들 복합문화공간을 상상해 본다. 크게 여섯 가지로 기획할 것이다.

- 그린이 살아 숨 쉬는 공간: 소중한 산소가 마구 뿜어져 나오는 곳을 기획한다. 그곳에는 편안한 소파와 안락한 1인 의자를 배치한다. 그 한쪽에는 트렌디한 책들을 진열해 놓을 서점을 마련한다.
- 플라워가 있는 공간: 내가 경험했던 플라워 카페의 노하우를 살려, 꽃을 쉽게 고르고 접할 수 있게 만든다. 중요한 건, 수도가 잘 연결된 임팩트 있는 꽃의 저장소를 만들어야 하는

것이다.

- 파티 문화의 공간: 작은 모임부터 큰 모임까지 아우를 수 있
는 공간을 만든다. 이곳에서는 결혼부터 돌잔치까지 파티를
기획하고, 연출한다. 최고의 디자이너들이 모여 순간의 아름
다움을 드높이는 데 최선을 다한다.
- 다가가기 쉬운 미술관: 명화를 쉽게 접하는 방법. 다양한 젊
은 작가들의 그림을 전시해 놓는다.
- 다양한 장르의 음악회: 클래식, 재즈 등 감미로운 음악회를
수시로 연다.
- 작가들을 위한 강연장: 유명 작가들을 초대해, 삶의 경험을
나눌 수 있는 공간을 기획한다. 분위기 있는 음식점과 라이
프스타일 숍도 곁들인다.

나는 공간 기획자가 되어, 보이지 않는 섬세한 곳까지 신경 쓰
며 최고의 복합문화공간을 만든다. 내추럴한 청바지에 절대 과하지
않은 티셔츠를 입고, 손목엔 티 안 나는 명품 시계를 차고 있다. 손
에는 티 안 나는 명품 백을 들고 있다. 사람들이 즐기는 모습을 보
며, 어떠한 부분을 업그레이드해야 할지 체크한다.

문화를 공유하면서, 품격을 드높인다. 이에 맞춰 부의 축적도
늘어난다. 그렇게 역사에 길이 남을 최고의 복합문화공간을 만들
어 낼 것이다.

복지재단
설립하기

내 직업은 공간을 꾸며 주는 디자이너다. 일의 특성상 많은 고객들을 만난다. 그들은 각자의 삶에 충실한 매력적인 사람들이다. 내가 좋아하는 사람들은 단연 작은 것에도 감사해하며, 행복한 마음으로 가득한 사람들이다. 일을 하다 보면 처음에는 까다로운 고객도 있지만, 끝에는 모두 해피엔딩이 된다. 그것이 이 직업의 매력이다.

내가 만났던 고객들은, 봉사를 열심히 하시는 분들이 많았다. 어느 정도 부가 쌓이고, 여유가 생기면서 나눔의 사랑을 실천하는 사람들이었다. 집안 형편이 어려운 아이들과 미혼모, 독거노인을 위한 다양한 봉사활동을 했다. 그렇게 보람된 삶을 살고 계신 분들이 많았다. 이런 고객들을 만나 뵙고 나면, 나 역시 지금껏 살아온 삶을 되돌아보는 시간을 가질 수 있었다.

결혼 전, 지하철을 타고 환승할 때였다. 쇠약해 보이는 할머니께서 물건을 팔고 계시는 모습을 종종 볼 수 있었다. 그 모습을 보면, 마음이 아파 어찌할 줄을 몰랐다. 그래서 가지고 있던 돈을 살짝 건네 드린 기억이 난다. 고등학교 때는 걸스카우트로서 봉사활동을 갔었다. 그때 몸이 마비되어 누워만 계시는 아저씨가 계셨다. 나는 그분께 소소한 심부름을 해 드리고, 말벗이 되어 드렸다. 요즘도 가끔 한창일 때의 자신의 사진을 걸어 두고, 하염없이 바라보던 그분이 생각난다.

그렇게 일주일에 한 번씩 봉사의 시간을 가졌다. 지금은 평계라면 평계지만 일하느라, 두 아이를 키우느라, 남을 돕는 생활을 전혀 하지 못하고 있다.

일곱 살이 된 제인이는 책을 너무나 좋아한다. 그날도 마찬가지로 잠자리 독서를 하는 중이었다.

"엄마, 나 이 책 읽고 싶어. 저승에 있는 곳간! 근데 저승이 뭐야?"

"어… 사람이 죽은 후에 사는 또 다른 세상을 이야기하는 거야."

책의 내용은 대충 이러했다. 욕심 많은 원님은 어려움에 처한 사람들을 도와주지 않고 제 것을 나눌 줄 모르는 사람이었다. 어느 날 만삭의 아낙이 곧 아이를 낳을 것 같으니 도와 달라고 청했다. 그러나 미역국 한 그릇 주지 않고 짚 한 단을 주라고 명령한다. 아낡은 허름한 창고에서 짚을 깔고 아기를 낳았다. 원님이 밤에 잠을 자는데 저승사자가 그를 하늘로 데려갔다. 그런데 옥황상제가 때가 안 되었다며, 다시 돌아가라고 하는 것이었다. 그때 저승사자는 이승으로 돌아가고 싶으면 노잣돈을 내라고 했다. 그런데 원님의 저승 곳간은 텅텅 비어 있었다. 있는 거라곤, 짚 한 단뿐이었다. 할 수 없이 원님은 다른 여인의 곳간에서 노잣돈을 빌려서 내고 이승으로 돌아온다. 그 여인은 알고 보니, 바로 원님이 내친 아낙이었다. 항상 남에게 베풀었기 때문에 그 여인의 저승 곳간은 많은 재물로 채워져 있었던 것이다.

책을 읽고 난 후, 난 나의 저승 곳간에 대해 생각해 봤다.

"제인아, 우리도 저승 곳간에 양식을 많이 쌓아 놔야겠어. 착한 일도 많이 하고, 우리 손길이 필요한 어려운 사람들을 많이 도와야 돼."

"응, 엄마. 나도 착한 일 많이 할 거야."

딸에게 하는 말이 곧 나 자신에게 하는 말 같았다.

내가 존경하는 몇 분의 이야기를 들려주고 싶다.

엄마가 위암에 걸려, 언니와 내가 방황하고 있을 때였다. 그때 도움을 주신 황 모니카 선생님은 평생 나의 은인이시다. 칠순이 코앞이신데, 눈처럼 새하얗고 꽃처럼 예쁘시다. 정말 40대라고 해도 믿길 만큼 아름다운 외모의 소유자시다. 거기에 천사 같은 마음까지 갖추신 훌륭한 분이시다.

엄마가 아프셨을 때, 호스피스 병동에 계셨을 때도 내 일처럼 생각해 주셨다. 그리고 어려운 장례까지 도움을 주셨다. 엄마를 만나고 가실 때면 "은영아! 엄마는 하나도 고통 받지 않으시고, 편안하게 가실 것 같아!"라고 슬픔이 아닌, 어찌 보면 행복의 말로 나를 위로해 주셨다. 죽어라 일만 하시고, 고생하신 엄마는 진짜 고통 없이 그렇게 가셨다. 엄마의 임종을 지키던 순간, 나는 선생님의 말이 곧 현실이 되었다는 것을 믿게 되었다.

선생님은 열일곱 살 때부터 지금까지 50년간 봉사의 인생을 살아오셨다. 그 결과, 로마 교황청으로부터 큰 상을 받으셨다. 남편은 선생님을 처음 본 순간, 장모님과 비슷해서 깜짝 놀랐다고 했다. 그만큼 외모가 비슷했다. 돌아가신 어머니의 빈자리를 황 모니카 선생님이 채워 주셨다. 지금도 힘들고 어려운 많은 사람들을 위해 봉사하고 계신다. 나는 그런 선생님을 사랑하고, 존경한다.

또한 내가 책을 쓰는 데 많은 도움을 주신 분이 있다. 바로 한책협의 김태광 대표 코치님이시다. 본인의 삶에 힘들고 어려운 상황이 많으셨다고 한다. 그럼에도 불구하고 끝까지 꿈을 포기하지 않고, 책 쓰기에 전념하신 분이다. 자신이 23년간 알게 된 책 쓰기 노하우를 제자들에게 아낌없이 알려 주고 계신다. 그리고 1인 창업에 대한 조언부터, 꿈의 날갯짓을 할 수 있을 때까지 큰 길잡이 역할을 해 주고 계신다. 상상의 힘으로 꿈을 실현하는 법을 구체적으로 알려 주시기도 한다.

그에 대한 고마움을 표현하고 싶어 하는 제자들에게는 한책협의 기부금 통장에 후원하라고 하신다. 연말에는 그 기부금을 모아, 좋은 일에 참여하고 계시는 것이다. 오늘도 대표 코치님은 꿈을 좇는 사람들을 돕는 데 불철주야 힘쓰고 계신다. 내가 조언을 구할 수 있는 든든한 멘토가 있어 얼마나 감사한지 모른다.

그리고 지금의 집으로 이사 오면서 친언니를 통해 만나게 된, 여성 대표님이 계시다. 그분은 엄청나게 쌓은 부를 바탕으로 꾸준한 후원과 봉사를 하고 계신다. 삶의 우여곡절이 많았기 때문에 이야기를 듣다 보면, 시간 가는 줄 모른다. 그분의 삶에 모든 희로애락이 담겨 있다.

삶이 힘들고 어려웠을 때부터 아낌없는 후원을 꾸준히 이어 오신 분이다. 미혼모들을 위한 공간을 만들고, 물질적 후원을 아끼지 않으셨다. 그리고 본인의 아이들과 함께 다니는 어려운 학생들을 위해 교복과 급식비, 대학 등록금을 꾸준히 지원하고 계신다. 중학교 때부터 후원한 수많은 아이들이 명문대학교에 입학했다. 학교 측으로부터 그들이 만나고 싶어 한다는 연락을 받으셨지만, 절대 본인을 드러내시지 않는다. 또한 봉사상을 받는 것을 지극히 꺼려하셨다.

예전에 할머니께서 다른 사람을 도울 때, 꼭 하신 말씀이 있다. "오른손이 하는 일을 왼손이 모르게 하라."라는 것이다. 그 분은 이 격언을 몸소 실천하고 계신다.

결혼을 하고 아기를 낳아 보니, '좋은 환경에서 자란다는 건 큰 축복이구나'라는 생각이 들었다. TV나 SNS를 보면, 아픈 부모 밑에서 어렵게 자라는 아이들을 볼 수 있다. 또한 선천적으로 몸이 아파서 병원비를 대느라, 생계가 어려워졌다는 기사도 많이 접한다. 아이들은 사랑받아 마땅한 존재이지만, 현실은 그렇지 않은 경우도 많다. 그 아이들을 보면, 마음만 아파하기에는 나 자신이 너무 무능해 보이기도 한다.

나는 현재 무료영화 상영을 안내하는 홍보를 맡고 있다. 사람들과 영화를 함께 보며, 공감대를 형성한다. 그리고 사람들과 소통하는 기회를 가지고 있다. 돈보다는 가치 있고 뜻깊은 일이다. 이 일을 하며, 함께 뜻이 맞는 사람들을 모으려고 한다. 어려운 불우이웃을 위해 자선바자회를 계획하고, 기부문화를 위해 힘쓰고 싶다. 이를 통해 저승에 있는 곳간에 양식을 마음껏 쌓는 일을 하고 싶은 것이다.

먼저, 나는 재능기부를 해 줄 수 있는 사람들을 모을 것이다. 예술과 문화를 이끌어 가는 다양한 사람들에게 공연과 기획에 대한 조언을 부탁하고 싶다. 그리고 책을 쓰며 알게 된 작가님들을 초청해 강연을 열고 싶다.

나는 야외 공간에 자선바자회의 품격을 높여 주는 대형 캐노피를 설치하고 싶다. 자선바자회라고 해서 저렴한 디자인의 행사를 하고 싶지는 않다. 공연도 하고 추억도 만드는 그런 행사를 열고 싶다. 내가 플로리스트로 일했을 때의 일이다. 조용필 가수의 공연을 보러 온 VIP를 위한 파티를 진행한 적이 있었다. 그때 화이트 시폰 패브릭으로 캐노피를 디자인했다. 정말 야외를 아름답게 만들어 준 일등 공신이었다.

그때의 경험을 살려, 사람들이 파티에 초청받은 것처럼 기획하고 싶다. 그곳에 감사한 마음을 담은 핑거푸드가 있다면, 금상첨화일 것이다. 유아, 어린이, 청소년, 성인의 다양한 물품을 보기 좋게 진열할 것이다. 그리고 물품을 판매하는 지원자에게는 다양한 공연 티켓을 나누어 줄 것이다. 또한 기업이나 유명인에게서 고가의 협찬을 받고 싶다. 기부 받은 물품들은 따로 경매 행사를 진행할 것이다(이 아이디어는 앞서 말한 여성 대표님의 의견이다).

디자이너로 일하며 인연이 된 좋은 분들이 많다. 그중 연예인분들도 포함되어 있다. 그분들께 행사의 취지를 잘 말씀드려 소중한 기부 물품을 받아 내고 싶다.

이렇게 하여, 1년에 두 번 행사를 기획할 것이다. 봄과 가을, 날이 너무 좋은 날, 모두가 참여하는 아름다운 자선바자회를 열고 싶다.

홈 스타일리스트로
유명 인사 되기

얼마 전, 부모님이 돌아가셨다. 이제 유일한 내 핏줄은 언니밖에 없다.

엄마는 당신의 삶이 한 달밖에 남지 않았다는 사실을 몰랐다. 우리는 비밀로 하고 엄마의 마지막 삶을 기쁘게 해 드리기 위해 노력했다. 딸만을 가진 엄마의 입장에서, 아들을 막 낳은 나는 언제나 자랑거리였다. 그리고 디자이너라는 직업을 가진 것에도 상당한 자부심을 느끼셨다.

나는 몸조리할 겨를도 없이 그 핏덩이를 안고 호스피스 병동으로 향했다. 한 달밖에 남지 않은 엄마에게 해 줄 수 있는 건, 둘째 아들을 원 없이 보여 드리는 일뿐이었다.

온몸에 호스를 낀, 바짝 마른 몸이 엄마의 마지막을 말해 주는 듯했다. 엄마는 아랑곳하지 않고 손자를 무릎에 앉혀 놓기도 하고, 기저귀도 갈아 주셨다. 그리고 아기를 안고 함께 온 산후조리사 이

모님께 웃으면서 말씀하셨다.

"언니, 우리 은영이 잘 부탁해요. 언니가 있어서 얼마나 고마운지 몰라요. 제가 나중에 나가서 맛있는 것 사 드릴게요."

이모님께서는 엄마의 호탕하고 밝은 모습에 반해 마지막을 함께 해 주셨다. 나는 그때 '죽음을 앞둔 사람이 저렇게 아름다울 수 있구나!'라고 생각했다. 그리고 '유명한 디자이너가 되리라, 성공하리라'라고 다짐했다.

과거, 대기업에 다니던 내가 회사를 박차고 나왔을 때였다.

"너는 예술 쪽으로 하고 싶은 일이 있으니, 그길로 가야지…"

엄마는 늘 이런 식으로 격려해 주고 용기를 북돋워 주셨다.

나는 모델하우스 디스플레이 회사에서 밤낮으로 고생했다. 엄마의 생신을 챙겨 드린 적이 손에 꼽을 정도다. 그래도 엄마는 싫은 내색 한번 안 하셨다. 나는 돈 몇 푼 받지도 못하면서도 일에 매달렸다. 그런 나의 모습을 보는 엄마는 마음이 아팠다고 했다.

나는 어렸을 적부터 만들고 꾸미는 것을 좋아했다. 예술의 끼가 다분했어도, 미술학원을 다녀 본 적은 없었다. 철이 일찍 든 만큼 미술학원은 돈이 많이 든다는 생각을 했던 것 같다. 그래도 학교에서는 미술을 잘하는 아이로 통했다. 엄마가 부탁하는 선물 포장, 소품 만들기, 집 꾸미기는 언제나 나를 행복하게 만들었다. 그때부터 엄마는 '쟤는 예술 쪽으로 뭐 하나 하겠구나'라는 생각을 하셨단다.

　나는 대기업에서 디자이너의 일을 하기까지, 우여곡절을 많이 겪었다. 꿈을 이루기 위해서는 돈을 벌어야만 했다. 처음 들어간 회사는 한 증권회사였다. 세상에서 제일 싫은 게 수학이었던 나는 역시나 그 회사에 잘 적응하지 못했다. 손님께는 최고로 친절한 사원이었지만, 업무에서는 늘 실수를 반복했다.

　"은영아, 정신 좀 차려. 왜 매번 실수를 하니?"

　"네 인생을 좀 발전적으로 살아. 사람이 꿈이 있어야지."

　돈이 아쉬웠지만, 나는 그곳을 나오기로 마음먹었다. 적성에 맞지 않았고, 나의 꿈은 다른 데 있다고 생각했다.

　그 후 나는 언니의 도움을 받아 공부를 시작했다. 친절함이 주 특기였던 나는 항공 승무원에 도전했다. 역시 준비가 부족했던 나는 낙방했다. 또다시 돈을 벌기 위해 회사에 들어갔다. 그곳은 여의도에 있는 중소기업이었다.

　그런데 난감한 상황이 발생했다. 내가 퇴사한 증권회사의 건물 구내식당으로 밥을 먹으러 가는 것이 아닌가! 꿈을 이루고자 나왔던 나는 더욱 추락한 모습으로 돌아간 것이나 다름없었다.

　'중소기업의 유니폼을 입고 대기업 구내식당에서 밥을 먹다니. 아, 창피해 견딜 수가 없어.'라고 생각했고, 모두가 나를 비웃는 듯했다.

　나는 그때부터 나의 꿈에 빨리 도달할 수 있도록 공부하기 시작했다. 사장님의 비서라는 직업은 그래도 시간적 여유가 있었다. 인테리어 코디네이터 자격증 시험을 봤다. 무난히 합격했다. 그리고 패브릭 디자이너가 될 수 있는 섬유디자인과를 골라 응시했다. 낮에는 회사에서 일하고, 틈만 나면 과제를 했다. 학교에서는 장학금을 받고 좋은 성적으로 졸업했다. 그러나 문제는 학교를 나왔다고 내가 원하는 일을 할 수 있는 게 아니었다. 회사가 M&A를 하면서 명예퇴직이 진행되고 있었다. 그중 여직원으로서는 나만 사장 비서로 오를 수 있는 기회가 주어졌다.

"저는 퇴사해서 제 꿈을 이루고 싶습니다."

"은영 씨, 시집도 잘 갈 수 있는 기회야. 그런 건 나중에라도 할 수 있는 직업이야."

모두가 나를 말렸지만, 나는 과감히 퇴사를 결정했다.

그 이후, '리빙페어'에서 첫눈에 반한 수입 원단 회사에 들어갔다. 그곳에서 형형색색, 텍스처가 아름다운 수입 원단들을 마음껏 공부할 수 있었다. 우리나라의 훌륭한 인테리어 디자이너들이 모여드는 곳이었기에, 최고의 감각을 엿볼 수 있었다. 나는 꿈에 도달하고 있다는 사실만으로도 행복했다. 그다음 들어간 곳은 모델하우스 디스플레이 회사였다. 삼성 래미안, GS 자이 등 명품 아파트를 더욱 돋보이게 하는 일을 했다. 그곳에서 역시 스토리가 있는 디스플레이를 배울 수 있었다. 그리고 플로리스트로서 꽃을 만지는 것을 직업으로 삼기도 했다. 공간에 힘을 불어넣고, 아름답게 변신시키는 것이 가장 보람되었었다.

어릴 적 잡지를 보면, 항상 존경하던 디자이너가 있었다. 취미로 시작한 일이 그 열정 하나로 최고의 직업으로 삼게 되었다고 했다. 잡지나 매스컴에서도 종횡무진 활약하는 분이었다.

평소 나를 성실하게 생각한 동료분이 추천해 주셔서 그분의 면접을 받게 되었다. 나는 꿈을 이뤘다. 그분 옆에서 패브릭 담당으로 일하게 된 것이다. 아름답고 자신감 넘치는 분이었기 때문에 인간적으로 본받고 싶은 점도 많았다.

지금은 아이를 키우며 그분 회사에서 프리랜서로 일하고 있다. 내가 꿈꾸기만 했던 순간이 지금 내 눈앞에 펼쳐진 것이다.

돈을 벌기 시작하면서, 엄마에게 용돈을 조금씩 드리기 시작했다.

"엄마, 나 이제 돈 많이 벌 테니깐, 조금만 기다려!"

"그래, 우리 딸이 이제 성공하려고 하는데… 엄마가 아프네."

그렇게 엄마는 두 딸들을 남기고, 세상에서 가장 아름다운 모습으로 여행을 떠나셨다. 장례식장에서 엄마의 친구분들이 이렇게 말씀하셨다.

"네가 그 멋진 디자이너 딸이구나…. 엄마가 딸들 자랑 엄청 하셨었는데!"

엄마는 내가 훌륭한 디자이너가 되어, 많은 사람들에게 존경받으며 성공하는 큰 그림을 그리고 계셨던 거다.

나는 유명한 홈 스타일리스트가 되고 싶다. 내가 가진 재주와 경험을 사람들과 공유하고 싶다. 프리랜서로 일하고 있지만, 좀 더 구체적으로 시각화해 1인 창업을 하고 싶다. 지금 나는 딸의 이름 'JANE'을 가지고 브랜딩 콘셉트를 잡고 있다. 딸과 함께 만들어 가는 공간에 솔직 담백한 이야기로 채워 갈 것이다. 지금껏 열심히 해 온 것처럼 몇 년의 시간이 흐르면, 나는 분명 유명해져 있을 것이다.

상상 속의 멋진 모습으로 오늘도 나를 만든다. 미래의 나는 한 매체와 이렇게 인터뷰하고 있을 것이다.

"사람들이 가장 만나고 싶어 하는 홈 스타일리스트가 되셨습니다. 소감 한마디 부탁드릴게요."

"저는 일이 즐거웠고, 사람들과 소통하는 것이 좋았어요. 저를 믿어 주셨던 엄마에 대한 사랑과 감사가 저를 이 자리까지 올 수 있게 만들었습니다. 사람들의 공간, 더불어 마음까지 치유하는 멋진 홈 스타일리스트가 되고 싶습니다. 사랑해 주셔서 감사합니다."

부모님께 펜션 사업을 할 수 있는
집 지어 드리기

결혼식을 앞두고 걱정이 되기 시작했다. 디자이너는 어느 정도 경력이 되기 전까지는 급여가 너무 적은 반면 눈은 매우 높았다. 나는 감각적인 직업을 갖고 있다 보니 평범한 일반 결혼식이 영 마음에 내키지 않았다. 그러나 브랜드 있는 결혼식장과 소규모 결혼식은 금액적인 부분이 만만치 않았다. 한편 그때는 한창 '주례 없는 결혼식'이 유행하고 있을 때였다. 그래서 나는 몇몇 업체를 찾아 함께 기획해 보기로 했다.

'한 번뿐인 결혼식인데, 소소한 추억이라도 만들어야 되지 않겠어!'

그때부터 나는 친구들을 섭외하기 시작했다. 나에겐 다재다능한 친구들이 몇 명 있었다. 그래서 뮤지컬과 성악을 전공한 친구에게는 아름다운 노래를 부탁했다. 또한 무용을 전공한 친구에게는 재미있는 안무를 부탁했다. 해외의 친구들에게는 축하 영상을 부탁했다. 함께 플로리스트로 일했던 언니에게는 멋진 부케를 주문했다. 그리고 때마침, 한 친구가 결혼 선물로 이벤트를 열어 주고 싶다고 말했다. 바로 버진로드 위에서 한 명씩 걸어 나오게 하여 꽃 한 송이씩을 건네주겠다는 것이었다. 지금 생각해도 그때의 감동을 잊을 수가 없다. 그리고 마지막으로는 부모님께 감사의 편지를 낭독하는 시간을 넣었다.

결혼식은 감동과 즐거움의 연속이었다. 주례보다는 우리가 중심이 되어 진행하니, 지루함이라곤 찾아볼 수 없었다. 살아 있는 뮤지컬을 보는 것 같았다.

"결혼식에 참석하면 모두 식도 안 보고, 밥을 먹으러 가잖아. 그런데 네 결혼식은 모두 다 집중하며, 즐거워하고 있었어."

내가 바라던 대로, 모든 사람이 감동받았다. 모두에게 축제 같은 결혼식을 선사했던 것이다.

결혼식 중에 가장 인상 깊었던 것은 주례사의 자리를 대신한 아버님의 인사 말씀이었다. 원래 아버님은 마이크 잡는 걸 좋아하셨다. 그러니 아버님껜 이 결혼식이 절호의 찬스였을 것이다. 아버님은 하객들에게 하실 말씀을 A4 용지에 적어, 외우고 또 외우셨다고 했다. 그 결과, 하나도 떨지 않으시고 유창하게 말씀을 이어 나가셨다.

나는 그런 아버님께 너무 감사했다. 보통의 아버님들은 그런 며

느리가 귀찮고, 본인이 떨리는 만큼 손사래를 치셨을 것이다. 하지만 아버님은 너무나 적극적이셨다. 지금도 무슨 일에서건 내 편이 되어 나를 응원해 주신다.

친정 엄마는 아버님을 보고, "은영아, 너희 아버님 말씀 참 잘하시더라."라며 흐뭇해하셨다. 나는 그렇게 평화롭게 첫발을 내딛었다. 결혼하면 시댁 흉을 보기에 바쁘다는데, 나는 전혀 그렇지 않았다. 유쾌하고 밝은 여장부 같은 어머님과 법 없이도 사실 착한 아버님은 언제나 나의 자랑이었다.

어머님은 드라마 〈응답하라 1988〉에 나오는 엄마들의 복합적 인물이시다. 정 많은 덕선이 엄마처럼 따뜻한 마음이 넘쳐 나신다. 또한 유쾌하고 코믹모드가 넘치는 정환이 엄마의 모습도 있으시다. 그리고 선우 엄마처럼 눈물이 많으시다.

어머님은 홀로된 시아버님을 19년 정도 모시고, 세 남매를 지극정성으로 키워 내신 분이다. 지금은 물질적으로 넉넉하진 않지만, 항상 자존감 높게 살아가시는 어머님이 부러울 때가 많다.

아버님은 세상 착한 분이시다. 처음 시집온 나에게 말 한번 건네기 어려워하시던 모습이 생생하다. 아직도 설거지는 본인이 하시려고 한다. 명절이면 며느리들이 음식을 해야 하는데, 본인이 먼저 다 해 놓으신다. 팔순을 앞둔 연세에 미래를 위해 간병인 자격증도 따시고, 놀면 늙는다며 취업해서 일까지 하신다. 자식들에게 손을 안 벌리려고 노력하시는 모습이 안쓰러울 때도 많다.

나도 사는 것이 빠듯해 경제적 여유가 없다. 하지만 조만간 큰 돈을 벌 것이라고 확신한다. 그때까지만 건강하게 계셔 달라고 멋쩍게 말을 건넨다.

아이들과 집으로 돌아갈 때 사이드미러를 보면, 눈물을 훔치시는 어머님이 보인다. 그 모습을 볼 때면, 나의 미래를 보는 것 같아 마음이 아프다. 저 눈물이 자식을 낳아 보니, 백 번 천 번 이해가 간다. 감히 말로 표현할 수 없는 눈물이다.

친정 엄마가 위암으로 편찮으셨을 때도 어머님은 엄마를 모시고 와서 맛있는 걸 해 드려야겠다고 말씀하셨다. 그리고 엄마를 위해 몸에 좋은 먹거리와 반찬을 보내오셨다. 역시 엄마가 돌아가셨을 때도 당신들이 제사를 지내 주고 싶다는 말씀도 하셨다.

시댁 어른들은 늘 나에게 감동을 선사해 주셨다. 꾸밈없이 순수하고 바른 분들이시다. 내가 어머님께 항상 하는 말이 "제가 돈 많이 벌어서, 용돈 많이 드릴게요."였다. 그러면 말이라도 고맙다고 또 눈물을 훔치셨다. 그만큼 내가 물질적으로 넉넉해진다면 큰 선물을 안겨 드리고 싶다. 나는 언젠가는 꼭 멋진 집을 지어 드리리라 다짐했다.

결혼 전, 나는 어딜 가나 사업을 구상했다. 친구들과 여행하며 좋은 펜션들을 많이 다녔다. 획기적이고 아이디어가 넘치는 젊은 사람들의 펜션이 있는가 하면, 노후를 위해 운영되는 사업장 같은 곳도 있었다. 건축가가 지은 펜션은 휴식 이상의 세상을 보여 주는 느낌이었다. 획일적인 펜션의 모습이 아닌, 자연을 집 안으로 끌어들이는 디자인이 많았다.

젊은 부부가 만든 목조 펜션은 트렌드를 반영하는 듯 신선했다. 수영장, 천장과 다락방 등 로맨틱한 요소와 웰빙 요소가 잘 결합되어 있었다. 또 다른 펜션은 부부가 생활하며 관리하기에 부담이 안 될 것 같은 작은 펜션이었다. 침대에 누워서 별을 볼 수 있게끔 가로로 혹은 세로로 길게 낸 창문이 인상적이었다.

바닷가 바로 앞에 지어진 펜션도 있었다. 선장인 주인이 직접 잡아 온 생선을 회로 떠 주는 곳이었다. 이렇게 대부분이, 아침마다 정성스레 만든 조식을 제공해 주었다. 모두 기가 막힌 플레이팅으로 사람들을 대접했다. 그들은 본인의 취미와 라이프 스타일로 사람들의 휴식을 아름답게 만들어 주는 일을 하고 있었다. 그로 인해 보람을 느끼며, 생계도 이어 갔다.

아버님과 어머님은 사람들과 함께 즐기는 걸 좋아하신다. 어머님은 친구들을 초대해 밥을 대접하며, 회포를 푸신다. 힘들지 않으시냐고 물어보면, 그저 즐겁다고만 하셨다.

이토록 사람을 좋아하시는 부모님께 펜션을 지어 드리고 싶다.

노후의 삶을 행복하게 살 수 있는 요소들을 듬뿍 넣어서 말이다.

외관을 디자인할 때는 목조 건축물을 2개 넣을 것이다. 한 곳은 부모님의 보금자리, 한 곳은 손님들이 쉴 곳으로 기획한다. 가족들과 손님들이 편하게 쉴 수 있는 별도의 공간을 마련하는 것이다. 아버님은 텃밭을 가꾸며 보람을 느끼신다. 그래서 야외에는 사계절 농작물을 심을 수 있는 텃밭을 마련하고 싶다. 그리고 근사한 대형 캐노피를 만들어, 날씨 좋은 날에는 그곳에 앉아 사계절을 만끽하실 수 있도록 하고 싶다.

내부는 자연을 담은 듯한 컬러와 내추럴 스타일로 디자인한다. 사시사철을 감상할 수 있는 큰 통창을 만들고 싶다. 부모님이 쓰시기에 편안한 가구와 자연 친화적인 린넨 커튼을 설치할 것이다. 그리고 포인트가 되는 예쁜 소품을 들여놓을 것이다. 목욕탕을 좋아하시는 어머님을 위해 경치를 감상하면서 시간을 보낼 수 있는 노천탕도 만들고 싶다. 풍경과 더불어 편안한 휴식을 취할 수 있는 최고급 펜션을 만들 것이다.

손님들이 오면 직접 가꾼 텃밭에서 채소를 따 와 요리를 대접해 주실 아버님이 그려진다. 그리고 야외 캐노피에 앉아 있는 손님들에게 직접 담근 차를 맛보여 주실 어머님이 상상된다. 부모님은 당신들이 좋아하는 일을 하시며 부를 축적하실 것이다.

PART · 09 ·

수많은
간호사들의
롤 모델 되기

- 정희정 -

정희정 간호사, 그림책 컨설턴트, 어린이 독서 멘토, 자기계발 작가, 동기부여가

간호사로 재직 중이다. 작가이자 동기부여 강연가라는 가슴 설레는 꿈을 그리며 엄마와 어린이들을 대상으로 그림책에 쉽게 다가갈 수 있도록 상담 활동을 하고 있다. 현재 '책 먹는 아이로 키우는 법'을 주제로 개인저서를 집필 중이다.

진정한 알맹이를 가진
동기부여가 되기

    고등학교 시절 나는 평범한 여고생이었다. 엄마가 잘라 준 껑충한 단발머리에 나의 체격보다 늘 큰 교복을 입고 다니던, 너무나 평범한 보통의 여고생이었다.

    고등학교 1학년 시절, 나는 실장이란 직책을 가지고 싶었다. 초등학교, 중학교를 거치며 반장, 부반장에 뽑히는 친구들을 뒤에서 지켜보며 늘 부러워만 했던 나는 실장이 되고 싶었다.

    고등학교 1학년 교실에서 실장을 뽑던 날, 담임 선생님께서 말씀하셨다.

    "실장하고 싶은 사람 있나?"

    어디서 그런 용기가 생겨났는지 모르겠다. 부끄러워하고 수줍음 많던, 뒤에서 늘 지켜만 보던 내가 담임 선생님의 말에 손을 번쩍 들었다.

    "제가 하고 싶습니다."

머뭇머뭇 말하며 자진해 손을 들어 실장 선거에 임했다. 보통 실장, 부실장은 다른 친구들의 추천을 받아 투표로 임명되었다. 나는 그날 한 표 차이로 실장이 되었다. 부실장으로 뽑힌 친구는 카리스마 있고 말 그대로 당당한 그런 친구였다.

그날 이후 실장, 부실장 사이에 미묘한 신경전이 이어졌다. '자진해' 실장이 된 나는 야간자율학습시간에 아이들이 떠들 때조차 "조용히 해!"라고 말하기가 두려울 때가 많았다. 나의 내성적이고 소심한 성격으로 떠드는 아이들을 설득한다는 건 큰 두려움이자 고문이었다. 거의 매일 밤 집에 돌아와 힘들다고, 실장 그만하고 싶다고 엄마에게 투정을 부렸던 기억이 난다.

2학년으로 올라갔다. 모나리자를 닮은 2학년 담임 선생님께서는 1학년 때 실장을 했던 나에게 넌지시 2학년 실장을 권했다. 나는 극구 거절하며 실장을 맡지 않았다. 실장이라는 직책이 좋았다. 하지만 남들 앞에서 당당하게 말하는 실장이라는 허울이 좋았을 뿐이었다. 말 그대로 허울뿐이었다. 소심하고 내성적인 성격의 나와는 어울리지 않는다고 생각했다.

그때부터였던 것 같다. 내 안의 작은 울림이 시작되었다. 남들 앞에 서는 것을 두려워하면서도 동시에 남들 앞에 서고 싶었다. 다른 사람들이 보는 앞에서 떨지 않고 말하고 싶었다. 내 생각을 당당하게 말하고 싶었다. 다른 사람들의 시선이 좋았다. 나를 우러러

보며 감명 받은 표정을 보고 싶었다.

하지만 나의 작은 떨림은 표현되지 못했다. 대학교에 가서도 부과대표를 맡으며 잔심부름만 했을 뿐, 남들 앞에 나설 기회를 얻지 못했다. 사실 내가 거부한 결과이기도 하다. 발표할 때나 남들 앞에 서는 기회가 생겨도 '나는 목소리가 떨리니까. 남들 앞에 서면 긴장되고 머릿속이 하얘져 아무 생각이 안 나. 말하다가 실수하면 어쩌지? 남들이 이상하게 생각하면 어떡해? 괜히 나서는 거 아니야? 그냥 조용히 있자'라는 내면의 소리가 들렸다. 그리고 그 내면의 소리는 항상 내 안의 작은 울림을 이겼다. 나는 점점 조용한 아이가 되어 갔다.

대학교 졸업 후 사회생활을 하면서도 간호사로서 해야 하는 단순한 업무, 주어진 업무만을 했다. 일상의 흐름에 떠밀리듯 그렇게 평범한 사람으로 지내 왔다. 늘 뒤에서 지켜보는 사람이자 보통의 평범한 사람으로. 그리고 결혼해서도 평범한 엄마로 지냈다.

공무원이셨던 나의 아버지는 어릴 적 우리 삼 남매를 불러 앉히시고는 훈계를 많이 하셨다. 경직된 조직문화가 익숙했던 나의 아버지는 늘 처음에는 우리 삼 남매의 우애를 강조하셨다. 그러면서 민주적인 발언권이나 대화보다는 훈계조로 우리를 교육하셨던 걸로 기억한다. 아버지 역시 대화의 방법을 몰랐던 것이다.

그렇게 제대로 된 발언이나 대화를 일상생활에서 많이 접해 보지 못했던 나는 남들 앞에서 말하는 것을 막연히 두려워했다. 마음속으로는 당당하게 다른 사람들 앞에 서서 막힘없이 술술 말하고 싶었다. 그런데 막상 나의 얘기를 꺼내려고 하면 머릿속이 새하얘졌다. 말해야지 생각했던 것들이 머릿속에서 뒤죽박죽되었다. 크게 말하려다 보니 목소리도 덜덜덜 떨렸다. 다른 사람들 앞에서 말하기가 더욱 두려워졌다.

1년 전쯤 스피치 학원에 등록했다. TED나 〈세상을 바꾸는 시간, 15분(이하 세바시)〉 같은, 청중들 앞에서 멋있게 나의 의견을 말하고 사람들의 공감을 받는 강연이 나의 시선을 끌었기 때문이다. TV나 유튜브를 통해 멋지게 자신을 표현하는 그들을 보면서 나의 내면의 작은 불씨가 다시 타올랐다. 지금이 아니면 안 될 것 같았다. 첫째 아이를 주말에 돌보지 못할 거란 걸 알면서도 무작정 등록했다. 내 돈으로 비싼 강의료에 투자한 것은 거의 처음이었다.

그만큼 나에게는 중요한 결정이었고 절실했다. 두 달여 간의 과정 동안, 말하는 기법과 표현하는 기술을 어느 정도 익혀 갔다. 하지만 마음속 허전함은 여전했다. 그러다 둘째의 임신과 심한 입덧으로 마지막 과정을 다 채우지 못하고 관둬야 했다. 도대체 무엇이 문제였을까?

정답은 내 안에 있었다. 알맹이가 없었다. 알맹이가 없는데 표현하는 기술을 익히고 말하는 기법을 연습한다고 무엇이 달라질까?

'아, 이 정도면 내가 살아온 이야기를 해도 되겠다. 힘든 시절 내가 극복한 스토리를 말해도 되겠다' 하는 알맹이가 없었다.

그동안 참 많은 일이 있었다. 매달 아기 분유값이 없어 조마조마했다. 손 싸개 하나를 살 형편이 안 되어 아기를 업고 몇백 원이라도 더 싼 곳을 찾아다녀야 했다. 임신과 입덧 그리고 아기를 낳은 후 일을 하지 못하는 상황에서 겪은 경제적인 고통은 나를 점점 더 피폐하게 만들었다. 단돈 1만 원에 쩔쩔매야 했고 먹는 것, 입는 것 하나 제대로 된 생활을 할 수 없었다. 더욱이 가족의 기본 생활조차 안 되는 월급에 직장까지 관둔 남편은 집에서 게임을 하거나 PC방을 전전했다. 그렇게 가족의 앞날은 더욱 비참하게 되었다.

그랬던 내가 '한국부동산투자코칭협회(이하 한부협)'의 김은화 대표와 연락하며 눈물을 주르륵 흘렸다. 그리고 김태광 대표 코치님을 직접 만나면서 눈물바다에 빠져 있던 나에게 기적적인 인생이 펼쳐졌다. 난 돈이 없어 궁상맞게 살면서도 경매투자과정에 과감히 등록했다. 그리고 한책협의 책쓰기 과정을 수료했다. 일을 시작한 지 한 달이 채 안 되어 대출한도가 꽉 막혔을 때의 일이다. 남편 이름으로 된 차 할부금, 연체금이 쌓여 가고 독촉장이 날아오고 있을 때의 일이다. 도저히 돈 나올 구멍이 없음에도 난 인생 최대의 선택을 했다. 내 인생에서 가장 잘한 일을 꼽으라면 그때를 꼽을 것이다.

한책협의 김태광 대표 코치님을 만나 개인저서 출간 계약을 맺으면서 각종 도서관, 협회, 문화센터, 백화점 등에서 강연 요청이 들어왔다. 무엇이든 하면 할수록 는다고 했던가? 알맹이가 생긴 나는 전과 비교할 수 없을 정도로 많은 청중 앞에서 떨지 않고 너무나 편안하게 눈을 마주치며 강연할 수 있게 되었다. 청중의 질문에도 여유로운 웃음으로 답변해 주는 정도가 되었다.

강연장을 가득 채운 많은 청중들의 모습 속에 나의 사랑하는 가족의 모습도 보인다. 멋진 턱시도 차림의 잘나가는 법무법인 사무장인 나의 남편과 예쁘장한 옷을 입고 아빠에게 폭 안겨 있는 둘째 딸, 그리고 긴 머리를 찰랑찰랑 흔들며 향기 좋은 옷을 입고 나를 보면서 웃고 있는 첫째 딸아이의 모습이 보인다. 내가 제일 사랑하고 존경하는 나의 부모님의 모습도 보인다. 자랑스러운 딸의 모습을 보며 어머니는 잘했다고 고개를 끄덕이시며 기쁨의 눈물을 흘리신다.

시련은 변형된 축복이라고 한다. 시련의 아픔이 있었기 때문에 나 역시 대나무처럼 크게 성장할 수 있었다. 그리고 진정한 알맹이를 가질 수 있었다. 나의 딸들 앞에서 자랑스러운 엄마로, 하루하루가 신바람 나는 동기부여가로 생활한다. 호텔에 묵고 비행기를 타는 일상이 이어진다. 내 가족과 조식 뷔페와 수영을 즐긴다. 나의 자녀들에게는 배우고 싶은 분야에 대한 경제적 지원을 충분히 누리게 해 주고 있다. 하루하루 새로운 날들이 펼쳐지고 아침에 눈뜨는 것이 매일 새롭고 즐겁다. 햇빛이 반짝거리는 바닷가를 남편의 손을 잡고 거니는 것도 행복한 일상이다.

인기 있는 작가 되어
사인회 하기

　어릴 적의 나는 책을 훔친 적이 있다. 어떤 이유에선지 모르겠지만 엄마가 책을 사 주지 않았다. 그래서 백화점에 진열되어 있던 책을 훔쳐서 집에 왔다. 동그라미, 세모를 이용하는 그림 그리기 책과 어릴 적 좋아했던 《인현왕후전》 만화책이었다. 그것이 나와 책의 첫 만남이었다.

　초등학교 방학 기간에 해야 할 과제들이 많았다. 특히 탐구생활과 일기 쓰기가 주된 과제였다. 나는 일기장을 아버지에게 검사받았다. 아버지가 내가 쓴 일기장을 확인해 주시고 감상평을 적어 주시니 뿌듯했다. 아버지가 일기장으로 주신 두꺼운 공책에는 여백이 많아 그림도 곧잘 그렸다. 나의 그림과 글을 동생들도 같이 보고 즐거워했다. 내가 쓴 일기를 보며 가족들이 좋아하고 웃어 주니 기분이 좋았다.

　그 당시의 나는 누군가에게 일기장 검사를 받는 것을 당연한 것으로 알았다. 마음속 깊은 이야기보다는 함께 나누는 즐거움을 위해 쓰는 것이 일기였다.

나는 중학교에 입학하고 교과서 위주의 공부를 하면서 책과 멀어졌다. 솔직히 책을 싫어했다. 책만 보면 하품이 나왔다. 책이 재미있는 줄 몰랐다. 학교에 다니면서 교과서와 문제집을 보는 것만으로도 국어라는 과목에 질려 버렸다. 그래서인지 한 토막씩 나오는 소설의 조각들이 나에게 친근하게 다가오지 않았다. 전체적인 내용을 모르는 상태에서 시험에 나올 부분에만 밑줄을 쳤다. 달달 외우는 식의 공부를 하면서 오히려 책과는 더욱 멀어졌다.

나를 책에서 더 멀어지게 한 것은 학교 근처 도서관이었다. 도립 도서관 특유의 오래된 냄새와 우중충한 외관이 싫었다. 도서관은 재미없는 곳이었다. 책은 지루한 것이라는 고정관념이 생겼다.

시간이 흘러 결혼을 하고 첫아이를 낳은 어느 날이었다. 내가 사는 김포의 주민센터에는 작은 도서관이 있다. 우연히 그곳을 배회하다가 한 권의 책을 만났다. 마음이 이끄는 대로 그 책을 집어 들었다.

그 책은 그동안 내가 가지고 있던 책에 대한 편견과 고정관념을 단숨에 바꾸어 주었다. 의무감으로 읽지 않아도 재미있었다. 마흔 살을 앞둔 나의 상황과 맞아떨어지는 책이었다. 인생에 있어 진정한 행복은 무엇인지 그 책을 통해 생각했다.

책이란 늘 어렵고 난해했다. 그래서 가벼운 연애소설 위주로 보았다. 하지만 책에 대한 생각을 바꾸고 나니 책 속의 저자들이 말을 걸어왔다. 나는 그날부터 책을 자연스럽게 접하게 되었다.

책에 관심이 가고 재미를 알아 가던 무렵, 나는 그림책을 알게 되었다. 첫째 딸아이에게는 물려받은 책들이 있었는데 읽어 줘야겠다는 생각은 하지 않았다. 하지만 《평범한 아이를 공부의 신으로 만든 비법》이라는 책을 읽고 나는 아이에게 책을 읽어 주기 시작했다.

그리고 그림책의 매력에 빠져들었다. 아이와 함께 그림책을 보며 울고 웃기도 했다. 어느 날에는 《우리는 언제나 다시 만나》를 읽으면서 아이와 함께 엉엉 울었던 기억이 난다. 감성이 메말랐던 나의 남편은 그런 우리의 모습을 보고 이해하지 못했다.

책을 통해 마음에 변화가 일어났다. 사람의 부분 중에 가장 바꾸기 어려운 부분이 생각과 의식이라고 한다. 나는 이렇게 살아왔으니 앞으로도 이렇게 살 것인가? 책을 보면 볼수록 나의 내면에 물어보게 되었다.

나는 현실에서 부딪히는 문제가 있을 때 책 속으로 파고들었다. 특히 부부 사이에 문제가 생겼을 때, 부부에 관한 책, 심리에 관한 책을 펼쳐 들었다. 아이의 속마음을 알고 싶을 때는 육아서를 읽어 내려갔다. 직장생활 중 인간관계로 힘들 때면 새벽에 책을 펼쳤다.

남편의 한마디에 내 마음이 천국과 지옥을 오갈 때 책 속에서 해답을 얻어 내려 노력했다.

과거 책을 싫어했기 때문에 나의 독서력은 아주 형편없었다. 그림책을 아이와 함께 읽으면서 책에 대한 마음을 열었다. 아주 쉬운 책부터 시작했다. 쉽게 읽히고 재미있는 책, 지금 내가 처한 상황을 해결해 줄 수 있는 책을 골랐다. 주로 자기계발, 육아, 부부 사이의 심리학, 엄마의 독서에 관한 분야가 많았다.

둘째 아이를 임신하고 입덧이 너무 심했다. 그러던 중에도 매일 집 근처 작은 도서관을 방문했다. 그 당시 직장도 관둔 상태였기 때문에 혼자 있는 시간이 많았다. 남편의 귀가는 늘 늦었다. 나의 외로움을 해소할 구멍이 필요했다. 나는 책에 더욱 빠져들었다. 책을 한 권 한 권 읽으면서 나만의 생각이나 느낌을 독서 노트에 기록했다.

둘째 아이를 출산하고 산후조리원에 입소하는 순간, '아, 나는 책이 없으면 안 되는구나'라는 생각을 하게 되었다. 예정일보다 일찍 분만했기 때문에 미처 나는 조리원에 가지고 갈 책을 준비하지 못했다.

산후조리원을 퇴소한 이후에도 책 읽는 시간을 갖는 것은 어려웠다. 온종일 갓난아기와 함께 있으면서 책을 가까이하는 것은 현실상 불가능했다. 그러던 중, 나는 한 줄이라도 읽게 만드는 책을 발견했다. 그 책으로 나는 육아로 헛헛하고 고립된 마음을 달랠 수 있었다.

책으로부터 받은 위로를 나도 누군가에게 전해 주고 싶다. 책을 통해 세상을 보았고 마음을 열었다. 책을 읽고 한책협을 알게 되었고 김태광 대표 코치님을 만나게 되었다. 책 한 권이 또 다른 책을 불러들였다. 책을 쓴 저자들이 말했다. 김태광 대표 코치님을 만난 덕분에 책을 쓰게 되었고, 독자에서 저자가 될 수 있었다고 말이다. 책은 고여 있던, 썩어 가던 나의 물을 생기 있게 만들어 주었다. 김태광 대표 코치님은 막연히 꿈꾸던 일이 현실이 될 수 있다는 것을 몸소 보여 주셨다. 수많은 사례를 통해 증명해 주셨다.

그 수많은 사례 속에 내가 있다. 내가 작은 도서관으로 한 걸음을 옮겼기 때문에 우연이라는 돌에 걸렸고, 운명이라는 빛을 만났다. 지금 나는 내 인생의 빛이 되어 주신 김태광 대표 코치님의 지도를 받으며 책을 쓰고 있다.

나는 미래에 이루어질 꿈을 꾼다. 이미 나의 첫 책이 내가 자주 가는 서점 베스트셀러 진열대에 스테디셀러들과 나란히 진열되어 있다. 나의 사인을 받기 위해 길게 늘어서 있는 엄마와 아이들의 모습이 보인다. 많은 이들의 시선과 관심이 온통 나에게로 집중되어 있다. 나를 응원하러 온 시댁 식구들, 친정 식구들의 모습도 보인다. 부모에게 줄 수 있는 최고의 선물은 나의 이름으로 낸 책이라고 생각한다. 로빈 S. 사르마는 다음과 같이 말했다.

"여러분은 단순히 생계를 유지하기 위해 여기에 온 것이 아닙니다. 더욱 멋지고 아름다운 세상을 위해 무언가를 성취하려고 이 세상에 온 것입니다."

나는 혼자서 독서의 우물을 파기만 했었다. 하지만 이제는 안다. 내가 왜 책을 써야 하고 독자에서 머물러서는 안 되는지. 나의 소명은 책 쓰기다. 이제는 내가 메신저가 되어 사람들에게 내 이야기를 전해 줄 차례다. 나의 아이들이 살아갈 세상은 내가 태어나기 전보다 더욱 멋지고 아름다운 세상이 될 것이다.

나에게는 두 딸아이가 있다. 어제도 침실에서 잠을 청하는데 우리 셋 모두 각자의 책을 보고 있었다. 첫째 딸아이가 말했다.
"엄마, 우리 셋 다 책을 보고 있어요!"
우리의 흔한 일상이다. 바닥에는 책이 뒹굴거리고 매일같이 책들이 배달되어 온다. 책을 기다리는 아이들, 책과 함께 노는 아이들이 있어 나는 행복하다.
나의 어린 시절에는 책과 함께 놀았던 기억이 거의 없다. 하지만 지금은 나의 아이들에게 아름다운 그림책, 재미있는 만화책, 수북이 쌓인 책들과 함께하는 선물을 줄 수 있어 행복하다.

엄마가 쓴 책이 나오면 나의 딸아이는 정말 기뻐하겠지? 친구들에게 자랑하고 싶어 입이 근질근질할 것이다.

나라마다 유명한 그림책 작가들이 있다. 아이와 함께 즐겨 읽던 그림책 덕분에 유명하고 위대한 그림책 작가들이 많이 있음을 알게 되었다. 위대한 사람 곁에는 훌륭한 어머니가 있다. 나는 나의 딸들이 대한민국을 대표하는 위대한 작가가 될 날이 머지않았음을 알고 있다.

바다가 보이는
3층 단독주택에서 살기

나에게 집이란 안정감, 포근함, 따뜻함을 주는 나만의 보금자리
다. 그리고 집은 무엇보다 안전한 곳이어야 한다는 게 집에 대한 나
의 생각이다.

나의 고향인 경북 구미는 내 유년 시절과 학창 시절의 기억이
많은 곳이다. 그 당시 나는 인기 있던 아파트에서 살았다. 처음 이
사 갔을 때는 아주 넓은 공간이었다. 하지만 가족이 늘어나면서 집
은 점점 좁아졌다. 집안은 가구들이 주를 이루었으며 잡동사니들
이 하나둘 쌓여 갔다.

나는 대학교에서 기숙사 생활도 했다. 서울에서 대학을 다닐 때
는 주택의 방 한 칸에서 살기도 했다. 대학교 후문 원룸 지하방은
비가 많이 오면 물이 넘쳐서 퍼내기도 했다.

원룸 지하방에서 지내던 어느 날이었다. 그날은 시험 기간이라

새벽 늦게까지 공부를 했다. 새벽 3시까지 도서관에서 시험공부를 하고 돌아오는 길이었다. 독서대를 꼭 끌어안고 후문을 지나 어두 컴컴한 거리를 걸어오고 있었다. 그때 등 뒤에서 다다다 하는 소리 가 들렸다. 등 뒤에서 어떤 남자가 팔로 내 몸을 끌어안았다. 독서 대를 끌어안은 상태여서 팔을 독서대와 함께 위로 들어 올렸다. 너 무 무서웠다. 있는 힘껏 팔을 뿌리치고 달렸다. 그 사람은 더는 쫓 아오지 않는 듯했다. 한밤중의 도서관행은 나에게 커다란 공포로 다가왔다. 사람에게 놀란다는 게 어떤 것인지 뼈저리게 느꼈다.

잠깐 있을 곳을 찾기 위해 주거용 오피스텔에서 추위에 덜덜 떨 며 하룻밤을 자 본 적도 있다. 대학병원 간호사로 근무하면서는 투 룸으로 된 빌라에서 살았다. 오후 근무를 하고 인계하고 나면 밤 11시가 훌쩍 넘었다.

그 당시 집과 병원은 도보 10분 거리였다. 하지만 빌라촌이라 가로등이 켜져 있어도 어두웠다. 전화 통화를 하며 집으로 오는 도 중에 뒤에서 인기척이 들렸다. 누군가 뒤에서 따라온다는 느낌이 들었다. 서둘러 빌라 안으로 들어왔지만, 그 사람도 같이 계단으로 걸어 들어왔다. 순간 나를 따라온 게 맞구나 하는 확신이 들었다. 그대로 몸을 틀었다. 그러자 그 사람은 후다닥 계단 아래로 내려가 버렸다. 순간 맥이 풀리고 너무 놀랐다. 전화기를 붙잡고 그대로 주 저앉아 엉엉 울어 버렸다. 그렇게 나에게 집이란 좋지 않은 기억으로 남았다.

또 한 번은 여동생과 함께 그 빌라에서 살 때였다. 지어진 지 오래되어서 자물쇠가 헐거웠는지, 어느 날 근무를 마치고 돌아왔는데 현관문이 망치로 얻어맞은 듯 망가져 있었고 문이 열려 있었다. 집안은 엉망이었다. 누군가가 동생 방과 내 방의 서랍을 다 뒤진 상태였다. 옷가지는 널브러져 있었다.

도둑은 나와 내 동생의 금으로 된 귀걸이, 액세서리를 몽땅 가져가 버렸다. 허무했다. 경찰에 신고했지만 별다른 소득이 없었다. 그렇게 집에 대한 기억은 나에게 아픔이 되었다.

신혼 시절의 이야기다. 결혼하고 전셋집에서 시작했다. 서울 관악구 신림동은 다른 지역보다는 집값이 저렴했다. 그 이유로 경제적 여유가 없었던 우리는 신림동에서 신혼을 시작했다. 신혼 초 임신한 상태에서 신림동 언덕길을 오르내리며 만삭의 몸이 될 때까지 지하철을 타고 다녔다. 남편은 모아 놓은 돈이 없었다. 나는 그동안 모아 두었던 돈을 전세금에 보탰다. 그래서 우리 부부는 곧 태어날 아기를 위해 제대로 된 준비를 하지 못했다.

내 집 마련은 꿈조차 꿀 수 없었던 당시의 내 심정은 비참했다. 근처 아파트가 그렇게 부러울 수가 없었다. 아파트 내 어린이집을 방문했더니 오후 4시 전엔 아이들이 하원한다고 했다. 맞벌이 부부는 아이를 맡길 곳이 없었다. 그러다 다행히 아파트 어린이집의 소개로 언덕길 위의 한 어린이집에 입소 대기를 신청할 수 있었다.

첫아이가 태어나고 세 달 동안은 너무나 행복했다. 아기와 함께 하는 순간순간이 행복이었다. 지금의 시간이 지나면 복직해야 한다는 것을 알기 때문에 더욱 하루하루가 아쉬웠다. 아기 냄새를 맡고 뽀송뽀송한 살을 매만지며 나의 첫딸과의 시간을 보냈다. 생후 100일이 되던 무렵 도보로 15분 정도 되는 언덕길 위 어린이집까지 아기를 종종걸음으로 데려다주었다. "응애, 응애." 하는 소리가 어린이집 바깥으로 새어 나왔다. 마음이 찢어졌다. 아이를 위해 미치도록 일을 관두고 싶었다. 하지만 그런 생각조차 사치였다. 돈을 번다는 건, 직장을 다닌다는 건 선택이 아닌 필수였다.

그 당시 우리는 아이 아빠의 마티즈 차를 타고 다녔다. 나의 남편은 차에 관심이 무척 많았다. 벤츠를 노래 부르던 아이 아빠는 경제적 관념은 제로, 아니, 마이너스에 가까웠다. 그 당시 차를 바꿀 때가 되었다고 생각했다. 그런데다 집안에 안 좋은 일이 있어서 소원 한번 들어주자 하는 심정으로 중고 벤츠 차량을 구매했다. 신나고 들뜬 남편과 달리 나는 벤츠 차량 구매 할부금을 내느라 밑 빠진 독에 물 붓기를 하고 있었다. 결국, 세 달 만에 차를 팔았다. 400만 원에 가까운 위약금을 지급하면서 말이다.

살을 에는 듯한 한겨울에도 육아에 무관심한 남편과 차가운 추위와 싸워야만 했다. 잠든 아기의 따뜻한 숨결을 느낄 사이도 없이 급하게 우주복을 입히고 아기 띠를 매고 집을 나섰다. 눈이 쌓여 미끄러운 언덕길을 직장에 늦을까 봐 종종거리며 한 걸음 한 걸음 올라갔다. 퇴근길엔 어린이집에서 마냥 엄마를 기다리고 있을 아이를 생각하며 종종걸음을 쳤다. 그렇게 차가운 언덕길을 오르내렸다.

퇴근길에 너무나 배가 고픈 나머지 아이를 데리러 가던 도중 포장마차에서 먹었던 어묵 맛을 잊을 수가 없다. 그렇게 달콤하고 따듯할 수가 없었다. 아이를 데리고 나오면서 노래를 불러 주며 함께 눈송이를 바라보았다.

1년간의 정들었던 어린이집을 뒤로하고 우리는 김포로 이사 왔다. 김포공항이 가까워 비행기 소음에 시달릴 거란 주위 사람의 우려와는 달리 조용하게 지내고 있다. 벌써 5년째다. 처음에는 허허벌판에 먹을 곳 하나 찾기 어려웠다. 하지만 지금은 지하철 개통을 앞두고 있다. 그리고 어마어마한 아파트들과 상가, 오피스텔이 지어졌다.

서울에서는 감히 시도조차 해 볼 수 없었던 내 집 마련이었다. 김포로 오고 난 후 10년 공공임대 아파트에 이사 왔다. 그리고 주위 견본 주택과 아파트를 유심히 보던 중 둘째 아이의 탄생과 함께 마침내 내 집 마련에 나섰다. 더는 내 집 마련을 미룰 수가 없었다.

내 집이란 무엇일까? 내 집은 따듯함, 안락함, 편안함 그 이상의 가치를 주는 곳이다. 눈여겨보던 아파트를 남편 이름으로 최대한의 신용대출을 받아 계약을 완료했다.

내가 마련한 아파트 앞에는 고급 주택가가 질서정연하게 자리해 있다. 고급 주택을 지나갈 때마다 눈여겨본다. 나의 아이들이 마음껏 뛰어놀고 주변의 신경을 쓰지 않아도 되는 곳이므로.

이제 나는 그 이상의 보금자리를 꿈꾼다. 지금은 27층인 고층에 산다. 그래서인지 아이는 더욱 집 밖으로 나가길 싫어한다. 엘리베이터를 타려고 해도 한참을 기다려야 한다. 땅을 자주 밟을 기회도 점점 잃어버리고 있다. 나는 사람은 땅과 가까이 지내고 잠을 자야 한다고 생각한다.

미래의 나는 3층 단독주택에서 가족과 함께 음식을 먹고 좋은 경치를 구경하고 따뜻한 차를 마신다. 3층 나의 침실 한쪽에는 수많은 책과 기다란 탁자와 의자가 있다. 그리고 그 위에는 노트북과 김이 모락모락 나는 차 한 잔이 올려져 있다. 바깥으로는 햇빛이 반짝이는 물결이 일렁인다.

거실에는 안락한 소파와 편안한 나만의 안락의자가 있고 수많은 책이 나를 반겨 준다. 전기 벽난로가 따뜻함을 더하고 향기로운 아로마 향기가 실내에 퍼진다. 잔잔한 첼로의 선율이 귓가에 맴돈다.

아이들과 나는 편안한 소파에 앉아 책을 읽고 있다. 바깥에는 파란색 페라리와 빨간색 포르쉐, 그리고 벤츠가 주차되어 있다. 나의 남편이 그토록 원하던 벤츠가 함께 자리해 나날이 행복과 웃음이 커진다. 나의 소중한 가족과 함께 웃고 즐길 수 있는 시간이 있고 경제적 여유가 있어 하루하루가 기적과 같고 행복한 기분이다.

나의 드레스 룸 정중앙에는 구찌 시계, 가방, 지갑이 보기 좋게 진열되어 있다. 드라이클리닝을 마친 노란색, 초록색, 빨간색, 하얀색 옷들이 가지런히 진열되어 있다. 나는 선글라스와 샤넬 귀걸이가 빛나는 일상의 행복 속에서 드라이한 옷을 꺼내 입고 깨끗이 정돈된 침실에서 잠이 든다.

여성 최초
책 쓰기 강사 되기

'나는 어떤 인생을 살고 싶은가?'

마흔 살이 가까워오면서 나를 돌아보는 시간을 자주 갖게 된다. 어떻게 하면 특별한 인생을 살 수 있을까? 내가 좋아하는 것은 무엇일까?

어느덧 두 아이의 엄마가 되었다. 가끔 엄마라는 자리가 벅찰 때가 있었다. 특히 가정을 꾸리고 많은 보살핌이 필요한 시기에 혼자 덩그러니 남은 기분이었다. 내가 선택한 결정이기 때문에 누구에게 하소연할 수도 없었다. 난 지금의 남편을 선택했고 친정과 시댁이 모두 멀었다. 누구에게 육아를 부탁할 수도 없었다.

남편은 친구와의 술자리를 좋아한다. 술 모임에 스스로 가입했다. 사람을 좋아하고 수다를 즐긴다. 몇 달 전의 일이다. 둘째 아이가 갑작스런 고열이 났다. 응급실에서 혈액검사를 하고 입원실이 생길 때까지 꼬박 열두 시간을 기다렸다. 둘째 아이는 여자아이라 소변검사를 하기가 무척 힘들었다. 함께 있는 첫아이를 보살필 수가 없었다.

입원실에서 아픈 둘째 아이와 첫째 아이를 함께 돌보는 와중에 남편은 기어이 술 모임에 갔다. 진정 가족을 생각하고 있는 걸까? 술 모임이 아무리 좋아도 그렇지, 아이가 열이 나서 입원한 중에도 모임에 갈 수 있을까? 남편에 대한 원망이 쌓여 갔다. 가정을 꾸리는 데 있어 부부가 합심해도 힘들다. 그런데 오롯이 나에게만 모든 것을 전가하는 남편이 너무 미웠다.

스스로 깨우치지 않으면 가족의 소중함을 죽을 때까지 모를 거다. 말도, 칭찬도 벽에다 대고 이야기하는 기분이었다. 여전히 남편은 달라지지 않았다. 주말 내내 컴퓨터와 한 몸이 되어 살았다. 나는 늘 나의 딸들과 안방, 거실에서 생활했고 남편은 복도 맨 끝 작은방, 컴퓨터 방에서 살았다. 그렇게 우리는 점점 멀어졌다.

아빠가 아이에게 책을 읽어 주는 시간이 얼마나 소중한지 알기 때문에 여러 차례 남편에게 부탁했다. 첫아이에게 책을 읽어 주면 정말 좋아할 거라고 누누이 이야기하고 부탁도 했다. 하지만 책을 읽기 싫다는 이유로 거절했다. 특히 둘째 아이를 임신하고 첫아이에게 책을 읽어 줄 수 없을 때 나는 마음이 무너졌다. 둘째 아이를 출산하고 엄마가 옆에 없는 시간에 아이 아빠에게 부탁했지만 거절당했다. 매일 엄마가 옆에서 책을 읽어 주었는데 그런 엄마가 옆에 없었다. 잠들기 전 꼭 엄마와 그림책을 읽으며 잠들었는데…. 나의 첫아이는 그렇게 혼자 책을 읽다가 잠들었다.

나의 소중한 아이에게 부모와의 시간을 선물하고 싶었다. 나의 딸들이 자라서 유년 시절 엄마, 아빠와 함께 읽었던 그림책을 떠올리게 하고 싶었다. 나는 가족과 함께 소파에 앉아 책을 읽으며 웃고 이야기하는 모습을 꿈꾸었다. 하지만 남편의 입장은 달랐다.

내 나이 이제 마흔 살. 앞으로 나는 가정 경제를 구실로 파도 저 끄트머리까지 나동그라졌던 나를 바다의 중심에 세워 앞으로 나아갈 거다. 남편 걱정, 아이들 걱정에 정작 집안의 제일 소중한 존재인 나를 모른 척했다. 그동안 혼자서 삭이느라 많이 힘들었다. 나만 참으면 모든 게 잘 굴러갈 거라고 생각했다. 아니, 착각했다. 부모 걱정, 자식 걱정, 남편 걱정, 가정 경제 걱정 내려놓고 이제는 나를 다시 바라보기로 한다.

내 남은 인생을 나를 위해서 다시 한 번 살아보기로 했다. 내가 아니면 어떤가? 아이들은 아이돌보미 선생님, 어린이집 선생님들의 사랑을 듬뿍 받으며 잘 자라고 있다. 무엇보다 아이들에게 중요한 건 정신적으로 건강하고 행복한 부모의 모습일 거다. 함께 웃을 수 있는 엄마가 필요하다. 집안일에 소질이 없는 나 대신 장보기, 설거지, 빨래 등의 집안일을 대신해 주는 사람을 고용할 거다. 나만 부모가 아니다. 똑같은 부모로서, 성인으로서 책임져야 하는 일에 대해서 남편에게 당당히 요구할 거다.

평소에 나는 책을 즐겨 읽었다. 유모차에 책을 싣고 다녔다. 아기가 잠들었을 때 카페나 공원에서 책을 펴고 읽었다. 아기 띠를 매고 책을 읽기도 했다. 24시간 아기와 함께 생활하며 잠깐의 시간이라도 생기면 그때마다 옆에 있는 책을 읽었다.

책을 읽으면서 나만의 책을 쓰고 싶다는 생각이 들었다. 막연히 꿈꾸기만 했던 일이 우연한 기회에 나에게도 일어났다. 누구나 책쓰기를 원하지만 모두가 도전하는 건 아니다. 나를 싸고 있는 알의 껍데기를 깨고 나와야 진정한 나를 만날 수 있다. 내 안의 두려움을 이겨 내고 벼랑 끝에서 나를 던질 때 나에게도 기회가 온다. 나역시 그러했다.

모두가 잠든 이 시간. 나는 작은 창고 안에서 컴퓨터를 켜고 글을 쓰고 있다. 묵묵히 식구들을 뒷바라지하면서 애써 모른 척해 왔던 나의 마음을 열어 주는 시간. 바로 책 쓰기 시간이다. 방전되었던 나의 에너지가 책 쓰기로 서서히 충전되고 있다.

내가 책을 쓴다고 상상이나 했을까? 종이에 적어 놓고 꿈꾸어 왔던 일이 나에게 일어났다. 내가 처음 김태광 작가님을 접한 것은 책을 통해서다. 책의 재미를 알아 가던 무렵, 나는 작은 도서관에서 책 한 권을 만났다.《천재작가 김태광의 36세 억대수입의 비결, 새벽에 있다》라는 책을 보고 새벽시간에 모든 일이 가능하다는 사실에 충격 받았다. 실제로 새벽시간을 이용하는 큰 계기가 되었다.

사실 처음에는 책 표지 사진을 보고 다가가기 어렵다고 생각했다. 하지만 우연한 기회에 한책협을 알게 되었고 직접 만나 보니 구수한 사투리가 인상적이었다. 꾸밈이나 가식 없이 자신을 있는 그대로 보여 주었다. 자신의 불우했던 어린 시절, 찢어지게 가난했던 상황, 그리고 힘든 역경을 이겨 낸 작가님의 스토리는 나의 마음을 울렸다. 그는 힘든 역경을 이겨 내고 200여 권을 책을 썼다. 20년간 쓴 책들은 자신을 대신해 홍보해 주었다. 900명이 넘는 작가들을 배출했고 지금은 한책협을 통해 더 많은 메시지를 전달하고 있다. 이런 점에서 나는 김태광 작가님을 롤 모델로 삼았다.

먼저 작가님은 무엇보다도 힘든 상황을 불평하는 대신 꿈 하나를 붙들고 글쓰기를 매일매일 실천했기 때문이다. 나 같으면 굶주리는 극한의 상황에서 글쓰기를 붙들고 있었을까?

또 하나는 김태광 대표 코치님을 통해 의식과 생각의 흐름이 바뀌기 시작했기 때문이다. 중요한 것은 주변의 여건, 상황이 아니라 나의 내면과 잠재의식이라는 사실을 깨우치고 배우기 시작했다. 책 쓰기를 하는 데는 대표 코치님의 방향과 끈기가 중요한데 나는 운이 좋게도 최고의 코치에게 책 쓰기를 배울 수 있었다. 책 쓰기에 대한 열정과 끈기를 유지하려고 나의 내면을 갈고닦으며 부단히 노력하고 있다.

나는 출근하기 15분 전에 카페에서 네빌 고다드의 책을 읽고, 점심시간에는 유튜브를 본다. 퇴근하고 카페에 앉아 30분 정도 대표 코치님이 추천해 주신 책을 읽으며 의식을 확장한다. 생각과 의식의 변화가 느껴지는 요즘 매일이 행복하다. 내가 없어지는 극한의 순간에 나를 붙잡기 시작했다. 책쓰기 과정에 등록해 매주 수업이 있는 토요일에는 돌봄 선생님에게 아이들을 맡긴다. 엄마가 에너지를 한껏 충전하고 온 날은 아이들도 행복해한다.

우리나라에는 유명한 남자 작가들이 많다. 김태광, 이지성, 구본형, 공병호, 김병완 작가님 등. 하지만 내가 생각하기에 유명한 책쓰기 여자 강사는 드물었다. 나는 김태광 대표 코치님을 롤 모델로 삼아 우리나라 최초의 여성 책 쓰기 강사가 되고 싶다.

김태광 대표 코치님은 책 쓰기를 통해 많은 사람들에게 제2의 인생을 선물해 주었다. 나 역시 육아로 인해 자신을 잊고 지내는 엄마들에게 꿈을 찾아 주고 싶다. 그리고 내가 겪은 것처럼 마음의 상처를 받으며 일하고 있는 수많은 간호사들에게 빛과 같은 롤 모델이 되고 싶다. 남편과 가정을 함께 꾸려 나가며 서로의 성장을 격려하는 진정한 파트너, 동반자로 거듭나기를 진심으로 바란다.

시작은 미비하지만 끝은 창대하리라. 나는 한 권의 책을 내는

데 그치지 않고 매년 책을 써서 결국 100권의 책을 쓸 거다. 김태광 대표 코치님이 그러했듯 교과서에도 내 책이 실리는 행운을 거머쥘 거다.

1인 창업과 부동산으로
100억 원대 자산가 되기

　나는 소아과 병원에서 일한다. 사실 나의 경력은 다양하다. 내가 태어나고 자란 경북 구미를 벗어나 대학교에 들어가면서 아르바이트를 시작했다. 나는 충북 제천에 위치한 대학교의 간호학과에 다니고 있었다. 방학 기간에 용돈이라도 벌 생각으로 식당 아르바이트를 시작했다. 약국 보조, 동사무소, 개인 과외 등 아르바이트 종류도 다양했다.

　그러던 중, 나는 본격적인 간호학과 실습에 들어가기 전에 다양한 것을 배우고 싶었다. 그래서 여름방학 동안 합기도, 테니스, 수화, 기타, 댄스 등을 배우러 다녔다. 무리했던 것인지 얼마 지나지 않아 결국 사달이 났다. 합기도를 배우다가 텀블링 자세에서 손을 안 짚어 그대로 목을 바닥에 찧고 말았다. 순간 앞이 깜깜했고 기억을 잃었다. 엄마와 가까운 신경외과에 갔다. 큰 병원으로 가야 한다고 해서 경북대학교병원으로 향했다. 검사 결과 목의 인대가 파열되었다고 했다. 곧바로 견인치료와 수술을 했다. 수술실에 들어가던 그때 아버지의 눈물을 처음 보았다.

병실에서 회복하는 동안 엄마와 함께하는 시간을 가졌다. 엄마와 단둘이 보내는 시간이 행복했다. 6개월간의 재활기간이 필요했다. 나는 다니던 학교를 휴학했다. 그 당시 학력에 대한 콤플렉스가 심했던 나는 편입을 준비했다. 편입 준비를 하면서도 학원 강사 아르바이트를 했다. 서울의 대학교로 편입한 후에도 식당, 편의점 아르바이트를 계속했다.

대학교 졸업 후 간호사로 사회생활을 시작했다. 5년간 대학병원에서 간호사로 일했다. 안정적인 직장에서 안정된 생활을 이어 나가고 있었다. 함께 일하는 사람들은 좋았지만 날이 갈수록 우물 안 개구리가 되는 것 같았다. 해가 갈수록 다른 일을 해 보고 싶었다. 무엇보다 교대 근무가 없는 상근직에서 일하고 싶었다. 법률사무소 의료소송 간호사로 면접을 보았고 결국 병원을 관두었다.

이직한 직장은 만만치 않았다. 병원에서 주어진 업무만 했던 나는 문서작업이 많은 직장에 적응하지 못했다. 그때부터 여러 직장을 전전했다. 보험회사 계약 심사 간호사로도 채용되었지만 수습기간에 관두었다. 그리고 나는 임상시험 분야로 이직하면서 2년 동안 병원과 제약사 중간다리 역할을 하며 꿈에 그리던 상근직 근무를 할 수 있었다.

이후에는 경기도 김포로 이사하면서 다니던 직장을 관두게 되었다. 서울까지 출퇴근시간이 길고 아이를 돌보아 줄 여건이 되지 않았기 때문에 선택한 결정이었다. 그 후 첫아이가 클 때까지 집 근처 종합병원 간호사로 일했다. 아이를 돌볼 수 있는, 시간이 자유로운 직장을 알아보던 중 방문간호사로 취직했고 2년 동안 일했다.

둘째 아이를 임신하고 심한 입덧을 겪게 되었다. 나는 방문간호사를 관두고 나서 1년간의 독박육아를 경험했다. 경제적으로 풍요롭고 안정된 생활이었다면 행복한 육아를 했을지도 모른다. 하지만 그 당시의 내 상황은 아기 옷 사기도 힘들 정도로 어려웠다.

아기가 돌이 되던 무렵 남편은 대표와 맞지 않는단 이유로 직장을 관두었다. 결국 내가 다시 일을 시작해야 했다. 그래서 집 근처 병원을 알아보았다. 아이들을 키울 수 있는 최선의 선택을 했지만 출퇴근시간이 불규칙적이었다. 아이를 돌보는 데 더 나은 직장을 찾아야 했다. 그러던 중 집 앞 개인병원에 이력서를 내고 면접을 봤다. 하루 중 근무시간은 11시간으로 상당히 길었다. 하지만 시간이 출퇴근시간이 정해져 있고 휴일에 쉰다는 점 때문에 입사를 결정했다. 좋은 조건은 아니었다. 하지만 내게는 선택의 여지가 없었다.

이직하는 과정은 순탄치 않았다. 나는 관두기 4주 전에 집 근처 병원에 미리 사직 의사를 밝혔다. 그러나 받아들여지지 않았다. 옮기는 직장에 쫓아와서 경력을 끝내 버리겠다는 모진 말까지 들어야 했다. 내가 왜 그런 말을 들어야 하지? 개인의 자유와 의사는 없다는 것인가? 난생처음 인격적인 모독을 느꼈다. 많은 직장과 사회생활을 경험했지만 개인적인 인격 모독을 당할 정도로 마음의 상처를 입은 적은 처음이었다. 더욱이 개인병원에서는 입사 날짜를 지키지 못한다는 이유로 주관이 없는 사람인 양 취급했다. 끊고 맺지를 못해 끌려다닌다는 말을 들었다.

현재 내가 근무하고 있는 소아과에는 간호사가 나 혼자다. 사실 개인병원에서 간호사를 고용하기는 쉽지 않다. 이곳 소아과는 수액 주사 처치가 필요해 나를 고용한 것이다. 이제 이직한 지 한 달이 넘어간다. 육아로 잠시 쉬기도 했지만 나는 10년 넘게 사회생활을 해 왔다. 그동안 나는 사람으로 인해 마음을 다친 적이 없었다. 하지만 이번 직장은 달랐다. 사회생활을 통해 마음을 다친 것은 이번이 처음이었다. 병원의 시스템을 모른단 이유로 나를 아주 형편없는 사람 취급했다. 알려 준 적도 없으면서 이것도 모른다는 식으로 온갖 구박과 핍박을 일삼았다. 어디를 가나 늘 환영받고 아쉬움을 남겼던 나였는데, 그곳에서는 전혀 그렇지 않았다. 그들은 늘 3명이서 쑥덕거리며 낄낄거렸고 근무시간 중에도 엎드려 졸았다. 자기 기분대로 행동하고 늘 어두운 표정을 지었다. 그런 식으로 세상에 대한 불만을 표출했다.

나는 '내 가치의 본질을 이런 곳에서 썩히고 있구나'라고 생각했다. 처음에는 그들에게 맛있는 것을 사 주며 다가가려 했다. 하지만 이미 고착화된 그들의 생활은 변할 줄 몰랐고, 나와도 맞지 않았다. 누구나 처음은 힘들지만, 이곳은 그것과는 달랐다. 배우고 적응하기도 힘든데 기본 도리조차 안 되어 있는 사람들과 함께 섞여 일하는 것은 마치 고문이었다.

지금 나는 나만의 회사 창업을 꿈꾼다. 내가 좋아하는 책과 함께할 수 있는 '책 읽는 사람들 연구소', 엄마들의 마음을 치유하고 자존감을 높일 수 있도록 도와주는 엄마 자존감 연구소가 그것이다. 그림책을 아이와 함께 나눈 경험을 바탕으로 그림책 컨설팅도 생각한다. 방 한 칸이라도 좋다. 이제는 나만의 콘텐츠로 사람들이 원하는 것을 주고 비용을 받는 1인 창업을 하고 싶다. 일하는 엄마 대신 늘 누군가의 도움을 받아야 했던 나의 아이들에게도 충분히 경제적, 시간적 여유를 제공해 주고 싶다. 늘 엄마와의 시간을 목말라하는 나의 소중한 아이들에게 엄마와의 시간을 선물하고 싶다.

1인 창업과 함께 내가 관심 있는 분야는 부동산이다. 부동산, 특히 경매는 평범한 사람들을 부자로 접어들게 해 주는 최고의 방법이다. 부동산 관련 책들이 그렇게 말해 주었다. 부동산이야말로 환금성이 뛰어난 안전한 자산이라고 생각한다.

김은화 대표의 한부협 카페를 통해 경매투자과정이 있다는 것을 알게 되었다. 대표님과의 컨설팅을 통해 5주 경매투자과정에 등록했다. '한국경매투자협회'의 김서진 대표는 경매와 돈에 대한 기존의 상식을 과감히 탈피하게 만들었다. 나 같은 보통 사람도 소액으로 투자할 수 있다는 것을 배웠다. '감히 내가?'라고 생각했던 것들이 이곳에서는 일상처럼 일어나고 있었다.

1년 전 내 집 마련을 위해 갓난아기를 업고 모델하우스를 찾았던 기억이 난다. 지하철역 개통을 앞두었고 공원과 학교가 가까운 아파트를 발견했다. 신규 아파트를 분양받으려고 할 때 내 수중엔 현금이 한 푼도 없었다. 계약금을 마련하기 위해 보험계약을 담보로 대출을 받았다. 평소의 나 같으면 시도하지 못할 일이었다. 그 당시 주변 지인들에게 의견을 물어보기도 했는데 다들 반대하는 분위기였다. 지금 생각하면 그들의 말을 듣지 않고 나의 주관대로 밀고 나가길 잘했다.

나 역시 기존에는 '돈을 모아 집을 사야지'란 생각을 할 정도로 부동산에는 까막눈이었다. 그런데 경매투자과정 수업을 들으면서 돈에 대한 의식과 사고가 바뀌었다. 집은 최고의 자산이다. 대출을 받기 위한 최고의 방법도 바로 집이었다. 내가 늙고 일할 수 없게 되었을 때 나를 먹이고 입히고 살려 주는 것은 부동산이다. 경제적 자유와 시간적 자유를 제공하는 부동산이야말로 최고의 가치인 것이다.

나는 1인 창업을 통해 내가 필요한 시간에 아이들과 시간을 보내고 싶다. 내가 잘할 수 있는 분야에 집중해 나만의 브랜드 가치를 최대치로 끌어올릴 것이다. 그 시작이 내 이름으로 된 책 출간이다. 내집 마련을 시작으로 발을 디딘 부동산은 나를 100억 원대 자산가로 만들어 줄 것이다. 제주도에 나만의 별장이 있고 100평이 넘는 분당의 주상복합 아파트를 구입한다. 1인 창업과 부동산 투자로 시간적, 경제적 자유를 얻게 된다. 부모님과 스페인 여행을 하고 가족들과 세계 일주를 한다. 나의 사랑하는 부모님에게 노후에 편안히 지낼 수 있는, 정원이 딸린 집을 지어 드리고 싶다.

PART 10

인문적 소양을
갖추는 데
도움 주기

- 송은섭 -

송은섭 5급 사무관, 인문고전 강연가, 시인, 자기계발 작가, 동기부여가

국방부 예비전력관리 군무 사무관으로 재직 중이며, 2017년 〈시사문단〉을 통해 시인으로 등단했다. 또한 작가이자 동기부여가, 인문고전 강연가로서 방화마을 방송국 〈책 읽는 시간〉, 유튜브 채널 〈행복한 부자 송쌤〉에서 진행자로 활동 중이다. 저서로는 《마흔, 인문고전에서 두 번째 인생을 열다》, 《회피하지 않으면 해피해진다》가 있다.

TV에 출연하는
명강사 되기

잔잔한 음악이 흐른다. 잠시 후 김영하 작가의 부드러운 멘트가 들린다.

"김영하의 책 읽는 시간."

이번에는 잔잔하던 음악이 점점 커진다. 좋아하는 팟캐스트의 인트로 음악은 항상 가슴을 설레게 만든다. 그리고 이야기 속으로 빠져들게 만든다.

내가 팟캐스트를 처음 접한 것은 1년 전이다. 청소년 진로직업 체험 행사장에 우연히 들렀다가 팟캐스트 부스를 발견했다.

"안녕하세요? 팟캐스트에 관심이 많아서 그런데 설명 좀 해 주실 수 있어요?"

"네, 아드님이나 따님이 관심이 많으신가요?"

"아니요, 제가 관심이 많습니다. 좀 배우려고 하는데 설명을 부탁드려도 될까요?"

40대 후반의 중년 남자가 팟캐스트를 배우겠다며 불쑥 찾아온 것에 적잖이 당황한 모양이었다. 방화마을 방송국 박현주 국장과의 인연은 그때부터 시작되었다. 40대의 호기심은 진짜 공부를 위한 출발점이다. 산전, 수전, 공중전까지 겪은 내공으로 무장해서 그런지 부끄러움을 지적 욕망이 덮어 버린다. 그래서 용기를 낼 수 있었다. 그날 나는 팟캐스트 제작 과정 전체를 들을 수 있었다. 심지어 3분짜리 녹음까지 하는 영광을 누렸다. 녹음본은 편집을 거쳐 메일로 보내 주겠다고 했다. 인터넷상에서 확인하는 방법까지 상세하게 알려 주었다.

이후 나는 팟캐스트를 더 연구하고 직접 진행하겠다는 목표를 세웠다. 인터넷에서 관련 영상을 분석하고, 트렌드를 파악했다. 그리고 팟캐스트 관련 각종 서적을 읽어 나갔다. 궁금한 것은 메모해 두었다가 박현주 국장에게 물어보았다. 그리고 한 달 후 나만의 팟캐스트를 진행하기 위한 계획안인, '송은섭의 팟캐스트 진행 계획'을 완성했다. 박현주 국장에게 제출했더니 검토 후 연락을 주겠다고 했다. 다음 날 박현주 국장에게서 전화가 왔다. 발신자 표시를 보고 무척 반가웠다. 어떤 말을 할지 기대하며 전화를 받았다.

"안녕하세요, 국장님."

"네, 선생님. 일단 콘셉트는 괜찮은 것 같아요. 인문고전 명작을 읽어 주고 토론하는 형식의 팟캐스트를 하시고 싶다는 거죠?"

"네, 맞습니다."

"그럼 진행 시나리오를 한번 써 주시겠어요? 특별한 형식은 없으니 방송 대본 쓴다고 생각하시고 한번 써 주세요."

"네, 알겠습니다. 다 쓰면 메일로 보내 드리겠습니다."

첫 녹음은 레프 톨스토이의 명작 《안나 카레니나》였다. 박현주 국장은 진행 시나리오가 괜찮다며 바로 녹음 일정을 잡았다. 국장과 내가 대화식으로 진행하기로 했다. 일주일 후 떨리는 마음으로 마이크 앞에 앉았다. 심호흡을 두 번 하고 큐 사인과 함께 녹음을 시작했다. 먼저 소설의 시대적 배경과 등장인물의 성격을 설명하고, 줄거리를 읽어 주었다.

이때까지는 대본대로 읽으면 되어서 큰 문제없이 잘 진행되었다. 하지만 세 번째 단계인, 이 소설에 대한 토론으로 들어가자 꼭 대본대로 진행되지 않았다. 박현주 국장은 자신의 경험을 이야기하면서 감정의 굴곡을 드러내는 표현을 했다. 내가 조금 당황해하자 국장은 잠시 녹음을 중단했다. 그리고 대본대로만 읽어 주는 것보다 리얼리티가 있어야 한다고 했다. 청취자는 기계적인 음성보다 자신의 경험을 공유하고 공감을 불러올 수 있는 대화를 더 원한다고 했다. 다시 녹음이 시작되었다. 긴장을 풀고 주거니 받거니 하며 녹음을 마쳤다. 1시간 정도 녹음했는데 어떻게 시간이 지났는지 기억나지 않을 정도로 몰입했다.

두 번째 녹음부터는 시나리오 작성과 녹음 진행 속도가 훨씬 빨라졌다. 그렇게 6개월간 인문고전 명작 8개를 소개하는 팟캐스트를 방송했다. 한 가지 중요한 문제가 있었는데 마을 방송국이다 보니 편집에 너무 시간이 많이 걸린다는 점이었다. 녹음하고 한 달이 지나야 편집된 방송을 들을 수 있었다. 그래서 나는 '어떻게 하면 녹음하고 바로 다음 날 들을 수 있을까?'라는 고민을 하기 시작했다.

"구하라. 그러면 얻을 것이다."라는 브라이언 트레이시의 한국 강연 마무리 멘트가 생각났다. 그런데 지금 생각해 보면 이 고민이 유튜브 영상 제작으로 이어지는 징검다리였다.

유튜브 영상 제작은 팟캐스트 편집 시간에 대한 고민에서 시작되었다. 박현주 국장에게 팟캐스트 녹음을 하면서 삼각대를 놓고 영상도 촬영하면 좋겠다고 했더니 적극 동의해 주었다. 다음 녹음은 조남주 작가의 《82년생 김지영》이었다. 이전까지 국장과 내가 진행하던 틀을 벗어나 5명이 참가하는 독서토론으로 진행했다. 시나리오는 독서토론 논제를 미리 정해 주고 패널 각자가 자신의 생각을 발표하는 식으로 구성했다. 녹음은 아주 성공적이었다.

참여한 패널의 독서 수준과 토론 준비는 예정된 1시간 분량을 30분이나 초과할 정도였다. 열띤 토론을 마치고 나는 곧 유튜브 영상 편집에 대해 국장과 이야기했다. 국장은 유튜브 편집은 내가 하는 것이 어떻겠냐고 했다. 다른 프로그램 편집 때문에 유튜브까지

할 시간이 없다며 나에게 부탁했다. 어쩔 수 없이 아이디어를 제공한 내가 하는 것으로 했다.

'괜한 일을 벌였다'라는 후회가 잠시 들었다. 하지만 곧 해 보자는 마음으로 바꾸고 유튜브 관련 책을 읽었다. 책을 보며 하나하나 편집 과정을 따라 해 보았다. 5시간 걸려서 편집하고 동영상을 올리는 데 7시간이 걸렸다. 이건 완전히 상노동이었다. 특히 코딩에 기다리는 시간이 너무 많이 걸려서 '제대로 배우지 않으니 이런 문제가 있구나'라고 생각했다.

하루가 걸려서 동영상 편집을 완료했다. 편집된 동영상을 유튜브에 올리려면 계정을 만들어야 했다. 혼자 책을 보고 하려니 뭔 소린지 하나도 모르겠고 점점 짜증만 늘어 갔다. 아마 유튜브를 독학으로 배우는 사람들은 이쯤에서 포기하고 백기를 들 것 같다는 생각이 들었다. 그래도 난 포기하지 않고 계속 시도했다.

2일째 되던 날, 드디어 계정이 생성되었고 동영상을 올리게 되었다. 유튜브에 영상이 올라가자 엄청난 희열이 느껴졌다. 그런데 1분도 지나지 않아서 경고 메일이 날아왔다. 저작권 문제로 법적인 책임을 질 수 있다는 내용이었다. 동영상에 사용한 음원이 문제였다. 그렇게 2일 동안 작업해서 올렸는데 이런 문제로 삭제해야 된다니 내가 바보처럼 느껴졌다.

하루를 그냥 보내고 다음 날 다시 편집 작업을 했다. 저작권 문제가 된 음원을 제거하고 리얼 음성으로만 다시 편집해서 올렸다. 지금 이 글을 쓰고 있는 이 순간 유튜버가 되겠다고 생각하신 분들에게 고한다. 혼자 배우겠다고 삽질하지 말고 돈 주고 제대로 배워라. 그게 남는 거다. 그게 빠른 거다. 그게 동기부여가 되고 더 크게 나아가는 거다.

나의 인문학 공부는 팟캐스트와 유튜브를 통해 더욱 깊어지게 되었다. 물론 기술적인 문제로 많은 어려움을 겪었지만 방송 시나리오를 작성하면서 더 많은 생각을 하게 되었다. 특히 고전문학을 소개하기 위해서는 소설의 시대적 배경부터 작가의 일생까지 모두 공부해야 했다. 그리고 깨달은 것은 '분석만 하는 인문고전 공부는 의미가 없다'였다. 읽기만 하고 생각하지 않는 것은 시간 낭비다. 생각을 하더라도 내 삶에 적용하지 않는 것은 노력 낭비다. 그래서 인문고전을 읽고 어떻게 하면 내 삶에 적용해서 보다 조화로운 인생을 살 수 있을까 고민해야 한다. 그것이 공부다. 그것이 마흔 살을 넘긴 나이에 하는 진짜 공부다.

나는 새로운 버킷리스트를 작성했다. 팟캐스트, 유튜브에 이어 이번에는 TV 방송에 출연해서 인문고전을 강연하는 것이다. 200권이 넘는 책을 저술한 김태광 작가는 유명해지기 전에 버킷리스트를 작성했다고 한다. 그 버킷리스트 중 하나가 TV프로그램 〈아침마당〉에 출연하기였다.

　그런데 아이러니하게도 김태광 작가에게는 말을 더듬는 트라우마가 있었다. 나에게는 김태광 작가가 트라우마를 극복하는 과정에서 알게 된 놀라운 사실이 있었다. 그것은 '더듬지 않겠다'가 아니라 'TV에 출연해서 강연하겠다'라고 생각했다는 것이다. 나는 무릎을 치며 '대단한 분'이라고 생각했다. 더듬지 않겠다고 다짐하면 더듬는 현상을 계속 생각하게 되니까 아예 다른 목표를 세운 것이다. 그것도 말을 더듬는 것을 완전히 뛰어넘어 'TV에 출연해서 강연한다'로 말이다. 그래서 나는 생각했다. 지금은 인문고전을 소개하는 수준이지만 TV에 출연해서 전 국민이 인문적 소양을 갖추는 데 도움을 주는 최고의 명강사가 되겠다고.

인문고전
강좌 열기

　'올여름 휴가는 어디로 가서 뭘 먹을까? 여행 경비는 얼마 정도가 적당할까?' 연례행사처럼 습관적으로 인터넷을 뒤졌다. 그러다가 문득 '나는 누구인가? 나는 지금 여기서 뭘 하고 있는가?'라는 생각이 들었다. 그리고 멍해졌다. 살면서 가끔 겪게 되는 '멍' 때리는 순간이 요즘 잦은 이유가 뭘까?

　40대 후반, 어느 날 갑자기 휴가 계획을 구상하다가 생각이 옆길로 빠졌다.
　'나는 어떤 성장 과정을 거쳐 지금의 모습을 하고 있는가?'
　'나는 미래에 어떤 모습으로 살아갈 것인가?'
　그 해답을 찾기 위해 인생을 되돌아보는 시간이 필요했다. 그래서 아내에게 선언했다.
　"여보, 나 이번 여름휴가 말인데 온전히 나를 위해 쓰고 싶어.

도서관에 가서 5일 동안 내가 읽고 싶은 책 마음껏 읽고 싶어."

나는 마치 장수가 출정을 앞두고 비장한 각오를 다지듯 힘주어 아내에게 말했다.

"그러든가."

아내의 대답은 너무나 짧았다. 그리고 이어지는 말도 없었다. 그냥 한숨만 쉬었다. 이 짧은 한마디 안에는 묘한 감정이 섞여 있음을 나는 안다. '상관 안 할 테니까 알아서 하라'와 '기대도 안 했으니 대꾸도 하기 싫다'의 중간 정도로 해석하면 된다.

어쨌든 이번 여름휴가는 지금까지와는 달리 대단한 도전을 하게 되었다. 오로지 나 자신만을 위한 시간을 가지게 된 것이다.

새로 구입한 책과 예전에 보았던 책 20권 정도를 챙겨서 집 근처 도서관으로 갔다. 도서관에 들어서자 나는 깜짝 놀랐다. 왜 이렇게 사람들이 많은지, 마치 시장의 난전처럼 북적였다. 가족 단위로 온 사람들이 많았다. 한쪽 구석에 자리가 나서 얼른 그 자리를 잡았다. 에어컨 바람이 정면에서 불어오는 명당자리였다. 책상에 내가 가져온 책 20권과 도서관에서 빌린 책 5권을 쌓아 놓았다. 누가 보면 대학교수라도 되는 것처럼 어깨에 힘도 들어갔다.

첫째 날, 드디어 나는 인문고전의 바다에 빠져들 준비를 완료했다. 처음에는 흥미 유지를 위해 고전문학을 읽었다. 《안나 카레니나》가 첫 번째 목표였다. 총 3권, 860여 쪽에 달하는 장편소설이었다. 3권을 가지런히 세워 두면 마치 벽돌 3장을 포개 놓은 것 같았다. 그 정도로 읽을 분량에 압도당한다. 그래서 읽기를 포기하거나 1권으로 요약된 소설을 좋아하는 사람도 있다.

이야기 속으로 빠져들어 시간 가는 줄 모르고 읽었다. 3시간 정도가 지나자 어느덧 1권의 마지막 부분을 읽고 있었다. 나는 흐름을 놓치고 싶지 않아서 화장실만 잠깐 다녀오고 다시 책장을 넘겼다. 이럴 때는 담배를 피우지 않는 내가 참 좋았다.

다시 집중해서 2권, 3권도 마저 읽었다. 거의 10시간 가까이 《안나 카레니나》와 함께했다. 그리고 눈을 감고 등장인물들의 삶을 떠올려 보았다. 작가 톨스토이가 이 소설을 통해 독자들에게 전하고자 하는 메시지는 무엇이었을까? 나름 생각을 정리하고 노트에 옮겨 적었다.

그리고 가벼운 목 운동으로 장시간 굳어진 근육을 풀었다. 목을 돌리다가 문득 옆에 쌓아 두었던 20여 권의 책을 보았다. '하루 종일 《안나 카레니나》 3권만 읽었는데 이 책들은 왜 여기에 있어야 했지? 내가 왜 그랬을까?'라는 생각이 들자 갑자기 무언가를 깨달았다. '선택받지 못한 이 책들은 선택받은 책을 위한 배경이었구나!'

순간 내 삶을 생각했다. 내가 주인공인 삶을 살지 못하면 나도 누군가의 배경으로 살 수밖에 없다.

'내가 주인공으로 살려면 어떻게 해야 하는가?'

나는 이 질문을 계속 던지며 도서관을 나왔다. 밤하늘에 별이

유난히 빛났다.

둘째 날, 《논어》를 읽었다. 모두 이치에 맞는 말씀이다. 그래서 이렇게만 살 수 있다면 참 좋은 세상이 될 수 있을 거라고 생각했다. 그러던 중 생각의 반전이 일어났다. '아니지, 공자가 지금 이 시대를 살아간다면 어떻게 사실까?' 다시 가정해 보자. '공자가 2019년 서울에 온다면 어떤 해법을 가지고 이 복잡한 세상을 살아가실까?'

백종원 씨처럼 망해 가는 식당에 재생 솔루션을 제시해 살릴 수 있을까? 그렇다면 어떤 방법과 내용으로 솔루션을 주실까? 이런 내용으로 인생을 컨설팅 하는 과정은 없을까? 그래서 나는 결심했다. 인문고전으로 인생을 컨설팅해 주는 과정을 만들자! 인생을 아무렇게나 배경 삼아 사는 사람들에게 깨달음을 주자. 그들이 인생의 주인공으로 살 수 있도록 도와주자.

지금까지는 인문학이 왜 중요한지, 어떻게 읽어야 하는지만 생각했었다. 그런데 이제는 달라졌다. '내 인생에 어떻게 적용할 수 있는가?'가 훨씬 더 중요하다. 백날 읽고 생각만 하다가는 아무런 변화도 일으키지 못한다. 실천이 중요하다. 그래서 여름휴가를 산으로, 바다로, 해외로 가는 대신 인문고전으로 떠나자는 거다. 나는 오롯이 나의 지혜를 성장시키는 프로젝트, 그 강좌를 개설해서 진행하고 싶다.

나는 '인문고전으로 인생을 컨설팅해 주는 사람이 되겠다'라는 꿈을 가지고 도서관 문을 나섰다. 밤하늘의 별빛이 나의 지적 성장을 축복해 주는 듯했다.

셋째 날, 서양철학 중 니체에 관해 읽었다. 고대부터 순서대로 읽는 것도 좋지만 내가 관심 있는 철학자부터 시작했다.

니체는 당연하다고 여기는 상식에 의문을 제기했던 철학자였다. 그래서 다르게 생각하고 다른 방법은 없는가를 늘 고민했다. 그러다 보니 그는 자연스럽게 현재를 뛰어넘는 혁신적인 마인드를 가지게 되었다. 시대를 보는 방법을 배울 수 있는 철학자, 니체부터 읽어 보기를 권한다.

니체를 알 수 있게끔 쉽게 정리한 책으로는 사이토 다카시가 지은 《곁에 두고 읽는 니체》를 추천한다. 이 책을 읽은 후에 《차라투스트라는 이렇게 말했다》를 읽으면 어렵지 않게 읽어 나갈 수 있을 것이다. 머릿속에서는 아직도 알 듯 말 듯 경계선을 묘하게 타고 있다. 내 생각을 읽은 듯 밤하늘에도 별이 보이지 않았다. 아니, 정확하게 표현하자면 보일 듯 말 듯 희미했다.

넷째 날, 동·서양 철학으로 다시 복잡해진 머리를 식히기 위해 고전명작 3권을 읽었다. 카잔차키스의 《그리스인 조르바》, 귀스타브 플로베르의 《마담 보바리》, 프란츠 카프카의 《변신》을 순서대로 읽었다. 하루 만에 3개의 소설을 모두 읽을 수 있는 나만의 방법이 있다. 먼저 1단계로 이 소설을 원작으로 한 영화를 2배속으로 본다. 전반적인 스토리와 배우들이 어떤 캐릭터를 연기하는지 중점적으로 본 다음 메모를 한다. 2단계는 전문가들이 분석한 서평이나 유튜브 영상을 역시 2배속으로 본다. 그리고 3단계로 책을 읽는다.

이렇게 하면 네 번 정도 읽는 효과를 얻을 수 있다. 물론 나만의 방법이므로 모든 사람들에게 다 효과가 있을지는 모르겠다. 하지만 분명한 것은 책을 읽어 나가는 속도가 빨라진다는 것이다. 그것도 모든 상황과 심리 묘사를 이해하면서 말이다. 심지어 영화와 다른 표현까지도 구별해 낼 수 있다.

다섯째 날, 역사를 공부했다. 역사서를 읽기 전에 읽으면 좋은 책이 있다. 에드워드 카의 《역사란 무엇인가》다. 에드워드 카는 "역사는 과거와 현재의 끊임없는 대화다."라고 한 말로 유명하다. 그의 역사 관점을 먼저 이해하고 나서 사마천의 《사기》를 읽어 보기를 권한다.

인문고전은 처음부터 깊이 파고들면 안 된다. 그렇게 하면 방향도 잃어버리고 재미도 없게 되어 쉽게 포기하게 된다. 그래서 재미있게 시작해야 한다. 영화도 보고, 수십 년간 연구한 학자들의 강의 영상도 보면서 말이다. 그래야 큰 틀을 그릴 수 있고 재미도 느낄 수 있다. 내가 5일 동안의 '인문고전 독서 여행'을 마치면서 과연 무엇을 깨달았을까? 일단 나 자신을 되돌아보는 시간이 되어 너무 감사했다. 특히, 고전 속에 숨겨진 보물들을 하나씩 발견해 내는 기쁨은 무엇과도 비교할 수 없었다. 또한 천재 작가들의 생각을 읽을 수 있다는 것은 내 머리에 지혜의 산삼을 먹이는 것과 같았다.

이 좋은 경험을 더 많은 사람들에게 나누어 줄 수 있는 방법은 없을까? 내 상상의 시계는 지금부터 3년 후로 가 있다. 가족을 위해 자신을 희생해 온 40대 가장들이 캠프장에 하나둘씩 들어왔다. 입구에서 스마트폰과 노트북을 모두 제출했다. 문을 넘어서는 순간 문명과는 단절되었다. 오로지 인문고전 독서와 토론, 생각하고 기록하는 것 외에는 하지 않았다. 복도와 식당, 침실에는 소크라테스, 플라톤, 공자, 아인슈타인, 니체 등 철학자들의 대형 사진이 걸려 있다. 사진만 보고 있어도 바로 대화가 될 것 같은 영감을 받는다.

참가자들의 의식이 서서히 깨어났다. 그리고 본질을 보는 눈을 가지게 되었다. 강좌를 마치는 날 참가자들은 입소하던 때와는 완전히 다른 사람이 되었다.

'여름휴가 일주일, 인문고전 강좌를 들으면 인생이 바뀐다'라는 소문이 세상 밖으로 퍼져 나갔다.

브라이언 트레이시 인터내셔널과
성공학 코칭 협약 맺기

"8억 원짜리 강연을 들어 본 경험이 있는가?"

내가 브라이언 트레이시를 처음 접하게 된 것은 인터넷에서였다. '1회 강연료가 8억 원'이라는 문구가 내 관심을 끌었다. 도대체 어떤 강연인데 8억 원씩이나 한다는 거지? 나는 궁금하면 못 견디는 성격이라 파고들었다. 그 강연의 주인공은 브라이언 트레이시라는 성공학 코칭 전문가이자 동기부여 전문가였다.

마침 그의 한국 강연 유튜브 영상이 있었다. 1시간 20분 분량이었는데 정말 수준이 높은 강연이었다. 그날부터 나는 브라이언 트레이시의 책을 구입하고, 동영상을 시청했다. 심지어 '브라이언 트레이시 인터내셔널' 홈페이지에 들어가서 유용한 자료를 찾아내기도 했다. 물론 모두 영문으로 되어 있어서 단어를 찾아 가며 보았다. 나는 점점 그에게 빠져들고 있었다.

한번은 그의 홈페이지에서 원하는 PDF 파일을 찾았다. 메일 주소를 입력하고 다운받아서 한글로 번역해 보았다. 처음에는 영어공부도 되겠다는 생각으로 시작했는데 점점 힘들어졌다. 그러던 중에 그 영문 파일의 한글 해석본이 인터넷에 올라 있는 것을 보았다. 20장 중 겨우 2장을 번역했는데 20장 모두 번역된 자료가 있었다. 그것도 윗줄은 영문, 아랫줄은 한글로 친절하게 양립해서 말이다. 순간 힘이 빠졌다. '아, 또 삽질했다'라는 생각이 들었지만, 그래도 정리하면서 많이 생각했다는 점과 실천할 다짐을 기록했다는 것으로 위안을 삼았다.

나는 우연찮은 기회에 20대 후반 200여 명의 젊은이들과 대화하는 시간을 가질 수 있었다. 원래 내 강의는 아니었다. 강당의 시스템에 문제가 있어서 기술적으로 조치하는 데 30분 정도가 걸렸다. 그 시간을 내가 어떻게든 무료하지 않게 해 주어야 했다. 그래서 무슨 이야기를 할까 생각하다가 브라이언 트레이시를 떠올렸다.

"여러분! 한 번 강연에 8억 원을 받는 사람이 있다면 믿으시겠습니까?"

"말도 안 되는 소리 아닌가요? 누가 8억 원을 주고 들어요?"

"정말 그런 사람이 있어요?"

강당을 채운 젊은이들이 곧 웅성거리기 시작했다. 적어도 내가 던진 말에 반응하고 있다고 생각되자 자신감이 생겼다. 나는 계속 말을 이어 갔다.

"브라이언 트레이시라는 강사가 있는데요, 그분 강연료가 8억원이랍니다. 그래서 제가 도대체 어떤 내용이기에 그 돈을 주고 강의를 듣나 한번 연구해 봤습니다. 그런데 정말 8억 원의 가치가 있다는 생각이 들었습니다. 여러분에게 그 8억 원짜리 강연의 핵심을 말씀드리려고 하는데 괜찮을까요?"

"네, 어서 해 주세요."

"어떤 내용일지 기대됩니다."

나는 유튜브 동영상과 책으로 공부했던 내용들을 설명하기 시작했다. 20대 후반의 젊은이들에게 꼭 필요한 내용이었다. 어떻게 30분이 지났는지 모를 정도로 서로 몰입하고 있었다. 강당 시스템 복구가 완료되었다는 사인이 들어왔다. 다음 강의 진행을 위해 서둘러 마무리를 지었다. 짧은 시간이었지만 청중이 정말 원하는 내용을 이야기했다는 느낌이 들었다. 그래서인지 이야기하는 사람도 신나고 듣는 사람도 귀를 쫑긋해서 들었다. '아! 이렇게 하는 것이 강연이구나!' 그날 나는 내 안의 또 다른 내 모습을 보았다. 남 앞에 서면 말도 잘 못하고 손이 떨려서 마이크도 제대로 못 잡는 나였다. 그런데 위기에 맞닥뜨려 내가 할 수밖에 없는 상황이 되자 어디서 그런 용기가 났는지 모를 정도였다.

이시다 히사쓰구의 《3개의 소원 100일의 기적》이라는 책을 보면, 100일 만에 소원을 이루는 비법이 나온다. 3개의 소원이 100일 후에 이루어지는 상상을 하며 매일 잠들기 전에 세 번씩 쓴다. 그러면 100일 후에 그 소원이 이루어져 있다는 것이다.

나는 이 책에서 제시된 방법을 시험해 보고 싶었다. 그래서 처음 100일 동안은 책에서 제시하는 방법대로만 했다. 3개의 소원 중에 2개는 이루어졌고 1개는 진행 중이었다. 어쨌든 2개는 이루어졌으니까 괜찮은 시도였다.

나는 이것을 조금 더 내 방식으로 보완했다. 100일 후, 1년 후, 5년 후, 10년 후로 구분해서 이루어질 소원을 3개씩 기록했다. 그런데 5년 후 소원을 쓰면서 브라이언 트레이시를 만나고 싶다는 생각이 들었다. 그래서 '나는 브라이언 트레이시를 만나서 성공학 코칭을 들었다'라고 썼다. 1년 전에 작성한 나의 버킷리스트였다.

사람의 인연은 참 신비롭다. 1년 전에 브라이언 트레이시를 5년 후 만나겠다고 써 놓고 잊어버리고 있었다. 그런데 한책협에서 버킷리스트를 작성하며 다시 브라이언 트레이시를 떠올린 것이다. 기록의 힘은 대단하다. 내 머릿속에 이미 그가 각인된 것이다. 그래서 자연스럽게 그의 이름이 떠올랐던 것이다.

이번에는 좀 더 구체적으로 상상했다. 나는 이미 1년 전의 내가 아니었다. 네빌 고다드의 《상상의 힘》과 김태광 대표 코치님의 유튜브 채널 〈김도사TV〉, 〈네빌고다드TV〉, 그리고 미라클사이언스 수업 등으로 잠재의식의 변화 과정을 거쳤기 때문이다. 그래서 완료형의 구체적인 상상력을 발휘했다.

'5년 후 나는 한책협 소속 인문고전 아카데미 원장이 되어 있다. 김태광 대표 코치의 책 쓰기 비법은 세계적으로 유명해졌다. 프랑스 교포의 책쓰기 과정 후기와 미국 유학을 준비하던 학생의 후기가 입소문을 탄 것이다. 미국 진출에 앞서 시장 분석 결과 브라이언 트레이시의 온라인 책 쓰기 과정이 인기 있는 것으로 확인되었다. 브라이언 트레이시의 3단계 책 쓰기 과정은 김태광 대표 코치의 비법에 비하면 수준 이하였다. 우리가 경쟁력이 있었다. 그래서 김태광 대표 코치의 필명인 '김도사 책 쓰기 비법'이라는 이름으로 특허를 신청했다. 곧 영문 번역과 국제 변호사 등을 통해 특허 사용에 대한 전략을 세웠다. 맨땅에 헤딩하는 것보다 기존 시스템을 활용하는 것이 좋겠다는 의견이 모아졌다. 그리고 브라이언 트레이시 인터내셔널과 성공학 코칭 협약을 맺는 것으로 방향을 정했다.

브라이언 트레이시는 '김도사 책 쓰기 비법'을 보며 감탄을 자아냈다. 하기야 20권 정도의 저서를 가진 사람과 200권이 넘는 저서를 가진 사람을 어떻게 비교할 수 있겠는가? 책 쓰기 코칭뿐만 아니라 인문고전을 삶에 적용하는 성공학 코칭도 함께 협약을 맺었다. 그 자리에서 나는 나의 버킷리스트를 브라이언 트레이시에게 보여 주었다. 지금의 상황은 5년 전부터 누군가의 꿈으로 기록되어 진행되어 왔다. 우리는 단순히 업무 협약을 맺는 것이 아니라 꿈을 꾸고 상상하면 이루어진다는 우주의 법칙을 실현하고 있는 것이다.'

내가 브라이언 트레이시를 만나기까지의 5년의 과정은 여러 가지 의미를 담고 있다.

첫째, 내 삶의 방향이 바뀌었다는 것이다. 현재의 관노비에서 벗어나 백만장자 메신저로 가는 길을 선택했다는 것을 의미한다. 이는 의식의 확장 없이는 불가능한 일이다. 5급 사무관의 관노비에게는 나름 정년 보장과 연금이라는 이점이 있다. 하지만 여기에 매료되면 평생 관노비로만 살다가 끝날 인생이 된다. 내가 좋아하는 일, 내가 잘할 수 있는 일을 찾아야 행복해질 수 있다. 나는 한책협에서 그 길을 찾은 것이다.

둘째, 내가 잘할 수 있는 분야에서 성장을 이루었다는 것이다. 브라이언 트레이시 인터내셔널과 코칭 협약을 맺으려면 우리도 동등한 입장이 되어 있어야 한다. 오히려 우리가 앞서는 부분이 있어야 할 것이다. 그 정도의 성장을 5년 이내에 이루어야 하는 것을 의미한다. 엄청난 노력과 열정을 쏟아부어야 가능할 것이다.

셋째, 5년 만에 나는 완전히 다른 사람으로 변해 있음을 의미한다. 지금처럼 큰 스트레스 없이 조용히 살아도 5년이라는 시간은 흘러간다. 5년 후에도 똑같은 일을 하고, 똑같은 고민을 하고 있을 것이다. 그러나 나는 다른 삶을 살기로 했기 때문에 5년 후의 나는 변해 있을 것이다. 아니, 엄청나게 성장해서 지금의 나와는 비교할 수 없을 정도가 되어 있음을 의미한다.

김태광 작가의 《100억 부자의 생각의 비밀》에는 무일푼 백수가 5년 만에 자수성가 부자가 된 비결이 적혀 있다. 그러기 위해 가장 먼저 해야 할 일은 '잠재의식에 원하는 결말을 입력시키는 것'이라고 한다. 이때 '바란다'라는 소망형도 아니고 '된다'라는 현재형도 아닌, '되어 있다'라는 완료형 결말을 입력해야 한다. 잠재의식은 '맞다'와 '맞지 않다'를 구분할 수 없다고 한다. 다만 우리가 입력하는 대로 인식할 뿐이다. 그래서 완료형으로 입력하면 이미 이루어진 것으로 인식한다는 것이다. 잠재의식이 작동하면 현실의식이 따라와서 현실의 상황도 바뀐다. 결과적으로는 원하는 결말을 이루게 된다는 것이다.

브라이언 트레이시와 성공학 코칭 협약 맺기는 이미 정해진 길을 가고 있다는 생각이 든다. 김태광 대표 코치님의 말대로 이미 이루어진 결말에서 꿈을 시작하면 된다. 5년 후, 나는 미국에서 브라이언 트레이시와 협약서에 서명하고 기념사진을 찍고 있다.

한강이 보이는
50층 아파트에서 살기

초등학교를 졸업한 지 35년이 지났다. 가끔 나는 동창생 밴드에 올라와 있는 사진을 보며 추억을 떠올리곤 한다.

초등학교 6학년 송은섭, 두메산골 소년이 창원이라는 도시로 전학을 갔다. 나는 그때까지 2층 이상의 건물을 본 적이 없었다. 그런데 전학을 가는 초등학교 건물이 5층이어서 많이 놀랐다. 처음에는 층수와 교실을 구분하지 못해 우리 반을 찾는 데 애먹었다.

"어느 학교에서 전학 왔니?"

"어어, 그게, 어느 학교냐 하면…."

"전에 다니던 학교 이름도 모르냐? 얘들아, 얘 좀 이상해. 이전 학교 이름도 몰라."

"정말? 설마?"

전학 온 첫날, 아이들은 제일 뒷자리에 말없이 앉아 있는 나를 놀려 댔다.

"아니, 그게 아니고 학교 이름을 모르는 게 아니라…."

"뭔데? 말해 봐. 너 모르지? 바보냐?"

아이들은 금세 나를 둘러싸며 몰려들었다. 그리고 나를 보며 바보인지 아닌지 판단했다. 심지어 나와 눈이 마주친 어떤 아이는 불쌍한 눈으로 나를 쳐다보기까지 했다.

"말해 봐. 너 모르잖아. 바보야?

"산수 초등학교!"

말하면 더 크게 놀림 받을 것 같아서 입을 굳게 다물고 있었는데, 결국 나는 참지 못하고 말해 버렸다.

"뭐, 산수 초등학교? 국어 초등학교로 가지, 왜 여기로 왔냐?"

"하하, 산수래, 무슨 학교 이름이 산수냐?"

내가 산수 초등학교에서 왔다고 하자 교실 안은 금세 웃음바다가 되었다. 내가 생각해도 많이 웃을 것 같았다. 지금은 초등학교도 수학이라는 용어를 쓴다. 하지만 예전에는 중학교부터 수학이라고 했다. 초등학교는 산수였다.

"얘들아, 너무 하는 거 아냐? 오늘 전학 왔는데 놀리기나 하고."

이런 와중에 구세주 같은 아이가 있었다. 그 친구의 이름은 P였다.

35년 후, 그 구세주 같은 친구로부터 연락이 왔다. 너무 반가웠다. 내 사무실 근처에 있다고 해서 점심을 같이 하기로 했다. 졸업 후 처음으로 만나는 거여서 무척 궁금했다. 어떻게 변했을까? 두근거리는 마음으로 기다렸다.

잠시 후 한 중년의 신사가 문을 열며 점잖게 물었다.

"혹시 여기 송은섭 씨가 계신 곳이 맞나요?"

"네, 맞습니다. 지금 안에 계십니다."

밖에서 들리는 소리에 나는 친구가 왔음을 직감했다. 그리고 얼른 밖으로 나갔다.

"친구! 정말 오랜만이다. 옛날 얼굴이 그대로 있네. 정말 반갑다."

"그래, 반갑다. 여기가 네 사무실이구나?"

우리는 반갑게 인사를 나누었다. 나이가 들어도 어릴 적의 특징은 금세 알아볼 수 있었다. 근처에 괜찮은 식당이 있으니 가자고 했다. 내 차로 가자고 하니까 식사 후에 바로 가야 된다고 했다. 그래서 친구 차를 타고 가기로 했다. 사무실 밖으로 나왔다. 그런데 건물 주차장에는 차가 한 대도 보이지 않았다. 차를 어디에 주차했냐고 물었더니 조금 있으면 온다고 했다. 나는 일행이 있어서 같이 왔을 거라고 생각했다. 그러나 나의 예상은 완전히 빗나갔다. 잠시 후 최고급 승용차 한 대가 유턴을 하며 우리가 서 있는 방향으로 다가왔다.

"가지."

"어, 응. 그래."

차가 멈추고 기사가 내리더니 뛰어와서 문을 열었다. 순간 친구가 달라 보였다. 조금 전까지만 해도 초등학교 6학년 P였다. 인성이 훌륭하고 잘생겨서 여학생들에게 '인기 짱'이었던 P. 그런데 지금 내 옆에는 회장님 한 분이 서 있는 것 같았다.

"성공했구나? 정말 대단하다."

"그래, 잠시만."

친구는 식당으로 이동하는 5분 동안 짧은 6통의 전화를 받았다. 그리고 대표로서 결재와 지시사항을 하달했다. 나는 친구의 그런 모습에 경이로움마저 들었다.

"미안, 내가 하는 일이 시간을 다투는 일이야. 그래서 바로 결재를 해 주어야 해서 그래."

"아니야, 괜찮아."

하마터면 말끝에 '요'자를 붙일 뻔했다. 여전히 그의 인성은 훌륭해 보였다.

우리는 점심을 먹으며 살아온 이야기를 했다. P는 회계법인의 대표였다. 대기업과 중견기업, 국내 최대 로펌인 '김앤장'의 회계를 맡고 있다고 했다. 친구는 인생의 바닥에서 힘들고 지칠 때 자살을 시도한 적도 있었다고 했다. 그를 살린 것은 뷰(View)가 좋은 한강의 고급 아파트라고 했다. 내가 "왜?"라고 물었더니 친구는 상상의 힘에 대해 이야기했다. 그 아파트에서 가족이 단란하게 사는 모습을 상상했더니 힘이 나더라는 거였다. 그리고 다시 일어설 수 있었다고 했다. 지금 P는 잠실에 있는 한 고급 아파트에서 한강 뷰

(View)를 즐기며 살고 있다.

우리는 살아가면서 수많은 목표를 정한다. 그러나 목표를 정한다고 모두 달성하는 것은 아니다. 누구는 목표를 이루고, 누구는 목표 근처에도 못 간다. 왜 이런 차이가 있는 것일까? 그리고 성공한 사람들은 왜 공통적으로 실패의 경험을 이야기하는 것일까?

나는 김태광 작가의 《내가 100억 부자가 된 7가지 비밀》에서 그 답을 찾았다. 김태광 대표 코치의 성공 과정과 P의 이야기에는 공통점이 많았다. 꿈을 크게 가지고 담대하게 도전한 점, 극한의 상황에서도 좌절하지 않고 버텨 낸 것, 자신을 믿으며 미래에 초점을 맞추고 살아온 것 등.

그래서 성공한 사람들의 성공 이유는 비슷하다고 한다. 그러나 실패한 사람들의 변명에는 제각각의 이유가 있다. 실패한 사람들은 변명 속에서 항상 남을 탓하고 있다. 그래서 정확한 실패의 원인을 분석하지도 못한다. 그것이 실패가 연속되는 이유가 되는 것이다.

지금 내 모습은 오직 나의 생각과 행동으로 만들어진 결과다. 그 누구의 탓도 아니다. 나는 조용히 눈을 감았다. P가 상상했다는 그 아파트를 떠올렸다. 그리고 버킷리스트에 '한강 뷰가 보이는 50층 고급 아파트에서 살기'라고 적었다.

나는 상상의 힘을 믿는다. 5년 후, 나는 한강 뷰가 좋은 고급 아파트에서 살고 있다. 창밖으로 한강의 유람선이 보인다. 나에게 선한 영향력을 준 두 사람을 떠올리며 감사한다.

은퇴 후
2년간 세계 일주하기

"젊음의 특권은 꿈을 가지고 도전하는 것입니다. 여러분은 큰 꿈을 가져야 합니다. 그런데 벌써부터 '커피숍 하나 차려서 편하게 살겠다'라고 생각하는 학생이 있습니다. 자신의 가치를 스스로 한정 짓지 마십시오. 여러분은 글로벌 인재입니다. 세상을 위해 공헌하는 사람이 되십시오. 그게 제가 여러분에게 장학금을 주면서 바라는 한 가지 소원입니다."

한샤인 인터내셔널 김호용 회장은 70대의 나이가 무색할 만큼 에너지가 넘친다. 그는 학생들에게 장학금을 주고 1년에 두 번 만찬을 연다. 그리고 학생들에게 자신의 경험담을 들려주며 꿈을 키우라고 강조한다.

김호용 회장님과의 인연은 연세대 학군단에서 시작되었다. 당시 나는 학군단에 새로 부임한 선임교관이었다. 김호용 회장님은 연세대 ROTC 총동문회 명예회장이셨다. 행사장에서 처음 만나 인사를 나누며 같은 고향분임을 알게 되었다. 나중에 아버지에게 물어보니 고향에서 가장 성공하신 분이라고 하셨다.

나는 호기심이 많은 편이다. 궁금하면 찾고 연구한다. 그래서 인터넷에서 김호용 회장님을 검색했다. 많은 자료들이 검색 창에 떴다. 그중에 '부산고 동문회'에서 올린 자료를 자세히 읽어 보았다. 가난한 학생 시절 이야기, 홍콩에서 성공한 사업가가 된 이야기가 있었다. 나는 회장님의 성공스토리가 더욱 궁금해졌다. 그래서 용기를 내어 회장님께 전화를 걸었다.

"회장님! 저 송은섭 소령입니다."

"아, 그래요. 송 소령."

"학생들을 위한 초청특강을 기획하고 있습니다. 회장님을 모시고 싶은데, 한번 찾아뵙고 설명을 드려도 되겠습니까?"

"초청특강이라… 그래, 한번 해 봅시다. 오늘은 시간이 안 되고 내일 내 사무실로 오세요. 자세한 것은 그때 이야기합시다."

"네, 감사합니다. 회장님."

다음 날 나는 두근거리는 마음으로 회장님을 찾아갔다. 비서실에서 잠시 대기하다가 안내를 받아 이동했다. 회장실은 어떤 모습일까? 무척 기대되었다. 사무실로 들어서자 회장님은 반갑게 나를 맞아 주셨다. 잠시 후 비서 한 분이 차를 들여왔다. 차를 놓는 동안 내부를 둘러보았는데 많이 놀랐다. TV 드라마에서 보던 고급 장식장, 도자기 이런 것은 하나도 없었다. 대신 책장에 수백 권의 책이 꽂혀 있었다. 그리고 대략 일곱 종류의 신문이 책상 한쪽에 펼쳐져 있었다. 모두 읽고 계신 것 같았다. 컴퓨터와 모니터는 화상회의가 가능한 시스템으로 설치되어 있었다. 한국에 계실 때는 홍콩 본사와 수시로 화상회의를 하신다고 했다. 인터뷰 중에도 홍콩 본사 직원의 화상 연결이 들어오기도 했다.

"왜? 책이 많아서 놀랐나요?"

"네, 마치 작은 도서관 같습니다."

"책은 나를 키워 준 스승과도 같습니다. 사람은 항상 배우는 자세로 살아야 해요. 책에서 배우든, 좋은 스승에게 가르침을 받든 항상 배운다는 생각이 중요합니다."

"네, 그래서 오늘 회장님께 배우러 왔습니다. 많이 가르쳐 주십시오."

"나는 살면서 위기가 닥칠 때마다 가난했던 학생 시절을 생각합니다. 중학교부터 대학교까지 딱 10년, 나는 상상도 못할 만큼 치열하게 살았습니다. 그 10년의 치열함을 떠올리면 못해낼 게 없어요. 누구나 10년 정도만 치열하게 살아 내면 성공할 수 있습니다. 그게 습관이 되어 다시 10년, 또 10년, 이렇게 이어지는 거고요. 그러다 보면 끊임없이 열정을 쏟아붓는 인생이 되는 겁니다."

그날 회장님은 정말 많은 경험담을 들려주셨다. 그중에 2개의 이야기가 나에게 큰 여운을 남겼다.

첫 번째 이야기는 동양목재 홍콩지사에서 근무하던 시절 이야기다. 당시 평사원으로 목재 수입 관련 업무를 담당했다. 그런데 회사가 정치권의 눈 밖에 나서 하루아침에 부도가 났다. 끈 떨어진 연처럼 자연히 홍콩지사는 폐쇄되었다. 그런데 그냥 폐쇄하고 귀국하기에는 너무 아까웠다. 그래서 자신이 직접 무역회사를 차리고 홍콩지사를 인수했다. 인생을 바꾸는 담대한 도전을 한 것이다. 그 과정에서 평소 관계를 잘 맺어 두었던 중국인들의 도움을 크게 받았다고 한다. 그래서 회장님은 지금도 "사람이 재산이다. 좋은 인간관계, 탄탄한 인맥만큼 좋은 투자는 없다."라고 말한다.

두 번째 이야기는 앞서 말했던 '딱 10년만 치열하게 살아 봐라'다. 나는 지금껏 얼마나 치열하게 살았는가를 생각해 보았다. 10대부터 40대까지, 어느 나이 대에도 10년간 계속 치열하게 살아 본 기억이 없다. 2~3년 정도는 있었지만 10년간 죽기 아니면 살기로 치열하게 살아 본 적은 없다. 그래서 현재 나의 모습은 내가 살아온 날들의 결과다. 나를 반성하게 하는 이야기였다.

한책협의 김태광 대표 코치 역시 치열한 인생을 살아 낸 이야기로 유명하다. 200권이 넘는 책을 발간하기까지 7년이라는 긴 무명의 시간이 있었다. 7년 동안 치열하게 글을 썼지만 500번 이상 출판을 거절당했다. 그래도 포기하지 않았다. 오직 베스트셀러 작가가 되겠다는 목표에 인생을 걸었다. 그리고 마침내 책이 출간되고 베스트셀러 작가가 되었다. 이후 3년 동안 다시 치열하게 책을 쓰고, 강연과 코칭을 했다. 지금 그는 100억 원대의 자산가로 경제적 자유를 완성했다.

딱 10년이다. 10년만 목숨 걸고 치열하게 살아 낼 수 있다면 성공할 수 있다. 이후의 인생에는 성공한 사람들만이 누리는 자유가 자연스럽게 따라온다. 그래서 나는 버킷리스트에 10년간의 목표를 기록했다. 연도별로 달성할 목표도 구체적으로 정했다. 그리고 눈을 감고 10년 후 모든 것을 이룬 내 모습을 상상했다. 나는 100억 대 자산가가 되어 있다.

10년 후 나는 은퇴를 선언할 것이다. 그리고 2년 동안 세계 곳곳을 여행할 것이다. 치열하게 살아온 나에게 주는 선물이기도 하다.

첫 1년은 크루즈로 세계를 여행할 것이다. 권마담 작가의 《나는 100만 원으로 크루즈 여행 간다》에는 크루즈 여행의 장점과 이용 방법이 자세히 나와 있다. 나는 이 책에서 크루즈 여행에 대한 영감을 얻었다. 그리고 버킷리스트 10년 후 목표에 추가했다. 기항지마다 그 나라 사람들의 살아가는 모습과 문화를 느끼고 싶다. 그리고 크루즈선에서 진행되는 다양한 공연과 이벤트를 통해 사람과 문화에 대한 이해를 넓힐 것이다.

다음 1년은 원하는 곳에서 3개월씩 살아 보는 체험여행을 할 것이다. 제일 먼저 아프리카에서 3개월간 살고 싶다. 원주민들에게 학교를 세워 주고 우물을 만들어 줄 것이다. 그들이 보다 나은 삶을 살 수 있도록 도와주는 것이 목적이다.

다음 3개월은 그리스의 크레타 섬에서 살 것이다. 카잔차키스의 《그리스인 조르바》를 펼쳐 들고 현장 독서를 하고 싶다. 명작의 고향에서 사람들과 어울리며 살아 보고 싶다. 명작이 탄생하게 된 이야기를 듣고 느끼는 것이 목적이다.

이후 3개월은 러시아의 야스나야 폴랴나에서 살 것이다. 톨스토이의 흔적을 따라 《전쟁과 평화》를 읽고 싶다. 사람은 무엇으로 사는지에 대한 천재의 생각을 느끼는 것이 목적이다.

마지막으로 3개월은 중국의 열하에서 살고 싶다. 연암 박지원의 《열하일기》를 따라 여행을 할 것이다. 다른 시간, 같은 장소에서 연암 박지원의 삶을 추적해 보는 것이 목적이다.

2년간의 세계여행으로 나는 더욱 성장해 있을 것이다. 더 많은 경험과 지식을 바탕으로 지혜로운 삶을 살 것이다. 그리고 젊은이들에게 꿈과 희망을 전하는 백만장자 메신저로 살 것이다.

PART 11

매 순간
열정을 가지고
꿈 이루기

- 이정림 -

이정림 상담사, 청소년 멘토, 시인, 자기계발 작가, 동기부여가

부모와 자녀의 소통에 관심을 갖게 되어 공무원 생활을 그만두고 독서와 논술 공부방을 운영했다. 그 과정에서 시인으로 등단하기도 했다. 앞으로 동기부여가라는 가슴 설레게 하는 꿈을 위해 청소년들의 멘토로 상담 활동을 할 예정이다. 현재 한국방송작가협회 교육원을 수료하고 드라마 대본을 집필 중이다. 또한 '10대를 위한 부모의 사춘기 공부'를 주제로 개인저서를 집필 중이다.

심리테라피스트
되기

　'나는 누구인가? 왜 살아야 하고 내가 있는 곳은?' 사람들은 하찮게만 느껴지는 우주 속 먼지와도 같은 존재인데 일상을 살아간다. 견디는 게 사는 것인지 사는 게 견디는 것인지 알 수는 없다. 하지만 한 치 앞도 볼 수 없는 미래에 대해 불안감과 두려움을 안고 살아간다. 알고 싶어 하면 할수록 미궁으로 빠져드는 기분에 대해 삶은 바람처럼 한 점 미풍으로 다가온다. 어떠한 종류의 바람인지 알지 못하고 현재도 알지 못한다.

　20대 중반 결혼이라는 명제 앞에서 나는 처음부터 결혼할 준비, 엄마가 될 준비가 되어 있지 않았었다. 상황에 능동적으로 대처하지 못하고 닥치는 대로 해결하기에 급급했다. 그랬던 나는 출산을 하게 되고 두 아이의 엄마가 되었다. 유년 시절 책을 잘 읽지 않았던 나는 육아 교육서를 먼저 읽기 시작했다. 아이가 아플 경우, 아기의 유아식 만드는 방법 등에 대한 책을 한 권씩 읽기 시작했다. 아이를 훈육할 때도 나만의 감정으로는 아이가 제어되지 않았다.

나는 엄마가 되기 위해서 무엇을 준비해야 할지 고민을 나눌 사람이 없어 도서관에서 책을 파고들게 되었다. 자녀 교육서에서부터 감정 다스리는 방법을 다룬 책,《논어》,《맹자》 등의 고전 그리고 자기계발서까지 닥치는 대로 읽었다. 그러면서 서서히 내가 힐링 되는 느낌이 들었다. 아이를 키우면서 나를 지배했던 우울감과 치밀었던 분노가 하나둘씩 내려지기 시작했다.

마크 맨슨 작가의 《신경 끄기의 기술》에 다음과 같은 구절이 나온다.

"나는 원하는 바를 성취하는 법을 알려 줄 생각이 없다. 대신 포기하고 내려놓는 법에 대해 말할 것이다. 인생의 목록을 만든 다음, 가장 중요한 항목만을 남기고 모두 지워 버리는 방법을 안내할 것이다. 눈을 감고 뒤로 넘어져도 괜찮다는 것을 믿게 해 줄 것이다. 신경을 덜 쓰는 기술을 전할 것이다. 하지 않는 법을 가르쳐 줄 것이다."

알게 모르게 우리는 항상 신경 쓸 무언가를 선택한다. 신경 끄기는 인간의 본성이 아니다. 사실, 인간은 본성상 과도하게 신경을 쓰게 되어 있다. 하지만 나이가 들어 경험이 쌓여 가면서, 이런 것들이 우리 삶에 별다른 영향을 미치지 않는다는 것을 깨닫는다. 예전에 귀담아들었던 조언이 이제는 기억도 나지 않는다. 당신에게 고통을 안겨 줬던 거절이 결국엔 오히려 좋은 결과로 이어진다. 사람들은 내 일거수일투족 따위엔 관심이 없다는 사실을 깨닫고 그것들에 집착하기를 그만둔다.

내가 나를 들여다보니 나는 아이들에게 끝도 없이 집착하고 있었다. 큰아이에게 사춘기가 왔을 때 나는 몹시 아팠다. 어두운 터널을 지나 응급실에 도착하니 의사들이 내 주변에 있었던 것 같다. 형광등 불빛이 나를 에워쌌다. 소독약 냄새와 병원 냄새가 내 코를 스쳤다. 의식이 꺼져 가는 나. 응급실에는 갑자기 정적이 찾아들었다. 중환자실에서는 산 자와 죽은 자가 공존하며 엉켜들고 있었다. 엉켜들은 발자국 소리와 침대를 끄는 소리가 정적을 깼다. 낮도 아니고 밤도 아닌 공간은 내 의식으론 알 수 없었다. 누워 있는 나를 들여다보고 있었다. 날짜도 시간도 깨어 있기 시작한 날 다시 세기 시작했었다. 아무도 나를 기억하지 않았던 날들의 시간을. 몸은 깨어나기 시작하고 심장은 다시 뛰기 시작했다. 원인을 알 수 없는 바이러스 때문에 심장이 나에게 고통을 준 것이었다. 링거 거치대는 병원과 나를 이어 주는 통로였다. 수액이 내 몸에 들어오고 응급실에서는 사람들이 웅성거렸다. 낯선 형광등 불빛은 나를 따뜻하게 감싸 주고 있었다. 모든 게 제자리로 돌아오고 기적이 일어나고 있었다. 뇌리 속에 남아 있던 형광 불빛이 나에게 희망이라는 기적을 가져다준 것일까? 희망은 그렇게 서서히 나를 비추고 있었다. 기다림은 연속성을 가지고 기다림을 더한다. 끊임없이 기다려야 하는 24시간 속에서 그렇게 기다림을 가지고 나는 다시 태어난 것일까?

몸을 회복한 후에 심리적으로 육체적으로 힘들었던 나는 중환자실에서 아이와 진솔한 대화를 나누며 나를 비우는 연습을 시작했다. 그리고 퇴원 후 심리학책을 읽으면서 나를 비우고 내려놓기 시작했다. 하지만 말처럼 생각처럼 쉽지 않았다. 입에 물고 있는 뜨거운 감자처럼 삼키지도 못하고 뱉지도 못했다. 자식에 대해서만큼은 나의 욕심을 놓을 수가 없었던 것이다.

행복도 행운도 가만히 있다고 해서 주어지는 것은 아니다. 내가 끌어당기고 노력해서 얻을 수 있다는 것을 40대가 지나서야 알게 되었다. 살다 보면 사건과 사고는 끊임없이 발생하고 끝없이 계속된다. 지구가 공전하는 것처럼 모든 것은 돌고 돈다. 아침이 오고 저녁이 오는 것처럼 말이다.

나는 '블루시'라는 닉네임으로 네이버 블로그에 글을 올리고 있다. 책을 읽고 나면 서평을 쓰고 나의 글도 올린다. 서평은 책을 대상으로 하는 글쓰기다. 서평만을 전문으로 쓰고 올리는 파워블로거도 있고 유명한 강연가, 작가도 많다.

다른 방법으로는 유튜브로 돈 벌기도 있다. 인기 유튜버들이 방법을 알려 주고 공유하고 있다. 유튜브의 신이라고 자신을 소개하는 대도서관도 예외는 아니다. 덜 알려진 게임들 위주로 스토리텔링을 자유롭게 할 수 있는 오픈 월드 게임을 선정해 소개한다.

토니 험프리스의 《자존감 심리학》을 보면 다음과 같은 구절이 있다.

"고통은 대부분 우리 자신을 가혹하게 대하거나 특정한 감정을 부정할 때 생겨난다. 우리가 이런 감정을 우호적으로 다루고 기쁨과 고통이 발생한 이유와 목적을 수용하는 입장에서 정직하게 행동한다면 성숙한 진보를 이룰 수 있다."

나의 심리에 대해서 정직하게 가족들을 대하지 못했던 것을 후회하고 있다. 참회하는 마음으로 매 순간 정직하게 살아야겠다고 다짐해 본다. 그리고 심리를 들여다보는 심리테라피스트와 파워블로거, 유튜버로서 사람의 속마음을 들여다보는 돋보기가 된다면 삶을 개선할 수 있을 거라는 생각이 든다. 마음의 감기인 우울증에 걸려 많은 사람들이 말을 못하고 고민한다. 극단적으로는 자살을 선택하는 경우도 있다. 유명한 연예인들도 예외는 아니었다. 베르테르 효과가 나타나게 되는 것이다.

나는 심리테라피스트가 되어 우울증을 앓고 있는 사람들을 건강한 사람들로 만들어 주고 싶다. 그들에게 꿈과 희망을 심어 주고 싶다.

베스트셀러 작가 되어
글쓰기 작법 강연하기

예전의 나는 가족도 타인도 흘러가는 대로 바라보지를 못했다. 나는 그대로인 채 주변 환경만이 바뀌기를 원했다. 아무도 나를 규정지은 적 없고 의무감을 주거나 구속한 적도 없다. 어느 길이든 나의 선택으로 나아가는 길이고 만들어 가는 길이었다.

심리학자 마크 엡스타인은 《트라우마 사용 설명서》에서 '순수한 주의집중'이야말로 트라우마를 치유하는 첫 번째 단계임을 강조한다. 어떤 미화도 과장도 없이 추이를 있는 그대로 관찰하기. 이것은 말처럼 쉽지가 않다. 우리는 자기 마음을 판단하고 과장하고 해석하는 데 길들여져 있기 때문에. 그 익숙한 습관을 거부하고 천변만화한 마음의 움직임을 그저 흘러가는 대로 바라보는 훈련이 필요한 것이다.

우리는 매 순간 선택을 해야 하는 상황에 맞닥뜨린다. 지금 일어나야 하는지? 몇 분 후에 일어나야 될까? 그런 상황 속에서 우리는 늘 선택해야 하고 망설임을 갖게 되는 것이다. 나는 앞으로 일어날 일에 대해서 미리 당겨서 걱정하는 버릇이 있었다. 강박증을 가지고 버릇처럼 주머니에 소지하고 다니는 모든 걱정은 다음에 일어날 사건에 대한 새로운 걱정을 만든다. '비가 많이 오면 다리가 무너지지 않을까?', '고층건물의 엘리베이터를 탔다가 멈춰 서면 어쩌지?' 하는 걱정 말이다. 내가 걱정한 걱정할 일은 대부분 일어나지 않는데 나 혼자 걱정을 달고 살았다.

생활과 습관과 규칙을 지켜야 하는 삶 속에서 누가 누구를 이해하고 배려하는 것이 필요한 세상이다. 그런데 나만의 방식으로 살아가려 하기 때문에 힘든 것이다. 추구하는 만큼. 풍경소리의 풍경은 바람이 묻혀 놓은 자리다. 종소리가 말갛게 울려 퍼지는 시간, 스님들이 모여든다. 와우정사 와불도 모두가 편안해지는 오후, 햇살처럼 모여 기도를 올린다. 백팔번뇌가 빠져나간 자리에는 풍경소리만이 들어찬다.

단테의 《신곡》에 나오는 천국 편과 지옥 편 그리고 연옥 편은 생의 지점에서 우리의 생사를 가른다. '나라의 모든 근심과 걱정을 해결해 준다'라는 신라 전설상의 피리, 만파식적처럼 피리를 불어서 모든 걱정과 근심이 해결된다면 얼마나 좋을까. 대나무 피리를 불면 사방신이 등장해 세상의 걱정과 근심을 사라지게 해 준다. 그러면 태평성대일 것이다. 그렇지만 인간의 마음은 근심과 걱정 없이 평화롭기만 하면 꼬리에 꼬리를 물고 의심병이 도지고 강박증이 생겨난다. 그러는 와중에 생각은 생각을 더하고 상상은 날개를 달고 저 멀리 날아가게 된다. 이상한 생각으로 말이다. 빙의된 사람처럼 아무것도 물을 수 없고 물을 수 있다는 사실조차도 망각한 채 살아가게 되는 것이다. 제사의식을 치르는 시간이다. 아무도 알려 주지 않는 방법에 대해서, 스스로 개척해 나가야 하는 사실에 대해서조차도 인지하지 못한 채 습관처럼 옷을 갈아입고 교육받은 기억대로 실행해야 하는 것이다. 알고 있으면서도 보이면서도 얘기하지 못하고 스스로 명복을 빌어 주고 달래 줘야만 한다는 것. 현실 속에서 현실을 직시하고 미래를 암시하거나 얘기하거나 발설하면 안 된다는 사실 때문에 더 고통스러운 것이다. 매일을 참고 기다리는 현실은 하루가 더해져 내일이 되고 하루를 빼서 기다리게 되는 무녀의 삶은 더디게만 흘러갔었다.

계절은 어김없이 흘러 사계절을 반복한다. 봄인가 싶었는데 여름이 오고 여름 한가운데서 장마와 폭염을 맞이한다. 해를 머리에 이고 있는 듯 작열하는 태양 아래 잔디 광장을 걷는 느낌은 스펀지처럼 폭신거린다. 해가 지고 난 후에도 폭신거리는 느낌이 아스팔트 도로와는 다르다. 해마다 나무에는 어김없이 매미가 찾아온다. 매미의 울음이 그치면 여름은 간다. 가을이 오면 추석을 맞이

하고 시원함을 느끼고 나면 겨울이 오는 것이다. 순차적으로 순환하는 날씨와 생각은 늘 같은 아침을 맞이한다. 커피를 마시고 아침을 먹고 점심을 먹고 저녁을 먹고 잠을 자고. 똑같은 일상 속에서 노화는 빨리 진행되고 돈은 더디게 들어오는 것 같았다.

가족과 함께 여행을 갔었다. 경상남도 거제시 남부면 도장포 마을. 남부면 해금강 마을에 가기 전에 도장포 마을이 있다. 좌측으로 내려가면 도장포 유람선 선착장이 있어 외도, 해금강 관광을 할 수 있다. 매표소에서 바라다보이는 언덕이 바람의 언덕이다. 잔디로 이루어진 민둥산이며 바다가 시원스레 바라다보이는 전망이 좋은 곳이다. 거제시 남부면 도장포 마을, 그 마을의 북쪽에 자리 잡은 포근한 언덕! 도장포 마을 바닷가 선착장에서 나무로 만들어진 산책로를 따라 언덕으로 한 걸음 한 걸음 간다. 그러다 보면 바다 너머 노자산을 등지고 자리 잡은, 몽돌해변으로 유명한 학동마을의 전경을 볼 수 있다. 이곳 '바람의 언덕'은 지리적인 영향으로 해풍이 많은 곳이다. 때문에 자생하는 식물들 또한 생태 환경의 영향을 받아 대부분 키가 작은 편이다. '바람의 언덕' 윗자락에는 오랜 세월 해풍을 맞으며 뿌리를 내린, 수령 높은 동백나무 군락이 있다. 주름진 듯 나이를 먹은 동백나무의 상처 난 수피는 세월 그 자체로 남아 있다. 그러곤 세상의 모든 꽃들이 몸을 사리는 한겨울에 당당하게 핏빛 꽃망울을 터뜨려 고단한 생을 위안해 준다.

여행은 영혼을 풍부하게 해 준다. 오감을 만족시키는 힐링 여행이다. 여행이 힐링이 되듯이 나에게는 책 읽기와 책 쓰기가 힐링이 된다. 앞으로의 꿈이 있다면 내가 쓴 책이 베스트셀러가 되어 모든 서점에 등극하고 전 세계에 판권이 수출되어 인세를 받는 게 꿈이다. 사춘기 부모 코칭가로, 또 시를 쓰는 사람들에게 글쓰기 작법을 알려 주는 강연가로 강연을 다니고 싶다. 매 순간 열정을 가지고 시간을 아껴 나는 꿈을 이룰 것이다.

배움과 경험을 공유하는
메신저 되기

커튼을 젖힌다. 해가 서서히 떠오르기 시작한다. 매일의 충만함을 꿈꾸는 시간은 같은 날이 연속되는 지겨운 시간과는 다르다. 붉은 태양은 충만함으로 가득 차오른 시간 앞에서 불타오른다. 매일 견디고 헤쳐 나가야 하는 인생의 몫은 인간 누구에게나 똑같다. 우울한 감정도 기쁜 감정도 모두 나에게는 축복이다.

삶을 위해 필요한 것은 무엇인가. 행복을 위해 필요한 것은 무엇인가. 나이를 더해 간다는 것은 죽음에 조금씩 다가간다는 것이다. 머물러 있는 동안 내가 할 수 있고 내가 남길 수 있는 것은 무엇인지…. 먼지 같고 티끌 같은 세상 속에서 낯선 타인은 아무도 나를 기억하지도 알지도 못한다. 사람들이 만들어 낸 가상의 허구 이야기. 신에 의지하고 자연에 의지하고 싶은 인간의 허상이다.

나는 성남시에 위치한 효사랑 요양원에서 종이접기 봉사를 한 적이 있다. 언니가 종이접기 자격증이 있어서 매주 봉사를 나갔었는데 나도 같이 동행했었다. 치매를 앓고 계신 할머니와 할아버지 대상으로 종이접기를 가르쳐 드리는 프로그램이었다. 고령임에도 손이 떨려도 열심히 하시는 모습이 인상적이었다. 완성된 작품은 면회를 오는 손주들에게 줄 거라고 기뻐하시며 가지고 가셨다. 죽음을 기다리는 것은 아니지만 요양원에서만 만날 수 있는 자식들을 기다리며 선물을 주시겠다고 하시는 모습에 마음이 아팠다. 종이접기를 도와드리면서 말벗도 되어 주고 보람을 느꼈었다.

고속도로를 주행하다 보면 넝쿨이 보인다. 넝쿨은 낮은 포복을 좋아한다. 몸에서는 풀냄새가 난다. 손이 손을 모았다. 담을 향해 줄타기를 시작한다. 간혹, 끊어진 넝쿨의 손이 손을 놓쳐 허공에서 허우적댄다. 오늘처럼 고속도로 담벼락은 길들여진 소음과 속도에 매일 몸뚱이를 내어준다. 넝쿨은 손가락으로 허공을 더듬고 등줄기로 바람을 잡아 어제를 오르고 오늘을 오른다. 소음과 속도를 견디지 못한 아파트는 방음벽으로 옷을 입었다. 넝쿨은 고속도로를 넘어 매일 조금씩 스스로를 키워 간다. 시간을 넘어 소음과 속도를 갈아타며 넝쿨은 사는 것이다. 견디는 사이 오늘을 슬쩍, 넝쿨에게 밀어 넣는다. 손과 손이 모이는 시간이면 한 뼘이 커졌다. 인간의 성장과 비슷한 것 같다.

생은 두루마리 휴지처럼 오늘도 펼쳐진다. 숲으로 난 길을 뛰었다. 엄마와 언니가 서 있는. 칠흑같이 아무것도 보이지 않는 길. 깊고 긴 숲이었다. 누군가 나에게 불을 비추어 주었다. 끝 지점에서 언니와 엄마는 도착했다. 끝없이 등산하던 아차산 길일까? 월악산일까? 산은 어디인지 모르지만 끝없이 깊은 어둠으로 떨어지는 느낌이었다.

그물이 드리워져 스스로를 규정짓는다. 시간의 영속성은 영원히 존재한다. 매일 시간과 분과 초를 계산한다. 시간은 굴레를 갖는다. 보이지 않는 굴레에 우리는 매일을 쫓긴다. 도망만 다니는 우리는 시간에 지배당한다. 계절을 생각하고 가족을 생각했다. 나이에 숫자가 얹힌다.

세상이 더해지고 세월이 포개지고. 그렇게 덧대고 덧대는 것은 구속이야. 재미나게 지켜보고 달려 보고. 재미나다는 의미에 대해 생각해 본다. 애초에 시간은 존재하지 않았는지도 모른다. 현재를 의심하면 현재는 현재가 아니고, 과거를 기억하지 않으면 과거는 과거가 아닌 것처럼, 미래는 아무것도 우리를 규명 짓지 않는다. 미래는 현재가 아니기 때문이다.

우리는 시간을 지배한다. 시간은 우리를 지배한다. 서로 지배당하지 않기 위해 매일을 견디는 것이 사는 것이라고 신에게 기도한다.

엄마를 바라보면서 지워야 하는 기억인데도 시간이 더해지고 세월이 갈수록 더 생각나는 것은 무슨 까닭일까? 과거에 대한, 지나온 시간에 대한 비움이 없이는 새로운 것이 들어갈 자리가 없다. 비우고 버려야 새로운 것이 들어온다는 법칙을 수용하지 않는 엄마였다. 말이 많아지면서 버려야 할 것들을 버리지 못하고 과거를 버리지 못하고 가슴속에 담아 두고 뱉어 내고 중얼거린다. 그렇게 반복하는 가운데 병은 쉽사리 나아지지 않는다. 인간들이 인간을 피곤해하는 이유는 말 때문일 것이다.

아빠에게는 엄마가 두 번째 부인이다. 전처와의 사이에서 낳은 자식들 때문에 우리 집은 돈이 계속 새어 나갔다. 유복하지 못하고 늘 가난해서 우울했던 기억이 가득하다.

아빠는 첫 번째 부인 때문에 가정이 원만하지 못해서 친구들을 만나 술을 많이 드셨다. 몸 관리를 제대로 하지 못하고 한탄을 많이 하시다가 뇌출혈로 돌아가셨다. 돌아가시기 두 달 전에 쓰러지시면서 뇌출혈 후유증으로 한쪽 몸이 마비되고 말씀을 하시지 못하게 되었다. 엄마와 눈이 마주치면 지난날을 후회하듯이 눈물을 계속 흘리고 한숨을 쉬셨다. 그렇게 속상해하시던 모습이 생생하다.

엄마는 부모 복도 없으셨고 남편 복도 없었다는 생각이 든다. 내가 효도하고 행복하게 해 드려야 한다는 생각뿐이다. 내가 행복 메신저가 되어 행복을 심어 드리고 싶다.

데이비드 시버리의 책《걱정 많은 당신이 씩씩하게 사는 법》을 보면 젊었을 때의 나의 모습이 보인다. 나는 주위 사람들에게 변함 없는 우정이나 영구적인 감동 같은, 그들이 줄 수 있는 것 이상을 끝없이 요구했다. 이제 나는 그들이 줄 수 있는 것보다 훨씬 적게 요구할 수 있다. 가령 아무 말 없이 같이 있어 주는 것만으로도 그들의 감동, 사랑을 온몸으로 느끼는 것이다. 알베르 카뮈의 말처럼.

죽을 때까지 배워야 하는 것이 인생이라고 생각한다. 배움에 마침표를 찍는 순간이 이생과 이별하는 순간일 것이다. 그렇게 우리에게 배움과 경험은 유한한 것이다. 버스나 기차를 타면 우리에게는 종착역이 있다. 하지만 탄생의 순간 소풍길을 떠나면 종착역이 없다. 인생여행이 되는 것이다. 돌아올 수 없는 길이 되는 것이다. 때문에 나는 배움과 경험을 공유하는 메신저가 되어 인생을 우울하지 않게 긍정적으로 살고 싶다.

가족과 함께
전 세계 여행하기

그리스 신화에는 운명의 세 여신이 등장한다. 클로토는 양모를 물레에 얹으면서 생명을 결정한다. 라케시스는 클로토가 얹은 실을 자르며 운명을 결정한다. 아트로포스는 실을 끊으면서 죽음을 결정한다.

아버지가 갑작스럽게 뇌출혈로 쓰러지셨다. 수술을 받았지만 두 달 정도 후에 돌아가셨다. 아버지의 죽음을 예상하지 못했던 우리 가족은 슬픔에서 헤어나지 못했다. 전처한테서 난 오빠들의 존재도 처음 알았다. 난 충격을 이기지 못하고 눈이 퉁퉁 부은 채 울음으로 초상을 치렀다. 그런데 눈물의 축축함이 가시지도 않은 자리는 온데간데없이 사라지게 되었다. 나는 아무렇지도 않게 일상으로 돌아오게 되었다. 아버지의 온기도 사라져 아버지는 꿈속에서도 말씀이 없으셨다. 이승에서 할 말을 다 못 하고 떠나셨기 때문일까?

영국의 사학자 토머스 칼라일은 "세상에 주어진 가장 최근의 복음은, 너 자신의 일을 제대로 알고 직접 실행하면 반드시 행복이 찾아온다는 것이다."라고 했다. 자신이 해야 할 일을 분명히 알고, 거기서 뚜렷한 목표를 창출하며 살아가는 사람이 되라는 뜻이리라.

자식은 키우면 키울수록 거대한 블랙홀 같았다. 책은 읽으면 읽을수록 새로운 세상으로 나아가는 길이 보였다. 결혼하고 두 아이의 엄마가 되어 딸을 다시 마주 보게 되었다. 아이를 사랑하고 건강하게 자라게만 하면 되는 줄 알았던 지난날. 교육 방법을 모르는 상태에서 육아와 일을 병행하던 시절이었다. 아기 때 나만 바라보고 나의 말을 잘 들었던 딸아이가 자아가 생기고 사춘기가 오면서 나와 사사건건 충돌하기 시작했다.

학부모가 되어 교육에 관심을 가졌지만 어렵다고 느끼던 때였다. 그때 딸이 재학 중이던 중학교 학부모 독서회에 가입하게 되었다. 필독해야 하는 《지랄총량의 법칙》이라는 책을 구입해서 읽게 되었다. 지랄총량의 법칙을 검색해 보니 '지랄은 마구 법석을 떨며 분별없이 하는 행동을 속되게 이르는 말로, 지랄총량의 법칙은 사람이 살면서 평생 해야 할 '지랄'의 총량이 정해져 있다는 의미다'라고 되어 있었다. 김두식의 책 《불편해도 괜찮아》에도 이와 관련해 나오는 장면이 있다.

저자 김두식은 자신의 딸이 중학교 1학년이 되더니 "엄마 아빠

같은 지질이로는 살지 않겠다."라고 선언했다고 한다. 그러곤 사사 건건 충돌을 일으켰다. 그러자 김두식은 '시민들을 위한 싱크탱크' 희망제작소의 유시주에게 고민을 털어놓았다. 그리고 이런 대답을 들었다고 말한다. "모든 인간에게는 평생 쓰고 죽어야 하는 '지랄'의 총량이 정해져 있다. 어떤 사람은 그 지랄을 사춘기에 다 떨고, 어떤 사람은 나중에 늦바람이 나기도 한다. 하지만 어쨌거나 죽기 전까진 반드시 그 양을 다 쓰게 되어 있다."라는. 딸과 나의 본격적인 지랄총량의 법칙이 시작된 것일까?

지랄총량의 법칙을 책을 통해 알게 되었던 시절, 책을 만나기 이전에는 사람들과의 만남을 좋아했었다. 다른 학부모들의 시선을 신경 쓰고 사소한 감정에 치여 지쳐 가는 시기였다. 그럴 때 나를 성찰하지 못하고 나는 자식과 충돌하며 자식에게 집착하는 일과를 반복하고 있었다. 내 마음대로 되지 않는 아이의 공부와 장래는 속상함으로 몸 전체에 배어들고 있었다. 남편과의 관계도 소원해지고 나는 마음속으로 방황하고 있었다.

남편과의 사이가 소원해지니 아이들에게 더 집착하게 되었다. 아이들의 사소한 습관이나 말투 그리고 시험 성적을 가지고도 무섭게 야단쳤다. 화가 들어찬 나의 모습을 보게 되었다. 과도한 집착이 빚어낸 나의 모습은 괴물이었다.

인생여행은 마라톤을 하는 것처럼 출발지점과 도착지점이 다르다. 출발했던 곳으로 다시 돌아올 수 없는 것이다. 불안과 두려움을 품고 준비하지 않은 죽음보다 준비하고 맞이하는 죽음은 어떤 것일까? 나무도 흙에 씨를 뿌리면 뿌리를 내린다. 그리고 싹을 틔우고 줄기를 뻗어 올린다. 그러고 나서 열매를 맺고 꽃을 피운다. 그 후 꽃을 떨어뜨려 흙에 다시 스며들고 흙으로 돌아간다.

딸아이에게 공부라는, 내가 이루지 못한 나의 꿈을 강요했던 나. 아이에 관련된 교육서가 책 읽기의 입문이었다. 책을 들여다보고 책 속에 나오는 책으로 가지를 치며 본격적으로 읽게 되었다. 딸아이가 자존감이 생기면서 착하게 내 말을 듣던 딸이 아닌, 하나의 인격체로 성장하고 있다는 것을 알게 되었다. 책을 읽으면서 깨우침을 얻은 순간이었다.

《데미안》은 주인공 싱클레어가 열 살 때부터 청년이 되기까지의 내면의 성장 과정을 그린 소설이다. 그것처럼 딸도 성장통을 겪으며 성장하고 있었던 것이다. 엄마라는 거대한 알껍데기를 부수고 나오려고 하는 중이었던 것이다. 나는 엄마의 자리에서 딸이 거대한 알껍데기를 부수지 못하게 하고 가둬 두려고 했었던 것이다.

사람의 인생은 누구나 할 것 없이 365일 마라톤 구간을 뛰어 달려가는 것처럼 매일 달려가고 있다. 그런 것처럼 이제는 딸과 나와의 관계가 책을 통해 좋게 회복되었다. 서로 책을 얘기하며 인생을 논하고 미래를 설계 중이다. 작년에는 고3을 보내고 있는 딸이 방탄소년단을 좋아한다고 했다. 방탄소년단 덕분에 미래를 찾을 수 있을 것 같다고 했다. 올해에는 서울 안에 있는 대학교에 우수한 성적으로 입학했다. 딸은 앞으로 펼쳐질 대학교 생활과 공부, 미래에 대한 불안감과 두려움을 이야기했다. 그리고 예전의 감옥 같던 중·고등학교 교실을 이야기했다.

새벽이면 남편의 코고는 소리, 깨어나지 않은 식구들을 뒤로한 채 가볍게 산책을 한다. 산책 후에 집으로 돌아와 커피머신의 전원을 누르고 생원두를 커피 분쇄기에 간다. 원두는 분쇄되면서 알갱이 부서지는 소리와 커피 향을 진하게 뿜어낸다. 클래식 FM을 틀고 아침을 준비한다. 반복되는 일상 속에서 느끼는 소중한 행복들이다.

나는 '엄마가 해 줄 수 있는 것은 없어. 우리 딸이 커 가는 걸 지켜보고 응원해 주는 것밖에. 하지만 같이 성장통을 겪으며 엄마 자리에 있도록 노력할게'라는 열린 마음으로 딸에게 허심탄회하게 말을 걸기 시작했다.

우리는 버킷리스트 중 하나인 가족과의 산티아고 순례길을 시작으로 전 세계를 여행할 계획을 가지고 있다. 꿈을 현실로 받아들이며 생생하게 가슴에 품고 나아가려 한다.

1조 원
자산가 되기

　다시 태어날 시간이다. 나만 아는 나, 남이 아는 나, 내가 모르는 나, 남이 모르는 내가 있다. 내가 누군지 문득 궁금하다. 하지만 시간의 영속성 앞에서 시간에 먹혀 가는 것인지 내가 시간을 먹는 것인지…. 하지만 사람이라면 누구나 시간을 먹는다. 그렇다면 시간을 논할 자 누구일까? 시간을 정하지 않았다면, 시간은 존재하지 않을 것이다.

　아직은 미지의 영역이다. 누군가 내 안에 들어 있다는 생각에서 벗어날 수 없다는 사실만 자각할 뿐이다. 어둠이 꽃처럼 흐드러지게 퍼져 가는 시간, 우리의 동공은 확장된다. 탄생에 대해 죽음에 대해 누군가는 고민을 열어 놓는다. 그리고 열려 있는 틈새로 또 하나의 세계가 펼쳐진다. 반복되는 일상이지만 우리가 알 수 있는 것은, 우리가 해야 하는 것은 무엇일지…. 달 밝은 밤 그를 들여다본다. 배꽃이 눈처럼 피어나고 꿈에서 깨어난다.

미완성의 베토벤을 꿈꾼다. 남루한 일상들. 안개가 내려앉은 순천의 교회 첨탑에 고단함이 걸려 있다. 슬금슬금 어둠에 젖는 기찻길 위로 비는 종일 추적거린다. 두 갈래의 막다른 길에 몰려 있었다. 등줄기에서는 식은땀이 흘러내렸다. 더 나아갈 수도 뒤로 물러설 수도 없었다.

산에 숨어 있는 명왕성과 목성이 내려앉았다. 별이 뿌려 놓은 자리로 어둠은 빛이 가득하다. 세상을 집어삼킨 어둠의 상심. 버스의 굉음. 칠흑 같은 밤 고속도로의 숨소리. 갸르릉거리는 창문의 여운과 어둠의 부음. 이제야 사는 걸 안다. 가르마 탄 산길. 등걸 솟아난 상처받은 흙. 모진 풍파에 밤새 시달렸다.

나무의 마른 몸이 버석거린다. 소나무는 여전히 푸르다. 빈 둥지가 나무 위에 열매처럼 열려 있다. 새 생명이 잉태되고 있을 것이다. 빛의 터널을 열고 나아간다. 거대한 갈대밭 산속 분화구 듬성듬성. 숫총각의 수염처럼 드문드문 나 있는 갈대 머릿결 사이로 철새가 군무를 추고 있다. 물길 따라 난 순천만 갈대의 끝은 바다가 무리 지어 있는 갈대의 군상이다. 철새의 도래지 전망대 발아래 갈대의 병풍이 흩날리고 겨울비 망원경 너머 배 한 척이 일몰 아래 비 맞고 서 있다. 그곳의 흑두루미, 왜가리는 하늘에서 내려다본 갈대의 장관이다.

순천만 자연생태공원 강물이 갈대를 품고 있다. 순천만 하늘. 지상의 낙원. 마지막 생태보고. 왜가리 한 쌍이 유유히 짝짓는다. 순천만 너머 신선이 머무르는 곳 울음소리 처연하다. 갈대의 정원, 철새의 숲, 바다가 몰고 오는 안개의 정원, 일몰의 낙조, 잿빛의 하늘이 순천만을 품고 있다. 숫총각 수염 같은 낮은 갈대 너머 사이로 물보라가 가득하다.

마른 갈대의 냄새가 나는 갈대 숲 사이를 헤치고 나아간다. 갈대 숲 사이 펼쳐진 오솔길에 누워 있는 머리도 오늘은 촉촉하다. 용산전망대 앞에 펼쳐져 있는 순천만의 갈대밭 바람과 비와 갈대가 몰고 오는 1월의 냄새. 어머니의 품이다. 자연의 소리가 열려 있다. 도둑게, 짱뚱어와 갯벌의 군락지 철새가 무리 지어 인간을 이야기한다. 순천만의 자연생태공원은 천혜, 신의 선물이다.

신의 머리가 풀어헤쳐진 듯 숲이 무성하다. 가을이 남기고 간 흔적, 갈대 타는 냄새가 난다. 나는 애가 탄다. 비에 젖어드는 갈대. 숲은 온몸으로 비를 받아들이며 머리를 숙이고 있다.

속살을 드러낸 갯벌 속이 환하게 눈이 부시다. 순천만 강물 사이로 오리가 촘촘히 머리를 박고 있다. 하얗게 피어나는 물안개, 하늘이 내린 정원 달 그리고 별 바다와 갯벌이 만나는 순천만의 노을은 갯벌과 대나무 배를 타고 나아간다. 나의 위대한 비행이 시작된다. 숨 가쁜 해오라기가 보이고, 갈매기의 사냥의 시위가 당겨지고, 황로 입에서 입으로 먹이를 위한 생존 시작된다. 갈대밭 너머의 타

들어가는 노을 힘차게 갯벌을 나아간다. 모든 것이 시의 운율 같다. 대자연의 섭리다. 흑두루미는 군무를 추고 있다. 비바람이 몰고 오는 갈대의 울음은 구슬프다.

밤새 추위에 떨던 하늘의 별은 강에 촘촘히 박혀 있다. 서로의 체온에 기대어 얼어붙은 손 녹이고 안개가 부리에 자욱하다. 등 뒤에 서렸던 해를 구름이 조금씩 집어삼킨다.

세상을 잊기 위해 홀로 존재한다. 황혼의 세상 아래로 내려간다. 빈자리에 반짝이는 오리의 흔적. 나무들 위에 안개와 구름이 있다. 물가에서 속삭이던 말들. 바람의 신이 몰고 오는 기억 저편에 내가 있다. 태양의 열기에 부리가 단단해진다. 강물 밑의 여물지 않은 감정을 오늘은 끝내지 못했다. 오늘도 피어나기 위해 자맥질로 걸어 들어간다. 사람의 인생은 매 순간 선택을 해야 한다.

나는 매일 꿈을 꾼다. 나는 어디서 왔을까. 세상은 끊임없이 돌고 돈다. 없어도. 아무렇지도 않게. 먼지와 같은 존재다. 어제와는 다른 오늘을 꿈꾸기 위해 어제를 지우고 그제를 지운다.

데이비드 시버리의 《걱정 많은 당신이 씩씩하게 사는 법》에는 '아무 때나 이유 없이 밀려드는 불안이나 긴장감을 떨쳐 내려면 어떻게 해야 할까?'라는 이야기가 나온다. 심리학에서는 자기 삶에서 뭐가 제일 중요한지 우선순위를 정하는 일이 중요하다고 말한다. 그래야 살면서 부딪히게 되는 문제들에 지혜롭게 대응할 수 있다는 것이다.

식물학자들은 모든 씨앗은 발아하기 전에 성장의 방향을 세심하게 구상한다고 말한다. 씨앗에는 성장의 전체 계획을 담은 설계도가 담겨 있다는 것이다. 씨앗은 그 설계도대로 한 치의 오차도 없이 성장해 뿌리와 줄기를 이루고, 열매를 맺는 일생을 살게 된다. 아주 작은 씨앗에도 이렇게 미래 설계도가 담겨 있는데, 만물의 영장이라는 우리는 이런 과정을 대수롭지 않게 여기며 산다. 때문에 난관이 닥치면 금세 휘청거리고 원하지 않는 방향으로 추락하고 만다.

어둠이 내려앉은 성남시 중앙도서관에서 책을 읽고 나오는 길이면 불빛이 환하다. 스스로를 빛낼 희망을 하나씩 품고 매일 도서관을 밝히는 사람들. 희망이라는 빛과 책과 함께하며 매일 하늘로 날아오를 날을 꿈꾸는 반디를 닮은 사람들이 도서관에 모인 것 같다. 자기계발서는 나에게 이렇게 말을 건다. "타인은 변하지 않는다. 타인을 변화시키려고 하지 마라"라고.

책을 읽기 전 나는 수중에서 귀를 막은 채 허우적거리고 있었다. 책을 읽으며 점점 세상이라는 수면 위로 올라올 수 있게 되었다. 꾸준히 책을 읽고 독서서평을 노트에 쓰다가 아이들에게 보여주고 싶어 블로그에 글을 올렸다. 글을 쓰다 보니 시를 쓰게 되었는데 백일장에 참가해 상을 받았다. 그렇게 등단해 나를 찾게 되었다. 나를 찾고 책을 읽다 보니 산다는 것의 일출과 일몰 사이, 일과 휴식 사이, 빛과 어둠 사이, 우울과 긍정 사이, 삶과 죽음 사이, 인연과 악연 사이, 우연과 필연 사이, 영혼과 육신 사이, 가난과 부자 사이를 고민하지 않게 되었다.

매일 성장하는 삶을 살려면 누구나 성장통을 겪을 것이다. 귀 기울여 보면 어느 집에나 사연이 있는 것처럼. 나는 오늘도 내일도 책을 읽을 것이다. 거슬러 올라 봐야 하고 뒤돌아봐야 하는 것처럼 고민과 생각 사이 나는 매일 성장하고 있다. 아이들을 보면서 아이들과 같이 성장통을 겪고 있다.

도서관 풍경은 매일 바뀐다. 움직이고 이동하는 풍경은 벚꽃이 되어 날리다가 흩어진다. 녹음이 짙은 여름을 만들어 낸다. 그러다 보면 낙엽이 떨어지는 가을이 오고 눈이 내리는 겨울이 어김없이 찾아온다. 이동하는 풍경은 사계절을 만들어 낸다. 똑같은 사람이 들어 있지 않다. 차도에 도열해 있는 차들도 트럭이었다가 경찰차였다가 오토바이가 서 있기도 했다. 같은 적이 없다는 것은 지루하지 않아서 좋다. 풍경은 내가 보는 각도로 움직이니까 좋다.

책도 매일 같은 적이 없다. 책의 낱장은 새로운 질감과 향기로 나를 설레게 한다. 누구에게 나쁜 소문이 날 염려도 없고 일관된 침묵으로 마주하는 책은 위안을 준다.

땅 위에 내려앉은 민들레는 말없이 봄 한철을 피워 올린다. 벚

꽃은 봄을 떨어뜨린다. 도서관에 오는 사람들도 매일 다르다. 이동하는 사람들과 바뀌는 사람들은 의도한 대로 움직인다. 풍경이 움직여 지루하지 않다.

일상의 기분은 매일 바뀐다. 시간도 매일 흐르고 날짜도 매일 바뀐다. 날짜가 같은 적은 없다. 숫자가 더해지고 참새 소리가 들려오고 비행기는 비행 중이고 풍경은 매일 바뀌어 좋다. 책을 읽는 동안에는 두려움과 불안감과 걱정 같은 감정에 휩쓸리지 않는다. 마음이 편안해지는 것을 느낀다. 책은 내가 가지 못한 미지의 세계에도 데려다준다. 자투리 시간을 쪼개어 약속 시간보다 이르게 가서 누군가를 기다리는 동안에도.

봄 향기에 버무려진 벚나무 아래 수북이 쌓인 잎들에 켜켜이 향기가 스며든다. 사람들은 근심을 잠깐 흘려보낸다. 근심도 고민도 스스로 만들어 내는 것. 욕심부리지 않고 마음을 비운다는 것. 마음 챙김으로 가는 길도 책 속에 답이 있다. 나이가 더해지면서 읽어 가는 책의 양도 많아진다. 나의 생각도, 삶도 단단해지고 회복 탄력성이 생기는 것 같다. 나를 들여다보는 시간들은 책을 통해서 이루어진다. 세상으로 나아가는 통로처럼. 나는 매일 성장통을 앓고 있다.

현명한 책 읽기와 책 쓰기를 통해 결론의 관점에서 생각한 후에 나는 자산 1조 원의 성공을 향해 달릴 것이다.

PART ·12·

선한 영향력으로
베푸는 사회
만들기

- 김상수 -

김상수 역사 교사, 자기계발 작가, 동기부여가

대전에 위치한 중학교에서 역사 교사로 재직 중이다. 현재 꿈과 희망을 실현시켜 주는 동기부여 강사와 사회적 가치와 성장의 삶을 살아가도록 도와주는 자기계발 작가의 꿈을 위해 노력하고 있다.

베스트셀러 작가로서
최고의 동기부여 강사 되기

　나는 교사다. 교사로서 생활한 지는 10여 년이 되었다. 나는 아이들에게 역사를 가르치고 있다. 내가 처음 교사를 꿈꾼 것은 고등학교 시절이었다. 하지만 교사라는 한 길로 원활하게 걸어온 것은 아니었다. 나는 여러 길을 돌고 돌아서 교사가 되었다.

　나의 20대에는 교사가 되겠다는 꿈이 있었다. 그런데 30대에 교사가 되고 난 이후 어느 순간부터 내가 소망하고 그렸던 꿈과 희망들이 잊혀 가고 있었다. 교사를 목표로 삼아 인생길을 걸어왔다. 그렇게 교사가 되었다. 하지만 내 안에 가득했던 또 다른 꿈과 희망들은 점점 거품처럼 사라진 것이다. 내 마음과 현실은 불편해졌다. 일상생활에서는 불만이 쌓여 가고 있는 것 같았다. 너무 현실에 안주하며 살아왔다는 것을 반성하는 순간이었다.

　나는 시골의 초등학교를 나왔다. 자연 속에서 친구들과 놀던 그 시기의 기억들이 많이 떠오른다. 특별한 재주나 소질이 있는 건 아니었다. 하지만 글쓰기에 재미를 느끼면서 학교에서 발간하는 문집에 글을 써 보기도 했다. 아마도 나의 외모와 관련된 글이었던 것 같다.

중학교도 역시 같은 지역의 중학교에 입학했다. 중학교 2학년 때 담임 선생님께서 국어 선생님이셨다. 난 그분의 도움을 많이 받게 되었다. 교내에서 글짓기 대회가 있을 때면 참가했다. 교외 대회에 내가 쓴 글을 보내기도 했다. 아마도 그때부터 소설가나 작가가 되고 싶다는 소망을 가졌던 것이 아닌가 생각한다.

물론 글을 특별히 잘 쓰지는 못했다. 집안 형편이 넉넉하지는 않아 집에는 책이 거의 없다시피 했다. 소설책이나 고전과 같은 책은 전혀 없었다. 지역에 하나뿐인 공공도서관에서 그나마 책을 접하게 되었다. 그때 함께 지냈던 친구들이 기억난다. 그 친구들과 도서관에 모여서 시험공부도 하고 책도 읽으면서 즐겁게 놀았던 기억들 말이다.

중학교 이후 나의 진로에 대한 고민과 방황을 여러 차례 했다. 그러다 20대 중반이 되어서야 본격적으로 교사의 꿈을 가지고 공부했다. 이때는 정말 아무것도 가진 게 없었지만 꿈이 있어서 행복했다. 그냥 꿈만 생각하고 그것만 바라보고 있어도 행복하다고 느낀 것 같다. 하지만 교사가 되겠다는 꿈은 쉽게 이루어지지 않았다. 대학을 졸업하는 해에 본 임용고시에서 떨어지고 다음 해의 시험에서도 떨어졌다. 그렇게 총 세 번의 시험에서 떨어졌다.

그러다 보니 어느덧 나이가 서른 살이 되어 있었다. 마음에 불안감이 몰려왔다. 내 나이가 서른 살인데 정말 이것을 계속해야 하나? 아니면 다른 진로를 선택해야 하나? 고민에 고민을 반복했다. 물론 시험을 준비하는 과정에서 교사로서의 연을 놓지 않기 위해 기간제 교사 생활도 했다. 서울의 노량진에서 이른바 고시생 생활을 1년 동안 해 보기도 했다.

하지만 길은 보이지 않았다. 내 앞에 벽이 쌓여 있는 그런 느낌이었다. 혹은 어두운 긴 터널 속에서 길을 잃은 채 멈추어 서 있는 것 같았다. 하지만 마지막이라고 생각하며 내 꿈을 믿고 도전해 보기로 했다. 그해에 본 시험이 네 번째였다. 결국 나는 시험에 합격했다. 교사라는 꿈을 이룬 것이다. 포기할 수도 있었지만 꿈을 붙잡고 놓지 않았기 때문에 이루어진 현실이었던 것이다.

그렇게 교사의 길에 들어서게 되었다. 이제는 10여 년간 학교에서 아이들과 함께 지내고 있다. 그런데 어느 순간부터 나 자신에 대해서, 아니, 내 꿈에 대해서 다시 생각하고 질문해 보게 되었다. '내가 가진 꿈과 소망은 무엇이었을까?', '나의 인생은 행복한가?', '나는 지금 가슴 벅찬 삶을 살고 있는가?' 등 문득 현실 속에서 나는 그다지 행복하지 않다는 느낌이 들었다. 아무것도 가진 것 없이 그저 꿈만 있던 대학 시절과 임용고시를 준비하던 그 시절의 행복감과 기쁨은 지금 나에게 전혀 없었다. 그것은 내가 20대 가졌던 다른 꿈들과 소망을 잊어버리고 현실 속에서 그냥 안주하며 살아가고 있기 때문이었다. 교사가 아니더라도 내가 가졌던 또 다른 꿈과 소망들. 그것들을 놓아 버리고 지금까지 살아온 것이라 생각된다.

나에게는 또 다른 꿈과 소망들이 있었다. 나는 그것들을 잊어버렸다. 그러면서 나는 나 스스로에 대한 사랑이 부족하다는 것을 발견하게 되었다. 결국은 현실이라는 공간 안에서 내가 나를 온전히 사랑하지 않았기 때문에 지난 순간의 나의 꿈과 소망을 잊어버린 것이다. 나는 온전한 나의 삶을 만들지 못했다고 생각했다.

내가 30대의 시간을 잊어버렸다고 표현한 것은 내 마음속에 간직해 둔 꿈과 소망을 방치하고 있었기 때문이라고 생각한다. 지금 나에게는 간절히 바랐던 나의 꿈을 이루려 도전하지 못한 데 대해 많은 미련이 남아 있다.

현재 우리가 살고 있는 이 사회는 많은 변화를 겪고 있다. 각종 매체를 통해서 쏟아지는 많은 정보들과 4차 산업 혁명이란 시대의 변화 속에서 살고 있다. 직장인들은 자기계발에 몰두하고 있다. 취업준비생들은 각종 스펙과 경험을 쌓는 데 몰두하고 있다. 중·고등학생들도 역시 입시와 미래의 진로를 위해서 경쟁하고 있다. 이런 사회적인 분위기에 매몰되다 보면 자신이 가고자 하는 방향을 잃고 방황하는 시기가 오게 된다. 그 순간에는 자신의 꿈과 소망을 다시 한 번 생각해야 한다. 왜냐하면 그것이 바로 자신의 인생의 방향을 알려 주는 정확한 나침반이 되어 줄 수 있기 때문이다.

인생을 살아가다 보면 여러 차례의 고난과 어려움이 찾아온다. 그때 그 어려움을 이겨 낼 수 있는 힘을 주는 것이 바로 꿈과 희망이라고 생각한다. 책을 쓰는 작가가 되는 것이 어린 시절의 나의 꿈이었다. 현재도 그 꿈을 이루기 위해 노력하고 있다. 그리고 학생들과 생활하며 자신의 진로를 찾지 못하고 방황하는 아이들을 많이 보아 왔다. 학생들뿐만 아니라 사회에 진출한 직장인들도 역시 자신의 직업에 대한 확신이나 성공을 보장받지 못하는 것이 현실이다. 그래서 나에겐 인생의 성공과 성장에 관련된 부분을 연구하고 사람들에게 보다 더 많은 행복을 가져다주는 길을 알려 주고 싶은 마음이 언제나 자리 잡고 있다.

최근에는 인생의 성공과 성장에 관련된 책을 주로 읽게 된다. 브라이언 트레이시의 《백만불짜리 습관》이나 나폴레온 힐의 《놓치고 싶지 않은 나의 꿈 나의 인생》 그리고 존 맥스웰의 《사람은 무엇으로 성장하는가》를 읽으면서 나름대로 나의 삶을 반성하게 된다. 책을 읽는 것이 인생의 성장에 많은 도움이 되는 것 같다.

방황하는 청춘들이 지금 이 시대에 많다는 것은 그만큼 우리의 사회적인 현실이 어려워졌다는 뜻이다. 나는 그들의 성장을 위해서 내가 할 수 있는 일을 하고 싶다. 그들에게 해 주고 싶은 말은 자신의 꿈을 믿고 그것을 끝까지 인생의 법칙처럼 간직하라는 것이다. 또한 자신을 성공하고 성장할 수 있게 해 주는 자신만의 멘토를 꼭 찾으라는 것이다. 그렇게 그들이 들려주는 이야기에 귀 기울이며 삶을 살아간다면 행복한 성장의 길을 갈 수 있다고 생각한다.

학교 현장에서는 학생들에게 꿈과 희망을 전해 줄 수 있는 기회가 많지 않다. 항상 학생들과 함께 생활하는 것은 맞다. 하지만 대부분 교과 내용을 전해 줄 뿐이다. 또한 시험이라는 과정도 있다. 때문에 학생들이 자신의 꿈과 미래를 위해서 고민해 볼 시간이 정규 교육 과정에는 자연스럽게 녹아들지 않고 있다. 아마 학생들뿐만 아니라 사회에 진출한 직장인들도 자신의 꿈과 소망을 잃어버리고 살아가고 있지는 않을까. 다시 한 번 자신의 모습을 생각해 보아야 하지 않을까 생각한다.

마지막으로 내가 생각하는 나의 마음 알기에 대해 말하고 싶다.

지금의 현실 속에서 살아가는 우리들은 마음이 너무 아픈 것 같다. 누군가의 말에 상처를 받거나, 자신이 속한 관계 속에서 누군가와 이별하면서 아픔을 겪게 된다. 또는 직장인으로서 스트레스를 받아 아파한다. 학생이라면 공부나 입시 문제로 마음이 너무 아픈 경우가 많다.

그럴 때는 어떻게 해야 할까? 누군가는 그런 것들을 스스로 다이겨 내야 한다고 할 것이다. 지금까지 인생을 살면서 많은 어려움과 시련을 겪어 보았다. 그럴 때 다른 사람들의 위로와 격려의 말들은 힘이 된다. 하지만 그 시기에 자신이 받아들여야 하는 어려움은 쉽게 표현하기 어려울 정도로 힘들다. 한마디로 쉽게 위로가 되지 않는다는 것이다.

내가 어려움을 겪을 때 쉽게 위로가 되지 않았던 것은 바로 내가 내 마음에 대해서 잘 모르고 있었기 때문이었다. 나에게 고통과 시련이 왔다. 그것에 대해 내 이성은 '그래, 넌 아마 잘해내고 이겨낼 거야' 이렇게 받아들이고 있었다. 하지만 막상 현실적인 어려움이 마음을 짓누르면 나의 무의식적인 자아를 만나게 된다. 이럴 때 이렇게 이야기하게 된다. "왜 나만 이런 어려운 상황에 빠진 거지?", "왜 나만 세상에서 제일 불행한 거야?", "왜 나에게만 이런 일이 계속 일어나서 나를 힘들게 하는 거야?" 부정적이고 파괴적인 생각들이 무의식적 자아와 대화를 하는 것이다.

이런 경험들은 아마도 누구든지 했을 것이라 생각한다. 내 경험으로는 내 마음을 모르고, 즉 나의 무의식적 자아의 상태를 모르고 행동한 것이다. 이성적 자아로 그 어려움을 극복하겠다며 어려움을 감추려 한 것이다.

지금 현실이 혹은 자신의 생활이 힘들고 어렵게 느껴질 수 있다. 그러면 자신의 무의식적 자아를 위로하고 격려해야 한다. 힘들면 힘들다고 이야기하고 아프면 아프다고 이야기해야 한다. 그래서 이성적 자아와 그것을 동일시할 수 있도록 해 주는 과정이 필요하다고 생각한다.

모두들 가슴속에 커다란 돌을 안고 사는 것이 인생이라고 생각한다. 아마도 그 돌이 없는 사람은 없다고 생각한다. 왜냐하면 인간이기 때문이다. 그 돌이 짓누르는 아픔을 표현하지 못한다면 더 큰 인생의 아픔이 느껴지게 마련이다. 자신의 내면의 자아와 대립하지 말고 서로 알아주고 도움을 주고 위로하며 생활해 보면 좋을 것 같다.

당신 내면의 자아의 목소리에 항상 귀 기울이면서 인생의 어려움을 잘 극복한다면 그리고 하루하루 행복하게 살아간다면 그것 자체가 축복이며 사랑이 가득한 삶이 될 것이라 생각한다. 모두들 행복하고 사랑이 충만한 그런 삶을 바라고 있다고 믿는다. 그리고 그렇게 할 수 있는 것은 바로 당신의 마음이 당신이 바라는, 최고로 행복한 상태이기 때문이다.

사회적 가치를 실현하는
경제적 자유인 되기

　당신은 당신 삶의 주인으로 살아가고 있는가? 인생을 살다 보면 많은 어려움과 시련을 겪게 된다. 그런데 그중에서도 사람들에게 중요하게 작용되는 부분이 바로 돈이 아닐까 한다.

　자본주의 사회에서 살고 있는 우리에게 돈이란 무엇이며, 경제적 자유란 무엇일까? 아마도 지금까지 살아오면서 이 화두에 대해 나름 질문했을 것이다. 그리고 그것에 대해 답도 해 보았을 것이다.

　나도 지금까지 살아오면서 돈을 많이 벌었으면 좋겠다고 생각했다. 그렇게 부자가 되어서 경제적 자유를 누리고 싶었다. 하지만 무엇 때문에 부자가 되고 싶은지, 부자가 된 이후에는 어떤 모습으로 삶을 살아가야 할지에 대해서는 제대로 된 고민을 해 본 적이 없는 것 같다.

　경제적 자유인이 되는 것이 왜 이 시대를 살아가는 사람들의 꿈이 되었을까? 각종 부동산 투자와 재테크 관련 주제들이 직장인들을 비롯한 여러 사람들에게 당면한 과제로 인식되는 것이 현실이다. 그것은 우리가 자본주의 사회라는 큰 틀 안에서 존재하고 있기 때문이다. 그만큼 자본주의 사회에서는 돈과 경제가 중요한 의미를 갖는다. 돈이 없거나 경제적으로 어려움이 찾아오면 삶이 그만큼 고통스럽다는 것을 모두가 알기 때문일 것이다.

삶을 살아가면서 경제적인 어려움이 닥치면 자신이 원하는 것을 포기해야 하는 순간이 찾아오게 된다. 즉, 자신을 위해서 혹은 자신과 관계된 부분에서 더 폭넓은 선택을 할 수 없게 되는 것이다. 인생을 살면서 한 번쯤 돈이 부족하거나 돈 때문에 어려움을 겪었던 시기가 있었을 것이다. 지금 그런 현실에 직면한 사람들도 있을 것이고, 앞으로 다가올 수도 있다. 이런 어려움에 직면하게 되는 시점에는 자신의 의지와 열정이 주도권을 가지지 못하고 흔들리게 된다. 그 흔들림이 많아질수록 삶이 불행하다고 느끼게 되는 것이다.

나 역시 경제적 자유인이 되고 싶다. 내가 경제적 자유인이 되고 싶은 이유는 처음에 말했듯이 내 삶의 주인이 되고 싶기 때문이다. 내가 보낸 지난 순간들에는 경제적으로 많은 어려움이 있었다. 그 어려움 때문에 내가 하고자 하는 일이나 내가 가고자 하는 길을 제대로 가지 못하고 포기한 경우가 많았다.

어린 시절 우리 집의 형편은 그렇게 넉넉하지 않았다. 시골에서 살았기 때문에 부모님께서는 농사를 지으셨다. 그러다 중간에 농사를 그만두고 인근 중소 도시로 이사를 가게 되었다. 이사는 이것 말고도 여러 번 했다. 이렇게 이사를 자주 한 이유는 결국 조금 더 나은 삶을 선택하고 돈을 벌고자 했기 때문이었다.

하지만 주변 환경이 새롭게 변화하면서 나는 친구들과의 관계에서 점점 소극적으로 변했다. 내가 다녔던 초등학교는 지역이 다른 세 곳이었다. 나는 학교를 다니면서 쉽게 적응하지 못했다. 어린 마음에 이사를 자주 다니시는 부모님이 정말 싫었다. 어려운 가정 환경이 싫었다. 내 환경이 내 의지와 무관하게 쉽게 변하는 것을 어쩌면 부모님 탓으로 돌렸다고 할 수 있다.

지금도 부모님은 소일거리로 농사일을 하고 계신다. 큰 땅을 소유하고, 대규모의 농사를 짓는 게 아니다. 작은 텃밭에서 집에서 먹을 수 있을 정도의 작물을 재배하신다. 나이가 많이 드셨는데도 농사일을 하고 계시는 부모님을 볼 때면 내 마음이 정말 불편해진다. '왜 저분들은 아직까지 저렇게 일을 하시고 고생만 하셔야 하나?' 그런 생각을 많이 하게 된다. 그렇다고 내가 특별히 부모님의 일을 많이 도와드리는 것은 아니다. 그래서 더욱 불편한 마음을 감출 수 없는 것이다.

나는 지금까지 내 삶에서 주인처럼 살아왔는가? 나는 지금 내 삶을 열정적으로 살고 있는가? 나 자신에게 다시 한 번 질문해 본다. 답은 아니라고 이야기하고 있는 것 같다. 내가 주인처럼 살아왔고, 열정적으로 살았다면 지금보다도 더 경제적 자유를 느끼며 성장했을 거라 믿는다.

지금이라도 내 내면의 질문에 대한 답을 들을 수 있어서 다행이라고 생각한다. 내가 바라 왔던 삶의 모습. 그것에 대한 주인의식과 열정이 부족했다. 때문에 여러 가지의 어려움에 직면할 때면 그것을 외면하고 지내 온 것 같다. 결국 현실의 모든 문제들과 현재의 나의 모습은 내가 지금까지 해 왔던 생각과 행동의 결과라는 말이 맞는 것 같다.

나는 지금 나 스스로에 대한 자유를 느끼고 싶다. 그것은 내가 하고 싶은 것들, 가고 싶은 곳들, 누군가와 함께하고 싶은 것들을 하고 싶다는 것이다. 그를 위해서는 우선적으로 경제적 자유가 필요하다는 것을 느낀다. 그러면 내 삶의 최종 목표가 경제적 자유인인가? 그것은 아니라고 생각한다. 돈을 많이 벌어 경제적 자유인이 되었다고 해서 인생의 모든 행복이 이루어졌다고 말할 수는 없기 때문이다.

대부분의 사람들은 돈을 많이 벌고 싶다는 욕망을 가지고 있다. 나도 역시 돈을 많이 벌고 싶다. 그렇다면 얼마를 벌어야 할까? 10억 원? 100억 원? 1,000억 원? 자신이 원하고 목표한 금액을 벌었다고 과연 인생의 모든 행복을 얻을 수 있을까? 나는 아니라고 본다. 물론 내 생각과 다른 생각을 가지고 있는 사람도 있을 것이다.

나는 경제적 자유인이 되기 위한 돈이 자신의 인생의 가치와 소명과 연결될 때 비로소 삶의 행복을 느낄 수 있다고 생각한다. 경제적인 자유가 이루어지는 과정 속에서 나의 인생의 목표와 사명이 사회적인 공헌과 가치 있는 일들과 연결될 때 비로소 내가 느끼는 행복한 삶을 사는 길이라고 보기 때문이다.

구체적으로 사회적 가치와 공공의 선이 실현되는 일들을 찾아서 그것들이 나의 사명과 일치할 수 있도록 인생을 살아가고 싶다. 그런 것들로는 지역 공동체와의 합의를 통해 만들어지는 대안 교육 학교가 있을 것이다. 또한 시설 설립이나 사회 공동체 이익을 위한 경영센터 설립도 있을 것이다. 그리고 꿈과 도전이 필요한 이들에게 희망을 줄 수 있는 꿈 도서관 설립 등이 있을 것이다. 그런 것들이 현재 내가 꿈꾸고 있는 사회적 가치 실현의 모습들이다.

물론 이것들이 지금 당장 실현되기는 어렵다는 것을 나는 알고 있다. 하지만 나는 경제적 자유인이 되는 과정 속에 앞에서 이야기한 사회적 공헌과 가치를 이룰 수 있는 기관들을 설립할 것이다. 나의 열정을 이곳에 쏟아붓고자 한다. 그것이 나의 소망이다.

자신의 삶을 더욱 풍요롭고 윤택하게 만들기 위해서는 자신만의 명확한 인생의 목표를 가져야 한다. 그 목표에 자신이 가장 소중하게 생각하는 인생의 사명과 가치를 연결시키고 언제나 뜨거운 열정을 가지고 삶을 살아가자. 그렇게 한다면 당신의 인생에서 놀라운 기적이 일어나는 것을 볼 수 있으리라 믿는다. 마음의 힘이 열정을 만날 때 우주가 당신의 내면 깊은 곳에 자리 잡을 수 있기 때문이다. 다음은 브라이언 트레이시의 말이다.

"꿈꿀 수 있다면 이룰 수 있다. 한계는 바로 당신 자신 안에 있다."

경제적 자유인이 되는 소망이 이루어진다. 그 가운데 그 열정을 다른 이들이나 사회의 그늘진 곳을 향해 베푸는 삶을 살아간다. 그런다면 당신과 당신 인생, 그리고 당신의 영혼은 아름답게 빛날 것이다. 나도 내가 가진 소망과 가치 그리고 열정을 다른 사람들과 함께 나눌 것이다. 그리고 내 삶의 경제적인 풍요와 그것을 함께 베푸는 삶을 살아갈 것이다.

꿈과 희망을 심어 주는
꿈 도서관 설립하기

　　나는 책을 많이 읽는 편은 아니다. 하지만 도서관에 가는 것을 좋아했다. 특히 기숙사생활을 했던 대학 시절에는 도서관에 자주 가곤 했다. 물론 그때의 관심 분야는 한정적이라서 주로 전공과 관련된 책들 위주로 보았다. 하지만 전공이 아니더라도 가끔씩 교양 서적이나 실용서들도 읽었다.

　　대학 도서관이든 지역 도서관이든 찾아가서 책을 읽거나 책과 마주하고 있으면 마음이 편안해진다. 물론 도서관에 있는 책들이 다 내 머릿속으로 들어오는 것은 아니다. 그래도 편안함과 안정감이 느껴지는 장소가 바로 도서관이다.

　　도서관에서 느껴지는 그 편안함은 나의 오감을 자극한다. 대학 도서관은 지역 도서관보다 규모가 더 크고, 책의 종류와 양도 많았다. 그래서 도서관을 구경하는 재미에 빠졌던 시절도 있었다. 책장이 놓여 있는 공간을 여유롭게 걷는다거나 흥미가 있는 책을 발견하고 그 자리에 앉아서 읽기도 했다. 물론 내가 책벌레라고 할 수는 없었다. 그래도 책을 좋아하는 편에 속했다. 전공 수업의 과제들을 친구들과 주로 도서관 책들과 인터넷을 활용해서 했다. 도서관은 약속 장소로 정하기에도 좋은 곳이었다. 그래서 도서관이나 도서관 앞의 작은 연못 근처에서 함께 즐겼던 추억들도 있다.

졸업하고 직장에 다니면서 도서관과는 거리가 멀어졌다. 학생 신분으로서는 도서관이 또 다른 강의실이었다. 그러다 사회에 나와 직장생활을 하게 되었다. 그러다 보니 도서관보다는 오히려 밥집이나 카페 그리고 술집들이 그것을 대체해 가고 있다는 느낌이 들었다. 조금은 내 생활이 방탕 아니면 방황하는 시기라고 해야 할까? 도서관에서 멀어진 나는 어쩌면 예전의 그런 느낌과 향기를 다시 맡고 싶은가 보다. 그래서인지 요즘에는 휴가를 이용해서 인근 지역의 도서관을 자주 찾아가곤 한다.

지역 도서관에는 여러 연령대의 사람들이 찾아온다. 어린 유아들부터 초등학생, 중학생, 고등학생 그리고 일반인들까지 연령대가 다양하다. 나는 도서관에 오게 되면 대부분 책을 읽는다. 하지만 요즘에는 도서관에서 다양한 문화행사를 주최하고 있다. 청소년을 위한 프로그램이나 유아를 위한 영화 상영, 인문고전이나 문학 책의 저자 강연, 각종 문화 공연들도 잘 이루어지고 있다. 한마디로 지역 주민들의 '씽크탱크'라고 할 수 있다.

　나는 도서관에서 다양한 문화행사를 즐기는 편은 아니다. 그러기보다는 주로 책을 대여하거나 책을 읽거나 공부하기 위해서 열람실을 이용한다. 항상 도서관에 오게 되면 책을 만나는 즐거움을 느낀다. 그것이 나를 위한 보상이라고 생각한다. 아마 대부분의 사람들이 도서관에 와서 책을 읽으며 문화 공연을 즐기는 가운데 인생의 소소한 기쁨을 누리는 것 같다.

　이런 기쁨과 즐거움을 주며 인생의 성장과 지혜를 만날 수 있게 해 주는 곳이 바로 도서관이다. 나는 이런 도서관을 만들고 싶다. 구체적으로는 모든 사람들이 이용할 수 있는 도서관이다. 하지만 특히 학생들이나 청소년들에게 꿈과 희망을 줄 수 있는 도서관을 설립하고 싶다. 학교 교육과정에서 다루지 못한 부분을 채워 주거나 청소년들의 꿈과 비전을 키워 주는 그런 프로그램을 운영하고 싶다. 청소년 시기 어려움을 겪고 있는 학생들이 많다. 그들에게 꿈을 심어 주고 싶은 것이다. 지혜의 책들이 가득한 그곳에서 그들이 이루고자 하는 명확한 꿈과 목표를 찾게 해 주고 싶은 것이다.

　나는 대학 도서관과 지역 도서관을 이용하면서 여러 책들을 통해 많은 영감을 받았다. 그리고 현재의 내가 살아가야 할 목표와 가치를 알게 된 것 같다. 내가 받았던 그 선물과 같은 느낌을 어렵거나 성장의 길에서 힘들어하는 학생과 청소년들에게 다시 돌려주고 싶은 마음이 있는 것이다.

　현재 내가 생각하는 꿈 도서관 설립과 관련해서는 소외된 지역의 주민들을 위한 문화 활동 지원차 국내 기업이 도서관을 설립하는 경우가 있다. 또한 개인 차원에서 도서관을 설립하는 경우나 장학재단을 세워서 기부하는 형태도 있을 것이다. 이처럼 나도 학생들과 청소년들을 위한 꿈 도서관의 설립을 목표로 하고 있다.

　우리가 잘 알고 있는 여러 지식인들이나 우리 사회에 영향력을 끼치는 사람들은 대부분 자신의 인생을 변화시키기 위해 지속적으로 책을 읽었다. 그것을 통해 자신을 더욱 성장시켰다. 그들도 지난 시기에는 어려움을 겪었다. 하지만 책을 읽으며 그것을 극복했다. 그러면서 자신의 꿈을 믿고 성장한 것이다.

　나에게 영감을 주는 인물들 중에는 에디슨과 에머슨이 있다. 그리고 성장을 가져다주는 인물로는 브라이언 트레이시나 나폴레온 힐 그리고 공병호, 구본형, 김태광 작가가 있다. 그들의 삶을 보면서 나도 그들처럼 되고 싶다고 생각했다. 현재 어려움을 겪고 있는 학생들과 청소년들도 이런 인물들처럼 꿈과 소망을 이룰 수 있다. 나는 그 과정에서 그들이 더욱 명확한 꿈을 가지고 소망을 실천할 수 있도록 길을 만들어 주고 싶다.

　나는 10여 년 이상 학교에서 근무하면서 많은 학생들을 보아

왔다. 중학교 시기는 학생들이 정신적, 육체적으로 많은 변화를 겪는 시기다. 그에 따라 여러 부류의 학생들이 생겨난다. 그 학생들 중 사춘기가 심하게 와서 일탈 행동을 하는 학생들도 종종 보아 왔다. 그런 학생들을 볼 때면 정말 마음이 안타깝다.

학생들이 그런 행동을 하는 데는 여러 가지 원인이 있을 수 있다. 가정환경적인 요소, 학교 내 교우관계의 면, 성적이나 공부에 대한 심적인 압박감 등이 있을 수 있다. 하지만 기본적으로 그런 학생들은 자신이 가는 길에서 무엇이 옳고 그른지에 대한 판단이 정립되어 있지 않다. 이 말은 자신이 가고자 하는 정확한 방향과 목표가 없다는 것이다. 어떻게 가야 할지 모르기 때문에 어려움을 겪는다는 것이다.

결국 우리는 그들에게 목표와 방향을 설정하는 방법을 알려 주어야 한다. 하지만 현재 우리 학교 교육이나 가정, 그리고 사회에서는 이런 것들을 학생들에게 명확히 제시해 주지 못하고 있다. 어쩌면 현실과 이상의 괴리라고 표현할 수도 있을 것이다. 그만큼 학교 교육의 구성체들이 기대하는 것과 현실 사회의 모습은 너무도 다르다고 생각한다.

예전에 일본의 지역 공동체 학교를 소개하는 방송 프로그램을 본 적이 있다. 간단히 말하자면, 지역사회 모든 구성원들의 지역 학교 학생들의 교육을 위한 열정적인 노력을 보여 주는 내용이었다.

학교 내 어려움이 있는 학생들을 지역사회가 돌봐 주었다. 그리고 한 명의 학생도 소외되는 일이 없도록 학교와 지역사회가 서로 협력하고 상생하는 모습이 아름답게 보였다. 또한 우리의 학교에서도 이와 비슷한 내용을 보게 되었다. 시골 지역에서 근무하는 교사가 학생들 개개인의 가정생활과 학교에서의 교육 활동을 사명감 있게 수행하는 모습을 보게 되었다. 이는 다시 한 번 나를 되돌아보는 계기가 되었다.

다음과 같은 아프리카 속담은 많은 생각을 하게 한다.

"스스로 경험할 때까지 안다고 말하지 마라."

"한 아이를 키우려면 온 마을이 필요하다."

앞의 사례처럼 나는 우리의 학교 교육이 교육 공동체의 협력으로 더 발전하는 모습을 기대한다. 특히 지역사회와 학교가 지금보다 더 유기적으로 협력하는 관계를 맺어야 한다고 생각한다. 학생들이 배워야 할 것은 학교 내의 교육 과정뿐만이 아니다. 그들이 성장해 사회에 나가기 전에 지역사회에서 이루어지는 여러 가지 사회적인 내용들도 함께 배워야 한다. 아마도 이것은 우리 사회가 교육을 어떻게 바라보고 어떤 방향으로 가야 되는지 긴 안목을 가지고 생각해 볼 문제라고 생각한다.

학교 현장에 있다 보면 항상 학생들과 함께 생활하게 된다. 그런데 시간이 변화할수록 학생들도 많이 변화하고, 성장하고 있다. 물론 어려움도 많다. 하지만 그 어려움을 극복하고 성장의 발판을 마련하는 일이 우리가 해야 할 일이라 생각한다. 학교나 사회에 적응하지 못하거나 꿈과 소망을 이루는 데 어려움을 느끼는 그런 학생들에 대한 대안도 이 꿈 도서관 설립에 담고 싶다.

꿈과 희망으로 성장하는 꿈 도서관 설립은 내가 바라는 사회적 공헌과 가치 실현과 연관되어 있다. 그렇기 때문에 그곳을 배움과 성장을 위한 날개를 펼 수 있는 공간으로 만들고 싶다. 청소년들이 자유롭게 상상하며 창의성을 발휘하고 이상을 실현시킬 수 있는, 그런 긍정적인 에너지가 넘쳐 나는 공간으로 만들고 싶다.

세계 역사·문화 유적지
100곳 답사한 후 책 출간하기

요즘은 국내 여행뿐만 아니라 국외 여행도 많은 사람들이 다녀오고 있다. 그만큼 여행이 우리의 삶 속의 한 부분이 되었다. 많은 경험과 생활의 활력소가 되고 있다고 생각한다.

나도 평소에 여행을 좋아하고 즐긴다. 여행은 누구와 가느냐에 따라 또 다른 기분을 느끼게 한다. 다시 말해 가족들과 떠나는 여행이나 지인들과 함께하는 여행이나 각각 나름대로의 즐거움을 느끼는 것이다.

최근에는 지인들과 함께 이전부터 가고 싶었던 울릉도와 독도를 다녀왔다. 다행히 날씨가 도와줘 파도는 잔잔했다. 덕분에 아름다운 바다의 풍경과 섬의 고즈넉한 모습을 잘 감상할 수 있었던 즐거운 여행이었다.

이렇게 일상에서 잠시 벗어나는 여행 말고도 평소에도 가까운 지역의 문화 유적지나 명소를 자동차를 이용해 다녀오곤 한다. 내가 있는 지역에서 한 시간 거리 안에는 공주의 공산성과 무령왕릉 및 국립공주박물관이 있다. 역시 한 시간 내외로 갈 수 있는 부여의 부소산성 및 국립부여박물관도 있다. 그렇게 백제의 역사와 문화를 볼 수 있는 시간을 갖곤 한다.

나는 학부에서 역사를 전공했다. 지금은 중학교 학생들에게 역사를 가르치고 있다. 그래서 국내에 있는 역사와 문화 유적지를 많이 다니곤 한다. 그러면서 각 지역의 소중한 문화유산을 보고 즐기는 재미를 느끼곤 했다. 대학 시절 정기적으로 실시했던 문화 답사는 나에게 문화에 대한 새로움을 가져다주는 시간이었다. 그 지역의 역사와 문화에 대해 새롭게 안다는 것도 있었다. 하지만 시간이 잠시 멈추어진 그곳에서 지난 인간의 흔적과 자연의 모습을 함께 볼 수 있었기 때문이다.

물론 지금은 그때처럼 정기적으로 지역의 역사·문화 답사를 갈 수 있는 상황은 아니다. 하지만 개인적으로 여행을 갈 때는 우리나라의 소중한 문화 유적지 한두 곳을 정해서 여행 코스에 포함시키려고 한다.

나는 국내 역사·문화 지역을 다녀오거나 그곳에 있는 유물들이나 역사·문화에 대해서 알게 되면 수업 시간에 학생들과 이야기를 나누려고 한다. "누구야 너 그곳 가 보았니?" 혹은 "그럼 그곳에서 무엇을 보았니?", "어떤 문화재가 이 도시에 있는데 그 도시가 어디에 있는 줄 알고 있니?" 이런 식으로 질문하면 학생들은 그 지역을 갔다는 왔는데 그곳에서 무엇을 보았는지 모른다고 말한다. 그냥 가족과 함께 갔거나 초등학교 때 수학여행으로 간 기억은 있다. 그런데 그곳에 무엇이 있었는지는 기억이 잘 안 난다고 대답한다. 왜 그럴까?

심지어 자신이 다녀온 그 역사·문화 유적지의 도시가 어디에 붙어 있는지조차 모른다고 한다. 그래서 지역이나 도시의 위치를 다시 물어보면 전혀 다른 지역을 대답하기도 한다. 그렇게 한바탕 웃음으로 마무리할 때도 있다.

물론 학생들이 역사·문화 유적지를 거의 수박 겉핥기식으로 보고 온다는 것을 나는 잘 알고 있다. 왜냐하면 학생들과 함께 수학여행을 여러 차례 다녀 보았기 때문이다.

수학여행은 보통 중학교 2학년 때 가게 된다. 그런데 수학여행 코스 중에는 역사·문화 유적지가 보통 2곳이나 3곳 정도가 포함되어 있다. 아마도 가장 많이 가게 되는 곳으로는 서울·경기권에서는 경복궁과 창덕궁 그리고 서대문 형무소와 수원화성이 있다. 그 외에 강원도 및 설악산 일대는 통일전망대와 DMZ 박물관, 월정사와 낙산사, 강릉의 오죽헌 등을 많이 갔다 왔다.

이렇게 역사·문화 유적지를 학생들과 함께 가다 보면 여러 유형의 학생들이 나온다. 즉, 왜 이런 곳을 가야 하냐는 부류도 있다. 또한 아무런 생각도 없이 무관심하게 관람하는 학생도 있다. 그리고 나름 체험지에 대해서 질문하는 학생들도 있다. 아마도 자신들이 생각하기에 이곳 체험지가 너무 재미없어서일 것이다. 한마디로 그곳에 대한 흥미가 없는 것이다.

역사·문화 체험지는 그 지역의 역사와 문화를 먼저 공부하고 흥미를 가진 후에 가야 한다. 그런데 아무런 배경지식이 없는 상태에서 그곳을 가려고 하니 학생들 입장에서는 아무런 재미가 없고, 너무 힘든 것이다. 그래서 그런 학생들은 여행을 다녀온 다음 날 물어보면 어디를 갔다 왔는지 대답을 못한다.

나의 역사 시간에 한국사 수업을 하게 되면 국내의 문화 유적지에 대해서 설명할 때가 많다. 내가 가 본 곳에 대해서는 더 잘 생생하게 설명이 가능하다. 그런데 내가 가 보지 못했거나 알지 못하는 지역은 쉽게 설명해 줄 수가 없다. 이것은 세계사 수업을 할 때도 마찬가지다. 나는 세계사 수업을 할 때 어느 지역의 역사·문화 유적지를 가 보았다고 아이들에게 생생하게 전달하지 못하는 나 자신을 느낀다.

물론 기존에 공부했던 내용이나 인터넷 그리고 여러 자료들이 있기 때문에 설명은 어렵지 않다. 하지만 내가 바라는, 내 경험과 느낌을 담은 생생한 체험담을 학생들에게 전달해 주지 못하는 것을 늘 아쉽게 생각했다. 아마 학생들 입장에서도 세계사 수업을 들을 때 선생님 사진이 찍혀 있는 세계 문화 유적지를 보면서 공부하면 더 흥미가 있을 것이기 때문이다. 또한 선생님이 직접 찍어서 동영상으로 제작한 자료를 볼 때 수업에 더 집중할 수 있다고 생각하기 때문이다.

이런 아쉬움을 세계사 수업을 하면서 느끼는 만큼 나는 세계 역사·문화 유적지를 100곳 이상 답사하고 싶다. 답사하고 난 후 그 지역의 문화와 역사를 세계사 수업 시간에 보다 더 생생하게 전달하고 싶다. 그리고 그 내용들을 잘 정리해서 책으로 출간하는 꿈을 상상한다. 아마도 국내 역사·문화 유적지 답사만큼 새로움을 느낄 것이라 기대하고 있다.

여행은 우리에게 자유로움을 준다. 그리고 언제나 삶에 활기를 불어넣어 준다. 현대인들의 바쁜 일상생활 속에서 여행은 그들이 삶을 살아갈 수 있도록 행복과 즐거움을 선사한다. 자신만의 인생의 향기를 느끼고, 대자연의 풍경을 볼 수 있는 그런 시간은 사람들에게 존재의 이유를 알게 하는 것 같다.

나의 소중한 내면의 자아가 자연과 새로운 사람들을 만나게 되는 경험이 많아질수록 인생은 더욱 풍요로워진다. 그래서 여행은 항상 즐겁다. 당신에게 여행은 인생의 행복과 영감이 확장되는 순간으로 남을 것이기 때문이다. 그리고 새로운 일상의 활기를 위해서 우리는 여행길을 떠난다. 기쁜 마음을 간직한 채로.

인문고전과 독서 경영을 실천하는
지혜경영센터 설립하기

《논어》에서 공자께서는 다음과 같이 말씀하셨다.

"배우기만 하고 생각하지 않으면 막연하여 얻는 것이 없고, 생각만 하고 배우지 않으면 위태롭다."

"유야! 너에게 안다는 것에 대해 가르쳐 주마. 아는 것을 안다고 하고 모르는 것을 모른다고 하는 것, 이것이 아는 것이다."

《논어》를 읽으면서 나는 마음에 든 문장에 밑줄을 그었다. 그리고 그것을 정리해 보았다.

직장생활을 한 지 이제 10년 차가 넘은 나는 현실에서 어려움이 느껴질 때 인문고전을 읽고 마음을 정리하거나 치유의 힘을 받곤 한다. 그리고 내가 마음의 안정을 느끼게 된 부분을 다른 사람들과 함께 나누고 싶다는 생각이 든다.

나의 학부 전공은 역사교육이다. 그래서 역사와 관련된 전공 수업과 교육학 과목들을 함께 들었다. 역사를 전공했지만 학부 때는 인문고전을 깊이 있게 읽거나 공부한 적이 없다. 솔직히 임용시험만을 최대 목표로 삼아 전공 수업을 듣고 공부했다. 그래서 인문고전 책을 읽거나 공부하겠다는 생각은 전혀 하지 않았던 것이다.

대학 졸업 후 임용시험에서 몇 차례 고배를 마시고 나서 직장생활을 하게 되었다. 학교에서 생활하면서 어느덧 30대 중반을 넘기게 되었다. 당시 나는 마음속으로 혼란을 느꼈다. 학교에서나 집에서나 흔들리는 내 마음의 안정을 찾을 수 없던 시기였다. 그리고 흔들림의 시간은 길어져 갔다. 나는 나를 잃고 방황했다.

그 방황의 시기에 책이 눈에 들어왔다. 읽고 싶은 책들을 구입하거나 도서관을 다니면서 책을 읽게 되었다. 그때 바로 인문고전 책들을 접하게 되었다. 특히 동양 고전 중에서 《논어》와 《채근담》이라는 책은 나의 생각과 마음을 사로잡았다. 나는 다시 마음의 안정을 되찾을 수 있었다. 인문고전은 과거의 이야기들이지만 그 속의 저자들의 생각과 힘은 그대로 독자에게 전달된다. 나는 그 생각의 영향으로 인해 다시 안정된 생활로 돌아오게 되었다. 이것이 바로 인문고전이 가지고 있는 힘이 아닐까 생각한다.

인문고전 책을 읽게 되면서 내 주변을 둘러싼 것들을 이해하게 되었다. 먼저 나를 찾아야 한다는 것을 알게 되었다. 인문고전 독서는 바로 내 마음을 찾는 과정이었던 것이다. 지금 나는 40대다. 직장에서나 개인적으로 결정이나 결단을 해야 할 순간이 전보다 많아졌다. 그때 현명한 결정을 내릴 수 있게 도와주는 것도 인문고전 독서라고 생각한다. 또한 사람들과의 관계와 자연을 바라보는 관점 그리고 자신의 삶에 대한 태도를 성찰해 볼 수 있는 생각의 거울이라고 믿고 있다.

인문고전 관련 책을 읽고 인생의 많은 변화와 업적을 남긴 사례들은 많다. 우리가 익히 알고 있는 조선의 지식인들도 인문고전을 읽었다. 대표적으로 세종대왕, 다산 정약용 선생, 연암 박지원 선생 등이 있다. 서양의 사례로도 익히 잘 알려진 것이 있다. 바로 시카고 대학에서 실시한 '시카고 플랜'과 얼 쇼리스가 만든 '클레멘트 코스'다. 클레멘트 코스는 노숙자나 빈민, 전과자를 대상으로 인문고전 독서를 실시해 변화를 일으킨 사례다. 이외에도 에디슨, 존 스튜어트 밀, 조지 소로스 등과 같은 인물들은 치열한 인문고전 독서를 통해 기적 같은 변화를 이루었다.

이렇듯 인문고전 독서는 평범한 사람들에게 기적을 가져다준다. 사회적으로 소외된 계층의 사람들에게도 희망의 빛을 주는 지혜의 보고라고 할 수 있다. 인문고전뿐만 아니라 다양한 책을 읽는 가운데 자기 자신을 경영할 수 있는 힘과 지혜를 얻을 수 있다.

자기경영으로 나의 관심을 끈 인물로는 구본형 변화경영연구소의 구본형 소장, 공병호 연구소의 공병호 소장, 한책협의 김태광 대표 코치, 3P 자기경영연구소의 강규형 대표 등이 있다. 이분들의 책을 읽으면서 나는 나름대로 나를 알아 가게 되었다. 독서에 대해서도 많은 관심을 가지게 되었다. 이분들은 연구소나 협회를 만들어 자신의 지식과 경험을 다른 이들에게 알려 주면서 배움을 실천하고 있다고 생각한다. 즉, 선한 영향력을 전달하는 메신저의 삶을 살고 있거나 살았던 인물인 것이다.

나도 인문고전과 독서를 통해 자기경영을 할 수 있는 나만의 독특한 지혜경영센터나 연구소를 가지고 싶다. 그럼 나는 왜 인문고전과 독서경영을 실천하는 기관을 만들고 싶은 것일까?

앞에서 말했듯이 인문고전과 독서경영에는 인생을 살아가는 데 필요한 지혜와 강력한 힘이 내포되어 있다. 나는 이것이 인생의 성공과 성장을 위한 최고의 무기라고 생각한다.

인생에 어려움과 거친 파도가 다가올 때 자신만의 특별한 인문고전과 독서경영이라는 무기를 가지고 있어야 한다. 그것을 소유하게 되면 거친 파도 속에서도 흔들림 없이 자신이 목표로 한 인생의 길로 나아갈 수 있다. 어두운 밤에도 북두칠성을 보며 길을 잃지 않듯이 자신만의 행복과 성장의 길을 갈 수 있다는 말이다.

지금 당신의 내면의 자아에게 질문해 보도록 하자. 자신의 인생에서 어디로 가고 싶은지, 어느 방향을 가야 할지, 그리고 가장 멀리 갈 수 있는 곳이 어디인지에 대해서 물어보아라. 그러면 인문고전이 바로 그 길을 알려 줄 것이다.

또한 나는 급변하는 사회에서 인간의 본질적인 면을 공부하고 싶다. 그리고 지식과 지식을 연결해 더 행복한 인생을 위한 삶의 지혜를 알고 싶다. 이것은 나 자신뿐만 아니라 다른 이들의 개인적인 행복에도 적용될 수 있다고 본다.

더 나아가 사회와 국가에 공헌할 수 있는 미래의 인재를 키우고 싶은 소망도 있다. 이는 인문고전들을 읽고 실천한 위대한 천재들이나 큰 업적을 남긴 인물들의 일대기를 통해 가진 소망이다. 개인의 자아실현 이상으로 사회적 공헌까지 포함된 그런 모습을 나는 소망한다.

인문고전은 자신이 누구인지 깨닫게 해 주며 인생의 참된 가치와 방향을 제시해 준다. 또한 경제적 자유인의 길을 제시하며 부를 축적할 수 있게 해 준다. 미국의 금융인인 조지 소로스는 다음과 같이 말했다.

"철학적 사고를 통해 얻은 이론들을 현장에 적용한 결과 나는 주가가 오를 때나 내릴 때나 언제든지 돈을 벌 수 있었다."

이제 인문고전을 읽고 자신만의 독서경영을 하도록 하자. 천재들이 헤엄쳤던 사고의 바다에 빠져 보기도 하고, 나를 포함한 주변의 모든 사람들에게 선한 영향력을 미치는 삶을 살아가도록 하자. 내가 소망하는 인생의 가치 중에서 인문고전과 독서경영을 실천하는 지혜경영센터에 바로 이런 모습을 담고 싶다.

인생이라는 길에서 자신의 참된 자아를 발견하고 행복을 느껴라. 그리고 행복과 선한 기운을 주변과 사회에 나누어 주는 자신을 마음속에서 무한히 상상해 보도록 하자.

지혜경영센터는 개인적으로는 인생의 성공과 성장, 사회적으로는 공헌과 가치를 실현해 줄 것이다. 또한 다가오는 미래 세대의 창의적 인재를 발견하고 그들이 성장할 수 있는 발판을 만들고자 하는 교육적인 면도 있다.

우리 사회는 현재 많은 변화를 겪고 있다. 다가오는 미래 사회는 개인에게 어려운 문제를 제시할 것이다.

개인의 행복과 사회의 긍정적인 발전은 어디에서 구해야 할까? 나는 그 답을 개인의 행복과 가치 있는 삶에서 발견하고 싶다. 행복한 개인은 그 따뜻함과 선한 영향력을 사회에 전달해 줄 것이다. 베푸는 사회를 만드는 데 기여할 것이다. 그런 사회를 만드는 데 나도 나의 마음속 소망을 간절히 보태어 본다.

PART 13

진실하고
성실하게
한국사 알리기

- 안인숙 -

안인숙 공무원

홍성군에서 통합보건 업무를 담당하면서 지역사회의 건강증진을 위해 일하고 있다. 특히, 어르신들과 친목을 도모하며 즐거운 마음으로 보건 사업을 진행하고 있다. 정년 후에는 마당 넓은 집을 짓고 실컷 책을 읽으며 틈틈이 글을 쓰고자 한다. 또한 찾아오는 지인들에게 직접 담가 잘 익힌 된장과 고추장을 작은 항아리에 담아 선물하고 싶은 소박한 꿈이 있다. 현재 '치매, 알면 길이 보인다'를 주제로 개인저서를 집필 중이다.

드라마나 영화의 원작이 되는
책 쓰기

2016년 맨부커상을 수상한 소설가 한강의 《채식주의자》. 이 책은 끔찍한 세상에 던져져 '자기 소멸'을 꿈꾸는 주인공을 내세워 인간의 본질을 묻고 있다. 작가의 마력이 느껴지는 작품이다. 2010년 임우성 감독에 의해 영화화되었지만 흥행에는 성공하지 못했다.

그러나 한강 소설가와 함께 맨부커 인터내셔널상의 공동 수상자가 된 번역자 데버러 스미스를 향해서 심사위원장인 보이드 톤킨이 한 말이 있다. '미와 공포의 기묘한(uncanny) 혼재'를 정확한 번역적 판단을 통해 결합시켰다는 점을 극찬했던 것이다. 《채식주의자》는 주인공의 심리나 행동을 명료하게 인과론적으로 해석할 수 없는 데서 나타나는 불편함과 범속한 일상인의 시각으로는 이해할 수 없는 이상행동을 이해하게 하는 여러 형태의 암시를 섬세하게 그린 훌륭한 소설로 평가받는다.

일제의 조선인 강제징용을 다룬 영화 〈군함도〉. 이것에서는 섬세하고도 강하게 민족의 슬픔과 분노를 표현한 원작자 한수산의 마음이 아프게 느껴진다. 김훈의 원작을 영화화한 〈남한산성〉은 숭명배금을 고수하려는 어리석은 조선의 재상들과 중립외교를 하려 하는 임금을 대척점에 놓는다. 그리고 그 임금을 내쫓고 반정을 일으킨 또 한 명의 임금이 항복하며 선택한 삼궤구고두는 조선 역사상 가장 뼈아픈 패배를 기억시킨다. 세계사에서도 보기 드문 치욕을 낳은 역사의 기억이다. 현대 소설에서 빼놓을 수 없는 대서사시 박경리의《토지》는 여러 번 드라마로 다시 태어났다.

나는 꿈꾼다. 내가 쓴 책이 드라마나 영화의 원작이 되는 꿈을. 시나리오 작가와 연출자와 함께 주인공과 등장인물에 대해 이야기하고 있는 장면은 상상만 해도 가슴이 뛰고 즐거워진다. 그것은 결코 이루어질 수 없는 일이 아니다. 때문에 더욱 그 느낌이 다가온다.

나의 꿈은 작가였다. 그러나 지금처럼 일찍 작가가 되려 한 것은 아니었다. 정년퇴직한 후에 햇빛 넘치는 마당 넓은 집을 짓는다. 그리고 그곳에서 책을 실컷 읽으며 글을 쓴다. 그게 내 희망사항이었다. 말이 작가가 되고 싶은 것이지 실행의 수준은 취미생활 정도였던 것이다. 그런데 이렇게 일찍 작가가 되려고 글을 쓰게 된 이유가 있다. 그것은 남편과 나의 글쓰기를 코칭해 주신 한책협의 김태광 대표 코치님 때문이다.

글을 쓴다는 것은 참으로 어려운 작업이다. 나는 평소에 메모를 잘한다. 바닷가에 가면 물결치는 바다와 먹이를 찾아 헤매는 갈매기의 끼루룩 소리에 대해 썼다. 바람결에 흔들리는 풀잎을 보면서 한 편의 시를 쓰기도 했다. 밤하늘의 달을 보고도, 논밭에서 익어가는 곡식들을 보면서도 한 편의 시를 썼다.

부담감 없이 그냥 끼적이는 글은 쉽고 자아에 대한 서정미도 그려 준다. 그러나 주제와 목차를 정해서 무엇에 대해 써야 한다는 것은 고통을 수반한다. 두뇌가 열려야 하는 것이다. 형식도 갖추어야 되고 문단도 맞아야 된다. 그렇기 때문에 혼자서는 작업이 불가능할 정도로 고도의 노력을 요한다.

어느 잡지 인터뷰에서 기자가 배우 윤여정에게 언제 연기가 제일 잘되느냐고 물었다. 그리고 그녀가 말했다. "연기가 가장 잘될 때는 돈이 필요한 때다. 그것도 아주 급하게…. 그럴 때는 없던 연기력도 나온다."라고. 글쓰기도 마찬가지인 것 같다. 절박한 무언가가 있을 때 가장 잘 써 내려지지 않을까 싶다. 글을 쓰지 않으면 안되는 그 무엇이 필요한 것이다.

내가 지금 그때가 아닌가 싶다. 남편의 하던 사업이 망해 남은 것은 빚뿐이다. 집에는 컴퓨터가 없어 직원들이 퇴근하면 책을 읽고 글을 쓰고자 했다. 하지만 마음뿐이었다. 절박함이 부족했기 때문이었을까.

나는 상상 속으로 빠져들었다.

내가 박경리 선생님의 《토지》 같은 대작을 집대성했다. 뼈가 녹아내리는 아픔을 참으며 그야말로 절치부심하며 썼다. 책이 너무 좋아 드라마로 각색하고 싶다고 방송국에서 연락이 왔다. 물론 'OK'다.

드라마 촬영이 시작되었다. 깊은 계곡 맑은 물이 흐르는 시냇가. 물이 흘러온 곳도 흘러간 곳도 아득해 현실을 잠시 잊게 만드는 노송의 아름다움을 어떻게 표현해야 하나. 한 폭의 동양화 같은 풍경이 압권이다. 아름다운 명소가 드라마에 나올 때마다 탄성이 절로 나온다. 시청자들은 어떻게 저렇게 멋진 장면을 포착할 수 있을까 환호한다. 새삼 감독과 촬영감독에게 무한감사를 전하고 싶은 마음이다. 어디 그뿐이랴. 땀 흘리며 연기해 준 배우와 기꺼이 지나가는 나그네가 되어 준 단역배우, 무거운 장비들과 씨름해 준 스태프들까지. 모두에게 감사할 뿐이다.

한책협의 김태광 대표 코치님은 "우물쭈물하다가 내 그럴 줄 알았다."라는 말로 유명한 영국 극작가 버나드 쇼의 얘기를 예로 잘 들어 준다. 또한 고군분투라는 단어를 많이 사용한다. 이 이상 어떤 명언이 더 필요할지 싶다. 우물쭈물하지 말고 빨리 실행에 옮기고, 마음먹은 것을 이루기 위해 굳은 결심으로 고군분투하는데 세상에 아니 될 일이 어디 있겠나?

나처럼 쓸데없는 메모와 글을 아무렇게나 잘 쓰는 기술도 기술일 것이다. 하지만 어차피 글을 쓰기로 한 마당에 나의 글이 우리 집 경제에도 도움이 된다면 금상첨화가 아닐까? 고민하지 말고 모두가 책을 쓰는 세상이 오기를 간절히 바라는 마음이다.

나는 자칭 글을 잘 쓴다고 생각해 왔다. 그것도 많이 잘 쓴다고 생각했다. 그것이 나만의 생각이라는 걸 깨우치는 데는 그리 오랜 시간이 걸리지 않았다. 사람도 파마를 하고 나면 헤어드라이어로 만지고 다듬어야 된다. 세수를 하면 피부 트러블을 안 일으키는 품질의 기초화장품을 발라야 한다. 그런 다음 메이크업을 하고 옷매무새도 매만져야 한다.

그렇듯이 글도 마찬가지다. 능력 있는 코치를 만나 손보고 다듬어야 더욱 빛이 난다. 그런 면에서 나의 스승은 참으로 훌륭하다. 줄거리와 요점을 걸러 내고 다듬어 독자가 원하는 표현으로 만들어 주는 능력을 가지고 있는 분이다. 나는 원수 같은 남편으로 인해 축복처럼 스승님을 만났다. 그러지 않았으면 나의 책 쓰기 꿈은 그냥 꿈이 되어 버렸을 것이다. 왜냐하면 질서도 안배도 없이 일기처럼 써 내려간 글을 어느 출판사에서도 책으로 묶어 주지 않았을 것이기 때문이다. 아마도 집구석의 어디에 처박혀 있었을 것이기 때문이다.

《채식주의자》의 한강, 《군함도》의 한수산, 《남한산성》의 김훈, 《토지》의 박경리 선생님을 아우르는 작가가 되려 한다면 너무 야무진 꿈일까? 아니면 이루어질 수 없는 나만의 생각일까? 그래도 꿈꾸고 싶다. 꼭 그렇게 훌륭한 작가가 될 수 있다고 나 스스로 다짐해 본다. 우리 스승님이 좋아하는 네빌 고다드의 상상의 힘을 빌려 믿고 싶어진다.

글재주가 없음에도 수많은 습작 과정과 책 읽기를 거쳐 책을 쓰고 베스트셀러 작가가 된 이들도 많다. 작가가 되면 세상이 불러주는 이름이 생겨난다. 대우도 달라진다. 왠지 있어 보인다. 아니, 있어 보이는 게 아니라 수많은 지식을 가지고 있지 않겠는가? 책을 쓰기 위해 적게는 수십 권에서 많게는 수백 권의 책을 읽으며 얼마나 고뇌했겠는가. 충분히 지식인이라 불러도 무방하다.

나는 내 책이 드라마나 영화의 원작이 되도록, 고진감래하기를 바라며 열심히 글을 쓰고자 한다. 좌고우면하지 않고 앞만 보고 나아갈 것이다. 감히 박경리 선생님의 《토지》를 닮은 글을 쓰고 싶다. 《토지》는 평사리와 간도의 용정, 일본과 중국 진주와 서울을 오가며 한국 근현대사의 전 과정 중 여러 계층의 이야기를 방대하게 쓴 소설이다. 그리한 것은 한민족의 몰락과 재건을 뜻하고자 한 작가의 고민이 아니었을까?

영어로
우리의 역사 설명하기

나는 남들보다 사회에 일찍 입문했다. 만 18세가 되자마자 9급 공무원이 되었고 지금까지 재직 중이다. 1970년대 후반에서 1980년대 초까지 영어를 배웠으니 완전히 콩글리쉬다. 학교 선생님조차 영어를 잘 모르시기도 했다. 수동태, 능동태의 문장을 고치는 것을 틀리기도 하셨다. 그런 지경이니 어떻게 영어를 잘할 수 있었겠나. 잘한다는 것이 고작 단어 외우는 것이었다.

시험을 본 후에 남아서 선생님이 시키는 대로 채점을 했다. 각 학년 영어 평균점수가 20~30점대였다. 채점 후에 수고했다고 아이스크림을 사 주셨는데 아주 맛있었다. 지금도 잊을 수 없는 맛이다. 그리고 사회생활을 하면서부터 영어는 거의 사용할 필요가 없었다. 자기계발 차원에서 보면 거의 제로에 가깝다. 내 직업은 정년까지 보장되고 일찍 시작해서 연금도 남들보다 일찍 수령한다. 그러다 보니 타성에 젖어 자기 자신에게 만족하면서 살아왔다.

세월이 흘러 시대가 바뀌었다. 그러다 보니 이제는 글로벌화 되어 누구나 외국어 하나쯤은 할 수 있어야 하는 시대다.《직장인 중국어 공부법》의 강윤주 작가의 책을 읽으면서 많이 부러웠다. 어려운 환경 속에서도 중국어에 대한 끈을 놓지 않은 것이 곧 지금의 작가가 되는 발판을 마련한 계기가 되었기 때문이다. 그것을 강윤주 작가가 해낸 것이다.

책을 읽고 난 후 나는 도대체 무얼 하면서 살았나 하는 자괴감이 든 것도 사실이다. 그렇다고 감 떨어지기를 기다릴 수만은 없는 것 아닌가? 그런데 중국어는 어려울 것 같아 도무지 용기가 나지 않는다. 그래서 차선으로 선택한 것이 영어다. 잘하지는 못해도 주위에서 영어는 자주 쓸 수 있다. 게다가 그나마 기초를 아는 것이 영어다. 그래서 그 어떤 외국어보다 편하게 다가갈 수 있지 않을까 싶어서다.

나는 직장에서 주로 보건 분야의 일을 한다. 중앙부처에서 정책을 수립해 각 시도에 시달하면 시도의 여건에 맞추어 시군에서 계획을 세워 실행하게 된다. 읍면에 보건지소가 있다. 영어로 풀이하면 Branch Office of the Community Health Center(의료편의 시설)이다. 중앙에서 세운 정책을 최일선에서 지역민들에게 제공하는 것이다. 공중보건 의료 서비스를 제공하는 기관인 것이다.

이야기가 많이 빗나가 버렸다. 결국 강조 싶은 것은 영어와 별 관련이 없는 직종에서 일하고 있었다는 것이다. 이제 와 생각하니 자기계발 차원에서 외국어 하나쯤은 습득해야 한다는 것이 요지다. 그러면 내가 일하는 보건 분야의 영어를 해야지 하필이면 알지도 못하는 한국사? 그렇게 생각하신다면 잘못이다.

나는 사회생활은 일찍 했지만 승진은 빠르지 않았다. 매우 늦었다. 허구한 날 후배들에게 승진을 빼앗기는 것이 취미였다. 겉으로는 아무렇지 않게 "난 그딴 거에 신경 안 써." 했지만 그건 거짓말이었다. 속으로는 엄청 신경 쓰고 따라서 스트레스도 많이 받았다. 아무리 기다려 봐도 승진시켜 줄 것 같지 않았다. 그래서 무식하면 용감하다고 나는 감히 행정고시를 꿈꾸었다.

원래 행정고시는 만 32세까지로 나이 제한이 있었다. 그런데 응시연령 제한규정이 폐지되었다. 나는 그것도 몰랐다. 그런데 어느 날 우연히 〈세바시〉 강연을 듣는데 어느 변호사가 나와서 얘기하는 것이었다. 사법고시 나이 제한이 폐지되어 쉰 살이 넘은 나이에 자신이 사법고시를 볼 수 있었다고. 나는 '아무리 그렇더라도 내가 어떻게 할 수 있겠어'라고 생각했다. 그러다가 '왜 못해. 저 아저씨도 했는데…'라며 마음이 오락가락했다. 그러다가 드디어 한번 해 보기로 결심했다.

그래서 알아보았다. 행.정.고.시.에 대해. 먼저 한국사 고급(1,2급)

자격증과 토익 기준 700점 이상이 되는 자격증이나 증명서가 있어야 1차 시험에 응시할 수 있었다. 영어는 어려우니까 뒤로 미루고 우선 한국사에 도전장을 던졌다. 원래 역사에 관심이 많아서 조선시대 왕 이름 정도는 모두 외우고 있었다. 하지만 막상 역사공부는 어려웠다. 그래서 나름 기준을 정했다. 두 번까지 시험은 보는데 그때까지 자격증을 못 따면 때려치우는 것으로. 그런데 어떻게 간신히 합격했다. 60점 이하면 탈락인데 딱 62점이었다. 한 문제만 틀렸어도… 정신이 아찔했다.

이제는 영어다. 칼을 들었으면 뽑아는 봐야 하지 않겠나? 그래서 어언 33년 만에 시작했다. 영어공부를. 그런데 어떻게 된 일인지 영어공부를 시작한 지 3개월 만에 승진이 되었다. 남편과 아이들은 계속 하라고 했지만 인간의 마음이 그렇게 지속적이지는 않다. 간사하다는 말이다. 즉시 때려치웠다.

그러나 공부하는 6개월 동안 정말 행복했다. 밤늦게까지 공부하다 자리에 누우면 잠이 오지 않았다. 그러면 온갖 상상을 다 했다.

'요즘 젊은 애들이 다 고시촌에서 공무원 시험공부를 한다잖아. 그런데 팔팔하고 머리 좋은 젊은이들을 내가 어떻게 물리칠 수 있어. 아니야, 기적이란 게 있잖아. 99%는 안 되어도 1%의 기적은 믿어도 되지 않을까?'

하룻밤에도 여러 번 기와집을 지었다가 부수고 또 짓고…. 그러다가 간신히 잠들곤 했다. 지나고 보니 더욱 새로워진다.

이제는 포기 없는 영어공부를 시작하려 한다. 그것도 한국사 해설을 위한. 우리 민족 최초의 나라인 고조선부터 문재인 정부까지의 고대~현대사까지. 생각만 해도 가슴이 뛴다. 우리 민족만큼 고난 속에서 나라를 지켜 낸 민족이 있을까 싶을 정도다. 그 정도로 우리 역사는 그야말로 수난과 외세 침입의 반복이었다. 나당 연합군에 의해 삼국이 통일되고 나니 당나라가 우리나라를 집어삼키려 했다. 태조 왕건이 고려를 건국해 놓으니 거란과 몽골의 침입으로 수많은 문화재가 손실되었다. 충렬왕부터 충혜왕까지 원의 간섭기를 거쳤지만 공민왕의 노력으로 역사는 다시 시작되었다.

그러다 태조 이성계가 조선을 개국했다. 그런데 왜가 쳐들어와 임진왜란을 일으켰다. 하지만 충무공 이순신 장군으로 인해 위기를 넘겼다. 인조반정으로 숭명배금을 고집하다가 병자호란과 맞부딪쳤다. 임금은 청 태종 앞에서 삼궤구고두례하며 항복했다. 이후 소현세자와 봉림대군이 볼모로 청나라에 몇 년 동안 머물다 돌아왔다. 하지만 결과적으로 이 역시 극복했다.

조선후기 정조대왕이 갑작스럽게 죽었다. 그로 인해 준비되지 않은 어린 왕 순조부터 제대로 교육받지 못하고 임금이 된 철종 시대까지 안동 김 씨와 풍양 조 씨의 세도정치가 방방곡곡을 부패로 물들이며 민초들을 못 살게 했다. 관리들은 백성을 더욱 궁핍한 생활로 내몰았다. 녹두장군 전봉준은 백성이 곧 하늘이라 했지만 오래 버티지 못하고 압송되어 처형되었다. 그러다 비록 임금이 되었지만 나이가 어려 대원군의 섭정정치와 명성황후의 권력 사이에서 우유부단하던 고종의 정치 실종으로 인해 일제에 나라를 빼앗겨 식민지가 되어 버렸다. 그런 불행도 역시 우리는 이겨 내고 자의적인 독립은 아니었지만 해방을 맞았다. 그러한 기쁨도 잠시. 좌우로 나뉜 이념으로 인해 조선민족 지도에 삼팔선이 그려지는 아픔을 겪는다. 그 아픔은 아직까지 이어져 오고 있다.

현대사에서도 숱한 고난이 있었지만 우리는 하나 된 국민성으로 이겨 냈다. 이는 아직도 진행 중이다. 역사에 가정이란 존재하지 않지만 숱한 고비마다 가정을 해 본다. 이럴 때 이랬더라면. 하지만 지나간 역사는 돌이켜지지 않는다. 그러나 역사는 거울이다. 과거를 보면서 현재를 살면 그것이 교훈이 되고 실패하지 않는 법이다.

그런데도 우리는 자꾸 덮으려 한다. 일제 36년 식민통치에 대해 아직 제대로 된 사과도 일본 정부로부터 받지 못했다. 친일 청산도 하지 않았다. 그럼으로써 친일의 후손들은 잘 먹고 잘산다. 반면 독립운동가의 후손들은 기초수급자로 살아가는 아이러니를 목격하기도 한다.

가슴 아픈 역사도 있지만 우리에겐 자랑스럽고 찬란한 문화유산과 수많은 무형문화재가 더 많다. EBS에서 한국사를 가르치다 지금은 스타 강사가 된 큰별샘 최태성 선생님은 "역사에 무임승차하지 말자."라고 강조했다. 나 또한 행정고시 접수를 위해 EBS에서 최태성 선생님의 고급한국사로 공부했다. 그러니까 최태성 선생님은 나의 한국사 스승이시다.

스승님의 말씀을 허투루 흘리지 않고 진실하고 성실한 한국사 영어 강사가 되고 싶다. 그래서 우리 문화재나 역사가 있는 모든 곳에서 나는 영어로 말하고 싶다.

"Really up on Korean history."

작가가 되고 싶은 사람들에게
동기부여하기

21세기는 첨단과학의 시대다. 문재인 대통령은 후보기간 동안에도, 대통령에 당선된 이후에도 일자리 창출에 많은 노력을 기울였다. 대통령 직속으로 일자리위원회를 설치하고 매일 브리핑을 받을 정도로 정성을 기울였다. 지금은 광주광역시장이 된 이용섭 시장이 초대 일자리 위원장을 맡았다. 그러나 노력을 기울이는 반비례로 성과는 그다지 오르지 않았다. 일자리는 한정되어 있기 때문이다. 산업화 시대에는 무작정 사람의 손으로 일했다. 그랬던 일들을 이제는 기계가 몇 배의 빠른 속도로 해 준다. 심지어 공사장의 위험표시 안내도 마네킹이 해 주고 길 안내도 내비게이션이 해 준다.

오프라인으로 움직이던 업무들도 사무자동화로 인해 팀별로 5명이 하던 일을 이제는 1명이나 2명이 해내고 있다. 내가 처음 공무원을 시작했을 때 호적등본이나 주민등록 등초본을 민원인이 요구하면 모두 볼펜으로 써서 발급해 주었다. 그것도 한문으로. 두 통을 발급해 달라고 하면 먹지를 대고 써 내려갔다. 그러나 지금은 신분증 확인 후 이름만 치면 쫙 리스트가 뜬다. 엔터 한 번만 치면 증지까지 찍혀 나온다.

그러니까 일자리 창출에는 한계가 있는 것이다. 새로운 비전이나 기업을 설립하기 전에는 그 많은 일자리를 창출하기가 쉽지 않은 것이다. 정부와 지방자치단체는 계속 노력하고 있지만 안타까운 마음이다. 정부가 노력하는 만큼 국민이 믿어 주고 밀어 준다면 불가능은 없다고 생각한다.

그런 의미에서 글쓰기는 제2의 일자리 창출이라고 믿는다. 모든 걸 로봇이나 기계가 대신해 주지만 글쓰기만큼은 그것들이 해 줄 수 없다. 그것들에는 감정과 생각하는 두뇌가 없기 때문이다. 그것들은 오직 인간이 부여해 준 명령(order)만을 수행할 뿐이다. 그 외의 명령을 주면 오류가 나거나 에러가 뜬다. 정부와 기업의 많은 것들이 기계화되고 전산화되지만 기계가 해결하지 못하는 것 또한 글쓰기다.

나는 감히 말할 수 있다. 글쓰기에 도전하라고. 우리가 살길은 앞으로 글쓰기가 될 것이라고. 누구나 한두 가지의 장점과 단점을 가지고 태어난다. 어떤 사람은 부동산 투자를 잘하고 또 어떤 이는 장사를 아주 잘할 수 있다. 누군가는 요리를 잘해 식당을 하면 대박이 날 수도 있다. 그러나 국민 모두가 부동산 투자나 식당, 기업체를 운영할 수는 없다. 자신이 맡은 분야에서 최선을 다해 살아야 하는 이유다.

하지만 글쓰기는 언제 어디서나 가능한 작업이다. 직업을 가지고 있어도 장사를 하고 있어도 가능하다. 오히려 그것들이 경험이나 사례가 되어 축복처럼 다가올 수 있다.

한책협의 김태광 대표 코치님은 태생이 가난했다. 하지만 그는 가난에 굴복하지 않고 7년 동안 책을 썼다. 출판사에서 어서 오시라고 버선발로 뛰어나온 것은 절대 아니다. 오히려 거절당하기 일쑤였다. 그러나 대표 코치님은 좌절하지 않고 혼자서 책 쓰기를 연구했다. 지금은 200권 넘게 책을 쓴 베스트셀러 작가다. 뿐만 아니라 700여 명의 작가를 배출해 낸 책 쓰기 코치로도 활발히 활동 중이다.

그가 나타나면 이제는 출판사에서 맨발로 뛰어나올 뿐 아니라 시원한 아메리카노를 내놓는다. 세상은 그렇게 돌아간다. 가만히 있으면 도태되어 따라잡기 어렵다. 나는 오랫동안 승진을 못해 되지도 않을 행정고시 공부를 하겠다고 다짐하고 실제로 실행도 했었다.

그것이 바보 같은 생각이었다는 것을 지금 알았다. 물론 공부해서 남 주냐는 옛날 부모님의 말씀처럼 그때 공부한 한국사 덕분에 어디 가서든지 말하는 데서는 밀리지 않는다. 그러나 그때 책을 썼더라면 아마 지금쯤은 몇 권의 저서를 집필한 작가가 되어 있지 않겠는가? 또한 책을 쓰려면 책을 숱하게 읽어야 하니까 나의 지식 기반도 크게 높아졌을 것이다. 나는 말하고 싶다. 누구나 책을 써 보라고. 인생이 달라지는 경험을 하게 될 것이라고. 지금 내가 받는 급여 외에 수백만 원의 인세가 생긴다고 생각해 보라. 가슴이 뛰지 않는가? 특히 "젊은이들이여, 마음껏 인생을 누려 보라!"라고 말하고 싶다.

누군가는 이렇게 말할 수도 있다. "책을 읽는 것도 곤욕이지만 책을 쓰는 것은 상상만 해도 머리가 지끈거린다."라고. 그렇다. 누구에게나 글을 쓰는 것에 대한 두려움이 있는 것은 사실이다.

그러면 우리의 현실을 짚어 보자. 이제는 정년이 보장되는 신의 직장은 없다. 대기업일수록 일찍 짐 싸 들고 나가라고 한다. 그때 가서 무엇을 할 것인지 생각하면 늦는다. 마음이 급한 대로 치킨집이나 식당을 차릴 수도 있다. 그러나 그렇게 쉽게 생각한 창업은 오래가지 못한다. 젊을수록 미리 퇴직 후를 준비해야 하는 이유다.

누에가 실을 뽑듯 글을 술술 쓰는 사람은 없다고 보면 된다. 《노인과 바다》로 노벨문학상을 수상한 어니스트 헤밍웨이조차 "모든 초고는 쓰레기."라고 말했다. 그러니 그냥 말하듯이 쓰면 된다.

글을 쓰면 외로움과 무력감에서 벗어날 수 있어 좋다. 글 쓰는 사람들에게 정년퇴직은 없기 때문이다. 현대 경영학의 아버지로 칭송받는 피터 드러커 교수는 96세로 세상을 떠나기 전까지 글을 쓴 것으로 유명하다. 1920년생인 연세대 명예교수 김형석 교수는 100세 철학자다. 98세에 2권의 책을 집필했고 올해에도 2권의 철학서를 냈다. 최근 발간한 《100세 철학자의 철학, 사랑 이야기》와 지난 5월 펴낸 《100세 철학자의 인생, 희망 이야기》가 그것들이다. 이 2권은 연세대 철학과 교수 시절 고교생과 대학 1~2학년들을 대상으로 쓴 글들 가운데 지금도 유효한 이야기들을 가려 묶은 것이다.

다음은 김형석 교수님이 〈한겨레신문〉과 인터뷰한 내용 중 일부다.

"다 기성세대 책임이긴 합니다. 수능시험이나 우리 교육을 볼 때 꼭 한강 다리 같아요. 한강 북쪽과 남쪽을 연결하는 다리가 하나밖에 없으면 모든 사람이 거기로 건너려고 길게 줄을 서서 한 사람이 건너갈 때까지 뒷사람은 못 가는 거거든요. 하지만 다리가 5개나 10개라면 달라지죠."

그러면서 김형석 교수님은 외국으로 눈을 돌리라고 제안했다. "국제 감각이 없는 지도자가 있는 한 탈출구가 없다."며 "문제를 해결하기 위해 젊은이들이 외국으로 진출하지 않으면 안 된다."라고도 덧붙였다.

"시련과 고통 없이 성장한 역사는 없습니다. 나 역시 일제 때의 학도병 1년과 해방 이후 2년간의 공산주의 사회에서 여러 가지 일을 겪었어요. 그 시대에 비하면 그래도 지금의 젊은 세대에게는 희망이 있어요. 제 책임도 됩니다만, 지도자들 생각이 굳었어요. 그

껍질을 벗기고 올라와 줬으면 하는 것 말고 드릴 말씀이 없네요."

그리고 김형석 교수님은 올해만도 지방 강연 포함 150회 강연을 했다고 한다.

초고를 쓰레기라고 여긴다면 처음부터 완성도에 심혈을 기울일 필요는 없다. 대신 내용에 신경을 쓰며 자신만의 초고를 많이 만들어 보는 것이 좋다. 처음 완성한 초고를 두고 양파 껍질 벗기듯이 하나하나 검토해 보고 수정해 나간다. 이 과정을 여러 번 거치다 보면 마침내 누구에게나 보여 줘도 좋은, 제대로 된 글이 완성될 것이다.

초고는 되도록 빨리 작성하는 게 좋다. 생각이 가는 대로 빠르게 적어 나가는 게 좋은 글을 쓸 수 있는 씨앗이 된다. 처음부터 좋은 문구로 잘 쓰려고 하면 머리도 아프고 진도도 안 나가 쉽게 포기하게 된다. 저술가 조관일은 자연스러운 글쓰기를 다음과 같이 피력했다.

"글쓰기의 대가들이 가르쳐 주는 요령에 따르면 '아무렇게나 무조건 글을 쓰는 것'이다. 일단 쓰기 시작하면 된다는 말이다. 글을 쓰지 않고 생각만 하면 할수록 장벽이 거대하게 느껴지고, 나중에는 결코 허물 수 없는 절벽으로 생각되어 좌절하고 만다."

글이 쓰이지 않을 때는 코칭 받을 것을 적극적으로 권한다. 혼자서 앓다가 포기하느니 코칭을 받고 술술 풀어 나가는 것이 방법이다. 세상은 혼자서 살 수 없는 법이다. 국가에도 헌법이 있고 그 아래 여러 가지 하위법들이 있다. 그것을 지키지 않으면 때로는 재판을 받을 수도 있고 벌금을 부과 받을 수도 있다.

나에게는 남들이 하지 못하는 여러 가지가 있는데 그중 하나가 설득을 잘하는 것이다. 특히 어깃장을 놓으며 행패 비슷하게 말도 안 되는 떼를 쓰는 민원인을 잘 달래서 되돌려 보내는 은사가 있다. 그분들은 나중에 만나면 엄청 고마워한다. 그리고 나의 팬이 되어 준다.

세상은 어떻게 보면 쉽고 또 어떻게 보면 참으로 어려운 아이러니 속이다. 그래도 아름다운 것은 분명하다. 특히 책을 쓰는 작가들이 많아질수록 세상은 더욱 정화되고 아름드리나무들로 가득할 것이다.

책 써서
승진하기

TV나 신문의 뉴스를 보면 장관이나 지검장, 청장 등이 내정되었다거나 임명되었다는 기사가 나온다. 그러면서 내정자의 모습이나 사진을 내보낸다. 그들은 사회적으로 유용한 분야에서 뛰어남을 나타내어 우대를 받는 사람들이다. 즉, 우리는 그들을 일컬어 '엘리트'라고 부른다. 우리는 엘리트들에게 명예나 권력을 주어 자원 배분과 상벌을 결정하는 역할을 맡긴다. 그 결정의 질에 따라 그 사회의 발전이 결정된다. 그리고 엘리트가 되기 위한 경쟁 과정이 얼마나 공정하고 열려 있는가에 따라 사회의 유대감과 활력이 결정되기도 한다.

그들에게는 정해진 법률에 따른 청문회가 열린다. 결격 사유가 많다거나 인사 검증에서 채 걸러지지 않은 치명타가 있으면 청문회를 통해 해명하거나 답변을 주어야 한다. 여론이 안 좋으면 낙마하는 경우도 종종 있다. 본인이 장관이나 고위공직자가 될 줄 알았으면 부동산 투기, 위장 전입, 논문 표절 같은 행위를 하지 않았을 것이다. 그런데 돈을 많이 벌었거나 유명세를 타다 보니 고위공직자의 자리까지 오르게 된 것이다. 본인의 입장에서는 앞으로 능력껏 잘하면 되는데 억울할 수도 있을 것이다. 하지만 국민의 입장에서는 '그렇게 돈이 많으면 부자(富者)로만 살 일이지 권력은 왜 탐하는가? 그럴 거면 윤리도덕을 지키며 살든가?'라는 생각을 한다.

엘리트는 세속적인 우대를 누리거나 더러는 사회적 존경의 대상이 되기도 한다. 그러니 국민적 분노에 대해 억울해할 필요가 없다. 왜 그런가. 그들이 수행하는 일이 그만큼 윤리적 품성을 요구하기 때문이다. 법원의 고위 법관들에게는 종교의 사제와 같은 양심성을 요구하기도 한다. 그런데 그들이 윤리적이기는커녕 거짓말을 한다면? 국민을 진정으로 위하는 위민 정책이 나올 수 있을까? 자신의 임명권자에게 충성하지 않고 국민에게 충성하기를 간절히 바라는 마음이다.

2019년 7월 임명된 윤석열 검찰총장은 유명한 명언을 남겼다.

"나는 사람에게 충성하지 않습니다."

2013년 6월 국정원 대선 개입 사건 수사 당시 서울중앙지검 특별수사팀장이었을 때 한 말이다. 그때는 박근혜 정부였다. 윤 총장은 2014년 대구고검으로 사실상 좌천되었다.

직장인뿐만 아니라 모두에게 승진과 임용이란 인생의 꽃이다. 예를 들어, 서울지검장은 검찰의 꽃이라 하고 법원행정처는 법원의 꽃이라 한다. 꽃보직을 받은 사람의 앞날은 꽃길이 될 것이라 암시된다. 그러니 서로가 꽃길로 진입하려고 줄을 서고 열심히 일한다.

나도 꽃길을 좋아하지만 나의 지나온 길은 꽃길과는 거리가 먼 변방이었다. 누구를 탓할 필요는 없다. 바로 내 탓이기 때문이다. 꽃길로 들어서기 위해서는 피나는 노력이 필요하다. 주무부서에 있어야 하고 야근이나 휴일 근무도 서슴지 않아야 된다. 그 자리에 앉은 사람은 그만한 자격이 있는 이들이다.

나는 그와는 거리가 멀게 일해 왔다. 6시가 되면 특별한 일이 없을 경우 퇴근했다. 휴일이나 공휴일에는 푹 쉬었다. 내 할 일만 하면 끝이었다. 승진하고 싶은 욕심도 노력도 없는 무사안일의 삶을 살아온 것이다. 우리는 때로 죄 없는 성실한 사람을 욕할 때가 있다.

"아유, 그 사람 욕심이 너무 많아. 지가 일 다 하는 것 같아."

하지만 그는 인생의 목표를 향해 정진하는 것뿐이다. 게으름 부리지 않고 앞날의 미션에 충실한 그들에 대해 뒷담화하는 것은 나의 모자람을 덮기 위한 수단에 불과하다. 나의 과거도 그러했으니 나 또한 어리석었다.

이제는 나의 모자란 콤플렉스에서 벗어나 도전을 꿈꾸려 한다. 가만히 앉아 있는 사람에게 어디선가 천사가 나타나 밥을 먹여 주는 일은 없다. 내 밥그릇은 내가 챙겨야 한다. 자신을 옭아맨 동아줄을 끊고 나와야 한다. 사람들은 자신의 껍질 속에 틀어박혀 변화하는 것을 두려워한다. 내가 속한 이 사회의 실상이, 위선이 일상화된 우리의 모습을 변화시키고 싶다. 예로부터 공무원은 국민의 심부름꾼에 불과했다. 엘리트가 아니었다.

조선 정조 임금의 총애를 받았던 다산 정약용은 500여 권이나 되는 저서를 남겼다. 대표적인 《목민심서》를 비롯한 대부분을 유배지인 강진에서 18년간 귀양살이를 하고 있던 중에 집필했다. 《목민심서》는 57세인 1818년에 완성했다. 그가 학문적으로 가장 원숙해가던 때에 집필한, 정약용 사상의 정수를 담은 책이다. 특히 조선의 사회, 정치의 실상을 민생 문제 및 수령의 본무(本務)와 결부시켜 자세하게 밝히고 있는 명저다. 전라도 강진의 토담집에서 집필했다.

'인민을 보호하지 못하면 아무리 요순의 법이라도 실시할 곳이 없을 것이다'라는 관점에서 눈앞에서 병들어 죽어 가는 백성들을 긴급히 구호하려는 취지로 엮은 것이다.

이 책은 정약용 자신이 중앙의 고위 관료로만 한평생을 지냈다면 절대 알 수 없었던 조선 후기 백성들의 생활상을 생생하고 구체적으로 그려 내고 있다. 유배지에서 직접 목격한 백성들의 참담한 생활상을 담고 있다. 이 책은 현대에 이르러서도 인문학의 고전이 되고 있다. 특히 대민업무를 담당하는 공무원은 물론이고 전 공무원이 읽어야 할 필독서다. 다산은 유배지에서 아들에게 편지를 보내며 항상 독서와 학문을 게을리하지 말 것을 당부했다.

지난한 여정을 거쳐 조선의 22대 임금이 된 정조는 항상 학문을 가까이했다. 정조는 규장각을 통해서 학문정치를 구현하며 인재 육성을 추진했다. 즉, 연소한 문신들을 선발하고 교육해 국가의 동량으로 키웠다. 한편 규장각 내에 검서관제도를 두어, 서얼 신분인 이덕무·유득공·박제가 등을 등용했다. 성리학에 바탕을 둔 유교 사상을 중시했던 시대적 상황에서 이들의 등용은 파격적이라 할 만했다.

그들은 모두 북학파의 대표적인 인물인 박지원의 제자들이었다. 그들은 서얼이라는 신분적 한계로 인해 그동안 자신들의 기량을 제대로 발휘하지 못하고 있었다. 그런데 정조와의 만남으로 그들에게도 기회가 주어진 것이다. 그렇게 정조는 사회적 소통을 기하기도 했다.

한책협의 김태광 대표 코치님은 "책을 써서 성공하는 것이 아니라 책을 써야 성공한다."라고 말한다. 예로부터 늘 책을 읽고 쓰는 것이 문신들의 일상이었다. 지금 우리는 너무 안일하게 살고 있는 것이 아닌지 스스로에게 질문해 볼 때다.

2016년 국제기구가 조사 발표한 통계에 의하면, OECD 국가 중 우리 국민의 1인당 책 읽는 시간이 하루 평균 6분이라고 한다. 하루 10분 이상 책을 읽는 인구가 전 국민의 10%밖에 안 된다고 한다. OECD 국가 중 최하위권이었다.

인류사에 위대한 업적을 남긴 사람들 중 책 읽기를 게을리했던 사람은 없다. 석유와 선박 왕 오나시스도 독서를 즐기고 아름답고 멋진 서재를 가지고 있었다고 한다. 우리의 세종대왕, 프랑스의 영웅 나폴레옹, 미국의 링컨 대통령, 발명가 에디슨, 미래학자 앨빈 토플러, 기업경영인 빌 게이츠, 스티브 잡스, 방송인 오프라 윈프리 등 많은 사람들이 독서광이라 할 정도로 책을 많이 읽었다. 이순신 장군은 전쟁터를 전전하면서도 책을 가까이 두고 읽었다. 안중근 의사는 사형집행 전에 집행관이 마지막으로 하고 싶은 말을 하라고 하자 읽다 둔 책을 읽을 수 있도록 5분만 시간을 달라고 했다. 앞에서 언급한 다산 정약용, 현대그룹 창업자 정주영 회장, 김대중, 노무현 전 대통령도 독서광이었다. 노무현 대통령은 봉하 마을에 사저를 마련하면서 서재에 많은 관심을 가졌다. 그러곤 퇴임 후에도 책 읽기와 대통령을 부르는 관광객들을 외면하지 않고 그들을 상대로 강론하는 것을 즐겼다. 세종대왕은 집권 후 독서휴가라는 제도를 활성화시키기도 했다.

그들 모두가 보인 업적이나 남다른 현명함은 독서를 통해 깨우친 진리였다. 무엇보다 독서는 탁월한 지혜를 낳는다. 그래서 독서를 게을리해서는 안 된다고 생각한다. 그렇기 때문에 세종대왕은 일찍이 인류사에서 찾아보기 힘든 독서휴가라는 제도를 만들었던 것이 아닐까. 그렇게 신하들에게 보다 많은 책을 읽도록 하고 집현

전을 세운 것이 아닐까.

오늘날에도 봄과 가을에 직장인들에게 독서휴가를 주면 어떨까? 첨단 과학의 21세기를 맞아 책을 읽거나 책을 쓰면 승진 시험이나 근무 평정을 할 때 가산점을 주는 것이다. 업무 효율도 높아지고 우리 사회가 훨씬 성장할 것임이 분명하다.

캠핑카에서
글 쓰는 작가 되기

누구에게나 지나온 시절이 있다. 그때는 고통스럽고 힘들었을지라도 지나고 보니 소중한 기억이 되기도 한다. 반면 뒤돌아보고 싶지 않은 악몽 같은 기억일 수도 있다. 우리는 이것들을 추억이라 명명한다. 나에게도 아름다운 추억이 있다. 지나온 시절의 소소한 기억이다.

어린 시절, 온 동네 아이들과 산속에서 놀았다. 방금 토끼가 세수하고 갔을 것 같은 작은 옹달샘이 있는 숲속. 그곳에서 우리는 머루와 다래를 따 먹으며 해 지는 줄도 모르고 노래 부르며 놀았다.

지칠 줄 모르고 놀고 있다가 멀리서 엄마가 부르는 소리를 듣고 산에서 내려왔다. 그러면 바깥마당엔 모깃불이 피워져 연기가 올라오고 펼쳐 놓은 밀대방석 위에는 엄마가 차려 놓은 저녁밥상이 놓여 있었다. 보글보글 끓고 있는 된장찌개에는 노란 오이꽃버섯이 가득 들어 있었다. 우리는 세상에서 제일 맛난 저녁을 먹고 모깃불에 감자를 구워 먹으며 할머니의 옛날이야기를 들었다. 두세 개의 이야기가 끝나면 할머니는 우리에게 노래를 부르라고 했다.

"풀냄새 피어나는 잔디에 누워

새파란 하늘가 흰 구름 보면

가슴이 저절로 부풀어 올라

즐거워 즐거워 노래 불러요."

그렇게 동요를 부르면 엄마와 아버지는 박수를 쳐 주고 할머니는 벽장 속에 넣어 두었던 사탕을 꺼내 주셨다. 꾸벅꾸벅 졸다가 잠이 들었다 눈을 뜨면 할머니와 방 안에 누워 있었다. 밀대방석에서 잠든 우리를 아버지가 한 명씩 안아 들고서 방에 눕힌 것이다.

방학이 되면 방학숙제를 위해 산으로 들로 돌아다녀야 했다. 산에서는 아카시아와 잔디 씨를 받아 모았다. 또한 곤충 채집을 위해 아버지와 함께 뒷산에 올라 잠자리, 매미, 나비를 잡았다. 들에서는 식물 채집을 위해 갖가지 식물들을 캐어 씻고, 마르면 노트에 붙여 설명을 달았다. 그럴 때면 마치 내가 식물 박사님이 된 것처럼 으쓱해지기도 했다.

방학 초기에는 일기를 매일 썼다. 그러다가 서서히 밀렸다. 그렇게 개학하기 전날 밀린 일기를 쓰다가 잠들어 버린 기억이 있다. 새벽에 깨어 울면서 밀린 일기를 다 쓰면 엄마, 아버지가 놀리셨다. 그러면 또 울고… 그런 과정을 반복했다.

아버지가 도회지에 나가셨다가 사 오는 호두과자는 꿀맛이었다. 겨울이면 귤을 사다 주셨다. 나는 그 귤을 아껴 먹으려고 할머니 보물 창고인 벽장 속에 넣어 두었다. 그런데 할머니가 모르고 동생에게 주어 버려서 속이 많이 상해 울었다. 그러면 할머니는 동생들 몰래 감춰 두었던 청포도 사탕을 주셨다. 그러면 나는 울음을 뚝 그쳤다.

우리 할머니는 너무너무 좋으셨다. 남동생 둘을 보았다고 나를 유난히도 예뻐해 주셨다. 매일 안아 주고 업어 주셨다. 초등학교에 다닐 때도 내가 아픈 날이면 업어다 주셨다. 그런데 내가 중학교를 졸업하자 돌아가셨다. 좀 더 오래 사셨으면 우리가 많이 효도했을 텐데… 한없는 사랑만 받았다.

홍성군에 입사해서는 버스가 새벽차밖에 없어 항상 남들보다 일찍 출근했다. 아침 7시 30분이면 출근했다. 눈이 오는 날에는 아버지가 버스 닿는 길까지 눈을 쓸어 놓으셨다. 그러곤 내 구두를 아궁이 앞에 놓아두셨다. 그러다가 아침을 먹은 내가 방문을 열고 마루 끝에 서면 토방에 구두를 놓아 주셨다. 발길이 닿으면 아주 따뜻했다. 나는 콧노래를 부르며 집을 나섰다. 아버지는 그런 내가 버스에 오를 때까지 마당에 서서 바라보셨다. 그러시다가 나와 눈이 마주치면 손을 흔들어 주시고 집으로 들어가셨다.

어린 시절에는 빨리 어른이 되고 싶었다. 어른이 되면 모든 걸 할 수 있을 것 같아서였다. 그러나 어른이 되고 나니 힘든 것들이 많았다. 이유도 모르면서 속이 상해야 하는 경우도 있었고, 처리해야 할 일도 많아졌다. 어른이 되는 것이 결코 좋은 것만은 아니라는 걸 뒤늦게 깨달았다. 특히, 경제적으로 어려움이 닥치면 만사가 싫어지기도 한다. 사는 데 항상 좋은 일들만 존재하는 것이 아니라는 걸 모두가 안다. 하지만 슬기롭게 처리하지 못하는 것 또한 사실이다. 나는 J를 보면서 많은 걸 깨달아 간다. 나보다 어리지만 어른스러운 면이 많다. 부끄럽지만 나는 J에게 배우며 산다.

우리 팀원 중에 북한이 고향인 직원이 있다. 10년 전에 친구와 함께 남한으로 왔다. 이 직원의 이름이 J다. J는 우리 사회에 적응하기 위해 부단히 노력했다. 얼마 되지 않는 정착금으로 생활하기가 역부족이어서 전자제품 부품을 만드는 회사에 취업했다. 그러다가 이렇게 하루 종일 야근까지 하면서 전자부품만 맞추며 평생 살아야 한다는 생각이 들었다. 그래서 간호대에 들어가 정말 열심히 공부해서 지금은 간호사가 되었다. 결혼도 해서 아이가 둘이다.

J는 북한에서 군대 7년을 무사히 마치고 전역했다. 그런데 간호대를 졸업하고 입사한 직장에서 4개월 만에 퇴사했다. 힘들어서 도저히 다닐 수가 없었다고 해서 우리는 모두 쓰러지도록 웃었다. 북한에서는 군대에서 7년을 견뎠는데, 어떻게 의료원에서 4개월을 못

버텼는지, 정말 아이러니했다.

J의 말에 의하면 이미 자본주의의 물이 들어 편리함이 몸에 밴 까닭이라고 했다. 그래서 3교대로 돌아가는 시스템이 힘들었다고 했다. 아마도 돈을 벌어 오는 남편을 믿고 퇴사를 선택한 쪽에 나는 한 표를 던진다. J의 얘기를 듣고 있으면 시간 가는 줄 몰랐다. 북한의 밤하늘엔 별이 많다고 한다. 처음에 대한민국에 왔을 때 하늘에 별이 없어 놀라웠단다. '왜 하늘에 별이 없지?'라며 궁금해했는데 그게 모두 공해 때문이었다는 걸 나중에 알았다고 했다.

나는 J와 함께 캠핑카를 운전하고 북한 여행을 떠나고 싶다. 산기슭만 가득한 척박한 땅에서 중앙국가로 나아가지 못한 여러 나라들을 복속시킨 고구려가 있던 땅 평양. 광개토대왕과 장수왕이 존재한 나라 고구려. 지금의 중국 영토 일부까지 진출해 광개토대왕비를 세운 왕, 한양(지금의 서울)과 중원(지금의 충주)에도 북한산비와 중원고구려비를 세워 함부로 침범하면 안 된다는 기개를 보여 준 왕인 광개토대왕과 장수왕. 우리나라 왕 모두를 통틀어 장수한 비결도 책에 담을 그날이 오기를 간절히 기다린다.

평양에서 평양냉면을 먹고 대동강 물을 팔아먹었다는 봉이 김선달을 생각하며 대동강을 둘러보고 싶다. 조선을 개국한 이성계에게 아들인 태종 이방원이 보낸 차사들이 아직도 돌아오고 있지 않은 함흥에 들러 함흥냉면과 가자미식혜를 먹고 싶다. 그러고 난 후

고구려에 대해 얘기하고 마치 잘 숙성된 장아찌 같은 맛깔 나는 글을 쓰고 싶다. 온 국민이 읽고 쓰러질 만한 재미있고 이야기가 있는 문화유산답사기를 완성할 그날을 기대해 본다.

언제 통일이 되어서 그런 날이 올까? 마냥 기다려지는 마음이다. 우리 J를 위해서도 빨리 통일이 되었으면 좋겠다. 그렇게 되면 J도 어머니와 언니를 만나 서로 안아 주고 보듬어 주며 행복을 누릴 수 있을 것이기 때문이다.

시설 좋은 캠핑카에 누워 루프를 열어 놓고 맑은 밤하늘의 별을 실컷 보고 싶다. "물 들어올 때 배 띄우라"라는 옛말이 있다. 책을 읽었으면 이제 배를 띄울 차례다. 자, 이제 글을 쓰자. 아주 멋지게.

풀벌레가 하염없이 우는 밤이 깊어 간다. 밤하늘을 바라보았다. 셀 수 없이 많은 별들은 아니지만 그래도 별들이 반짝거린다. 가로등 불빛조차 없는 이곳은 깊은 산골짜기다. "스승님!" 하고 부르면 메아리가 되어 돌아올 것 같은 두메산골이다. 시대가 변하니 이런 산골에도 기와집을 지어 놓았다. 좋은 세상이다. 새들도 이미 잠든 주위에는 고요가 흐른다. 온갖 풀벌레 소리만이 적막한 이 밤을 노래한다.

나는 캠핑카 안에서 글을 쓰고 싶지만 아직은 꿈일 뿐이다. 그냥 산속 기와집에서 글을 쓴다. 아마도 이곳이 캠핑카 안이라면 베틀에 감기는 실처럼 단어들이 무수히 튀어나올 것 같다.

PART 14

성공한
사업가이자
동기부여가 되기

- 배선아 -

배선아 前 영어유치원 교사, 유아 영어 코치, 자기계발 작가, 동기부여 강연가

호주 그리니치 컬리지에서 테솔 자격증을 취득해, 2010년 대형 어학원에서 유치부 강사로 활동했다. 수년간 현장에서 쌓은 경험으로 나만의 유아 영어교육법을 터득해 아이들이 행복하게 영어를 배울 수 있는 방향을 제시하고 있다. 현재 그동안의 경험을 바탕으로 유아 영어공부법에 관한 개인저서를 집필 중이다.

수영, 사이클, 마라톤을 겨루는
아이언맨 대회에 도전하기

"하아, 하아."

숨을 뱉어 내기도 힘들어진 목은 거친 숨소리를 만들어 낸다. 심장의 두근거림은 이미 가슴 밖으로 튀어나와 쿵쾅거림을 넘어섰다. 눈을 깜빡이니 눈앞의 풍경은 뿌옇게 변하고, 이내 주위가 고요해진다.

"선아, 할 수 있어!"

"조금만 더! 선아! 선아!"

그제야 깨어난 나의 몸은 결승선에 다가가고 있다. 장장 13시간의 나와의 싸움을 마치는 순간이다. 무겁게만 느껴지던 나의 다리는 처음 출발선에 섰을 때보다 가볍다. 거칠고 힘들게 내쉬었던 숨은 이내 평화를 찾는다. 무엇보다 양옆에서 응원하는 사람들의 모습 하나하나가 눈에 들어오기 시작한다. 모두가 한마음으로 내 이름을 불러 주며 할 수 있다고 외치는 이곳은 아이언맨 결승선이다. 이제 남은 거리는 불과 1킬로미터 남짓이다.

결승선 끝에는 나의 가족이 기다리고 있다. 곧 남편의 품에 안겨 있는 딸이 환하게 웃으며 나에게 뛰어올 것이다. 오직 결승선만 생각하고 이 긴 대장정을 시작했다. 결승선에 들어서면 어떤 느낌일까? 결승선에 도착하면 남편과 딸에게 "나 해냈어!"라고 말하고 싶은데, 지금은 숨도 쉴 수가 없다. 나도 모르게 눈물이 계속 주르륵 흘러서 숨을 쉴 수가 없다. 마침내 결승선에 도착하고 남편에게 안겨 있던 딸을 두 팔로 번쩍 안아 든다.

"선아, 뭐 해? 이제 500미터 뛰었어. 거기서 쉬고 있으면 어떻게? 못 뛰겠으면 걷기라도 해!"

남편이 저만치 앞에서 나를 부르고 있었다. 나는 대답할 기운조차 없었다. 다리는 누가 매달린 것처럼 무거웠다. 무엇보다 고작 500미터 달렸다는 것이 실감이 나지 않았다. 이 정도 느낌이라면 벌써 5킬로미터는 달렸으리라. 하지만 현실의 나는 500미터도 제대로 달리지 못하는 달리기 초보였다. 나의 달리기는 이렇게 시작되었다.

사랑스러운 딸을 낳고 6개월이 되었을 때 우리 가족은 남아프리카 공화국으로 떠나게 되었다. 국제결혼이니만큼 기회가 생겼을 때 양쪽 나라에서 모두 살아 보고 서로의 문화를 몸으로 배워 보자는 남편과의 약속 때문이었다.

한국에서 나와 결혼해 아기를 낳고 4년 만에 고국의 땅을 밟게 된 남편은 한껏 들떠 있었다. 가족을 만나고 또 친구를 만나고 서로의 안부를 묻느라 한 달간을 파티에 묻혀 살았다. 나는 술고래라는 말을 그동안 살면서 책으로만 읽었었지 실제로 그런 사람을 보지 못했었다. 남편은 나에게 그 단어를 몸으로 느끼게 해 준 최초의 사람이었다. 남아프리카공화국 문화는 한국인인 내가 느끼기에 참 독특했다.

처음 남편이 한국에 와서 한국 사람들은 엄청 먹는다며 놀랐었다. 저녁을 먹자고 만나서 배가 터질 때까지 저녁을 먹고 2차를 간단다. 그리고 그 2차에서 술을 마시며 또 먹는단다. 마치 저녁을 안 먹은 것처럼 말이다. 그런 후 또 3차를 가서 또다시 먹고 마신다고 엄청 놀라워했다. 내가 딱 그러했다. 남아프리카 사람들은 어쩜 그렇게 안 먹는지 너무 놀랐다. 먹지도 않는데 어떻게 그렇게 큰 덩치를 유지하나 싶었다. 하지만 한 달간의 파티로 그 의문을 아주 쉽게 해소할 수 있었다.

남아프리카 사람들은 대체적으로 술을 많이 마신다. 게다가 오래 마신다. 파티를 오후 2시께 시작한다. 2시부터 가볍게 맥주 한 잔 또 와인 한 잔 하면서 이야기를 하다 보면 어둑어둑해진다. 바비큐를 좋아하는 남아공 사람들은 슬슬 불을 피운다. 그러면 벌써 오후 6시다. 바비큐 고기를 구워 저녁을 먹으면서 또 마신다. 그렇게 저녁을 먹고 이야기를 하다 보면 어느새 새벽 2시다. 12시간의 파티. 상상이 되는가?

그렇게 매일 마시기만 하니 남편은 금세 10킬로그램의 예쁜 지방을 몸에 장착하게 되었다. 이제 만날 사람도 다 만나 갈 때쯤 이 어마어마한 한 달 간의 파티도 거의 끝나 갔다. 그때서야 남편은 본인의 몸이 눈에 들어왔다. 평소 운동을 좋아하던 남편은 퍼뜩 정신이 들었다고 했다. 그래서 운동을 시작해야겠다고 마음먹었다. 그런데 문제는 나와 갓 6개월이 된 딸아이였다. 치안이 좋지 않은 곳이기 때문에 본인이 운동을 하러 나가면 집에 남겨질 우리가 걱정되었던 것이다.

그래서 생각한 것이 '같이 운동을 하러 나가면 되겠구나!'였다. 남편은 실행력과 추진력이 강한 사람이다. 마음먹은 일이면 우선 시작해 본다. 당연히 눈 하나 깜짝하지 않고 반대할 나를 위해 시나리오도 써 두었다. '너의 반대에 반대한다!' 남편의 다짐이었을 것이다. 거의 일주일을 하루같이 틈만 나면 달리기에 관한 이야기부터 나를 운동으로 유혹하기 위한 구애를 멈추지 않았다. 어찌나 생생하게 내가 달리는 모습을 설명하던지 일주일이 되던 날 나는 이미 달리기 선수가 된 것 같은 착각이 들 정도였다.

남편의 작전은 성공했다. 나는 주섬주섬 옷을 입고 자고 있는 아이를 깨우지 않도록 살포시 유모차에 태운 후 비장하게 집을 나섰다.

"공기가 참 좋다!"

이른 아침의 시원한 공기를 마시며 한 발짝을 내딛는 느낌이 좋았다.

"헬로, 굿모닝."

반대편에서 조깅하는 다른 사람들과 여유 있게 인사도 하며 나는 그렇게 달리기 선수가 된 것 같았다. 하지만 상상과 현실은 언제나 거리가 있는 법. 내 다리는 500미터를 기점으로 더 이상 움직이지 않았다. 갑자기 무거워진 다리를 들고 달릴 수가 없었다. 어쩐 일인지 숨도 쉬어지지 않았다. 천천히 속도가 줄어들더니 이내 나는 길 한복판에서 멈춰 섰다.

나의 첫 번째 달리기는 그렇게 막을 내렸다. 하지만 남편은 나보다 한 수 위였다. 이미 이 모든 것을 알고 있었다. 한 번도 운동해 본 적 없는 내가 오늘 옷을 입고 나온 것만으로도 성공했다며 엄지를 들어 주었다. 다만 우리가 이왕 이렇게 나왔으니 가볍게 산책이나 하고 들어가자고 제안했다. 그렇게 우리는 1킬로미터를 더 걷고 집으로 돌아왔다.

집으로 돌아오면서 남편은 내가 어떻게 다리를 들어 올리면서 발을 내딛었는지 자세히 설명해 주었다. 그러면서 나보고 달리기 천재란다. 내가 그동안 달리기를 해 보지 않아서 그렇지 나의 몸

안에는 달리기 DNA가 있다고 했다. 특히 달리면서 그렇게 환하게 웃는 사람은 보질 못했다고 했다. 조금만 노력하면 달리기 자체를 즐기는 특별한 사람이 될 수 있을 것 같다고 했다.

500미터도 제대로 달리지 못한 사람에게 너무 과한 칭찬 아닌가? 지금 생각해 보면 그렇다. 하지만 그 당시에는 또 남편의 말에 고개를 끄덕이며 왠지 나는 그런 사람인 것처럼 느껴졌다. 다음 날에는 내가 먼저 달리기를 하자고 제안했다. 완전히 남편의 계획대로 착착 진행되고 있었다. 일주일이 지나고 나니 어느새 나는 1.5킬로미터를 달리고 있었다. 워낙 바닥에서 시작해서 그런지 달리는 거리가 늘어나면서 자신감도 크게 늘어났다. 매일 '300미터만 더 달려 볼까?', '500미터만 더 달려 볼까?' 하며 목표를 조금씩 높여 갔다.

그러던 어느 날, 남편은 나에게 빨리 달리기를 제안했다. 사실 지금 내가 달리는 속도는 달리는 것이 아니라 약간 빠르게 걷는 수준이라면서. 두 살짜리 아이도 나보다 빠를 것이라고 놀리면서. 순간 성질이 났다.

"나도 빨리 달릴 수 있어!"

그러면서 나는 남편의 도발에 넘어갔다. 하지만 빨리 달리기는 긴 거리를 달리는 것과는 또 달랐다. 순간 속도를 높여 목표로 한 곳까지 온 힘을 다해 달려야 했다. 그런데 100미터를 세 번 힘껏 달리고 나니 몸의 힘이 다 빠졌다. 딱 세 번만 더 하고 집으로 가자는 남편의 설득에 여섯 번을 내달리고 집으로 오니, 온몸이 난리가 났다. 그동안 한 번도 겪지 않았던 근육통으로 하루 종일 고생했다.

문제는 그다음 날이었다. 자고 일어나니 온몸이 비명을 지르고 있었다. 제대로 걷기조차 힘들었다. 남편은 그 근육통을 없앨 방법을 알고 있다고 했다. 무엇이냐고 물었더니 달리기를 하는 것이라고 했다. 아니, 달리기를 해서 몸이 아픈데 달리기를 하면 근육이 풀린다니. 그 말을 듣고 웃고 넘겼다.

그런데 신기하게도 정말 달리기로 근육통을 풀었다. 처음 1킬로미터까지는 너무 아팠다. 하지만 3킬로미터쯤 달리자 그 아픔이 다 사라졌다. 게다가 이날은 처음으로 3킬로미터를 뛴 역사적인 날이었다. 그날 이후 나에게 5킬로미터를 뛰는 것은 일도 아니게 되었다. 그뿐만 아니라 매일 아침 달리기를 하는 생활패턴을 만들게 되었다.

2018년 12월 마지막 주 남아프리카 가족 모두와 함께 휴가를 가게 되었다. 거기는 해안가의 달리기 코스가 유명하다. 그런데 너무 예뻐 달리기를 시작하면 멈출 수가 없는 곳이었다. 이곳에서 나는 처음으로 12.5킬로미터를 달렸다. 내 인생 최고 기록이었다. 곳곳마다 펼쳐지는 풍경을 온몸으로 보면서 달릴 수 있는 그곳에서 평생 살고 싶다는 느낌이 들 정도로 수려한 풍경이 압도적이었다. 그곳에서 남편과 달리기를 끝내고 내가 말했다.

"있잖아, 나 아이언맨에 도전하고 싶어. 지금은 비록 달리기만 할 수 있지만, 수영도 배우고 자전거도 배워서 딱 5년 후, 나 아이언맨이 될 거야!"

남편은 흠칫 놀란 얼굴이었다. 하지만 나에게 "너라면 충분히 할 수 있고, 그날의 너를 위해 나는 모든 응원과 지원을 아끼지 않을 거야. 네가 나와 달리기를 처음 시작한 그날부터 나는 사실 너의 아이언맨 도전을 응원하고 있었어. 5년 뒤 그날, 아이언맨 결승선에서 만나자!"라고 응원의 말을 건네주었다.

눈을 감는다. 5년 뒤, 13시간의 긴 레이스 끝. 아이언맨 결승선에서 남편에게 안겨 있던 딸을 두 팔로 안아서 번쩍 들어 올리는 모습을 상상한다. 결승선에 서 있을 나의 모습, 숨소리, 사람들의 환호 소리가 느껴진다.

"해냈다! 나는 아이언맨이다!"

나만의 교육 철학과 이념을 담은
유치원 설립하기

오늘 아침도 창문 사이로 햇살이 가득 들어오는 것을 보니 마음이 즐거워진다. 콧노래를 부르며 행복한 마음으로 아이들을 만나러 간다. 차를 몰고 집에서부터 10여 분을 달리다 보면 보이는 저 작은 성 모양의 건물. 그 건물이 나와 아이들이 함께 하루 종일 뛰어노는 꿈의 놀이터다. 아이들과 신나게 노는 꿈의 놀이터. 나와 남편이 함께 세운 이 멋진 유치원을 소개한다.

차에서 내리면 보이는 입구는 초록색 미로로 되어 있다. 아이들의 신체에 맞추어 가꾼 정원이다. 아이들의 눈높이보다 조금 크게 키워서 아이들의 눈에는 미로의 벽만 보인다. 하지만 어른들의 눈에는 미로의 벽과 출구가 잘 보인다. 이 벽을 따라가다 보면 전날 아이들이 만들었던 작품을 만날 수 있다. 미로의 벽면을 감상하면서 길지 않은 통로를 쭉 따라 들어온다. 그러면 유치원으로 들어오는 작은 성문을 발견하게 된다.

이 성문에는 성을 지키는 문지기가 있다. 그 문지기는 유치원에서 멀지 않은 곳의 소아과 선생님이시다. 매일 혹시 아픈 곳은 없는지, 열이 나지는 않는지 아이들의 상태를 확인해 주신다. 유치원에서 친구들과 신나게 생활하려면 최고의 컨디션은 필수다. 가끔 아픈 아이를 데려오시는 부모님이 계신다. 그런데 이는 아이에게도 또 같이 수업을 듣는 친구들에게도 좋지 않다. 성의 문지기인 의사 선생님의 오케이 사인을 받으면 비로소 성안으로 들어올 수 있다.

성에 들어와서는 나와 남편이 만들어 주는 스무디 방에 꼭 들러야 한다. 아침을 안 먹고 오는 아이들과 아직 자고 있을 아이들의 뇌를 깨워 주기 위해 만든 것이다. 아침에 초록 잎이나 과일을 함께 넣어 갈아 만든 스무디로 하루 종일 아이들의 비타민을 책임져 주고 싶다.

이 스무디의 재료가 되는 과일과 초록 잎은 매일 신선한 것으로 종류가 바뀐다. 생각보다 맛있다. 아이들은 스스로가 선택해 만들었기 때문에 다들 맛있게 마신다.

스무디를 마시고 나면 각 반으로 들어가서 선생님을 만나게 된다. 선생님과 아침인사를 나누면 본인의 사물함에 소지품을 잘 정리해 놓는다. 학기 초 가방을 넣는 방향부터 바구니 안의 물건을 넣는 위치까지 자세히 설명을 듣고 해 보았다. 때문에 이제는 스스로 척척 해낸다. 본인의 물건을 정리하다가 친구의 물건이 잘못 놓인 경우 친구를 도와주기도 한다. 벨소리가 들리면 수업 시작 10분 전이다. 아이들은 화장실에 들렀다가 교실 의자에 예쁘게 앉는다. 10분 뒤 나는 모든 교실에 들러 아이들이 모두 준비가 되었음을 확인한 후 수업종을 울린다.

유치원을 잠깐 소개하자면, 유치원의 교실은 가운데 큰 중정(외부와 연결된 큰 공간)이 있다. 그리고 그 중정을 따라 교실들이 에워싸고 있다. 따라서 모든 교실에서 중정이 보인다. 중정에서도 모든 교실을 한눈에 볼 수 있다. 또한 중정의 천장은 유리로 만들어 실내에서도 하늘을 볼 수 있게 설계했다. 아이들이 실내에 오랜 시간 답답하게 갇혀 있는 것 같아 특별히 디자인한 것이다.

오늘은 공룡에 대해서 배우는 날이다. 며칠 전부터 아이들 사이에서 공룡에 관한 이야기가 끊이질 않아 특별히 수업을 기획했다. 각 반마다 수준에 맞는 공룡 이야기책을 준비했다. 공룡 책을 읽는 동안 아이들은 저마다 알고 있는 공룡의 이름을 말하느라 바쁘다. 선생님이 책 한 줄을 읽으면 각자 한마디씩 거든다. 누가 선생님이고 학생인지 모를 정도다.

이야기를 읽는 동안 선생님은 아이들에게 질문한다.

"만약 티라노사우루스가 없었더라면 공룡의 세계는 어땠을까?"

"너희들이 스테고사우루스라면 친구들과 무엇을 하고 놀까?"

선생님의 질문에 아이들은 깔깔대면서도 자신의 생각을 숨김없이 말한다. 책을 다 읽고 나서 아이들은 저마다 자신이 좋아하는 공룡을 그려 본다. 스크린 위에 그림책의 장면이 하나씩 띄워진다. 스크린을 보고 공룡을 그리는 아이들도 있고, 자신의 머릿속에서 상상하는 공룡을 그리는 아이들도 있다. 그림을 다 그린 아이들이 선생님께 자신의 그림을 건네준다. 선생님은 그림을 다 모아서 한 장씩 친구들에게 보여 준다.

지금부터는 아이들이 그린 그림을 가지고 이야기를 만들어 볼 차례다. 선생님은 아이들이 저마다 자신의 그림에 대해 이야기한 것에 그 자리에서 이야기를 붙여 나간다. 이미 아이들의 그림이 스캔되어 컴퓨터 화면에 띄워졌다. 선생님은 그 자리에서 그림 아래쪽에 글씨를 입력한다. 마지막으로 아이들과의 단체사진을 찍어 표지에 넣고 책을 완성한다. 완성된 책은 E.T에게 전달된다. E.T는 'E-Teacher'의 줄임말인데, 유치원의 사진이나 동영상의 편집과 업로드를 담당하는 선생님이다. 이 선생님께 전달된 아이들의 책은 바로 유튜브로 업로드 되어, 학부모들에게 공유된다.

두 가지의 수업이 끝나면 모든 아이들이 함께 먹을 수 있는 간식시간이 된다. 알레르기가 있는 친구 또는 고기를 못 먹는 친구를 위해 간식은 늘 채소로 만들어진 빵이나 과일이 제공된다. 간식에는 설탕이나 소금과 같은 강한 맛이 없다. 그래도 아이들은 배가

고픈 상태이기 때문에 맛있게 먹는다.

간식을 다 먹고 정리할 때쯤, 한 친구가 소리를 지른다.

"악! 티렉스다!"

아이들은 놀라 소리를 지른 아이의 시선을 따라간다. 교실 밖 중정 저 끝에서 정말 티렉스가 나타났다. 수소문 끝에 빌려 온 공룡 코스튬을 입은 선생님들이 밖에서 어슬렁거리고 있는 것이다. 방금까지 책에서 만났던 공룡을 눈앞에서 보게 된 아이들은 기쁨을 감출 수가 없다.

"선생님, 나가서 티렉스를 만나 봐도 돼요?"

"그럼, 대신에 티렉스를 아프게 해서는 안 돼. 기쁘게 다가가서 인사하면 티렉스가 대답도 해 줄 거야."

처음에는 무서워서 다가가지도 못하던 아이들이 하나둘씩 티렉스 주위로 몰려든다. 티렉스 이빨을 만져도 보고, 다리를 잡고 악수도 해 본다. 아직 무서워하는 친구에게는 괜찮다며 응원과 격려도 해 준다. 거의 모든 반 아이들이 티렉스 곁으로 모여들 때쯤 티렉스는 저만치 달아나 버린다.

달아난 티렉스를 보며 아쉬워하는 아이들에게 선생님이 말한다.

"티렉스도 배가 고플 시간인가 봐. 우리가 티렉스 간식을 만들어 주자."

교실로 다시 돌아온 아이들 자리에 각각 한 덩이의 점토가 놓여 있다. 아이들 각자 점토를 가지고 티렉스에게 줄 간식을 만든다.

어떤 아이는 큼지막한 고깃덩이를 만든다. 또 어떤 아이는 본인이 가장 좋아하는 음식을 만들기도 한다.

"내가 만든 간식을 제일 맛있게 먹을 거야!"

아이들은 저마다 티렉스가 자신이 만든 간식을 가장 맛있게 먹을 거라는 행복한 상상을 한다.

간식을 만들다 보니 어느덧 아이들 점심시간이 되었다. 아이들은 부모님께서 싸 주신 도시락을 펼쳐 놓고 맛있게 점심식사를 한다. 점심식사 시간에도 여전히 주제는 공룡이다. 점심을 먹은 후 아이들은 삼삼오오 모여 공룡놀이를 하기도 하고, 다른 공룡 책을 읽기도 한다. 또 아까 사라진 티렉스를 찾으러 유치원 곳곳을 누비기도 한다.

다시 수업 종이 울리고 아이들은 큰 강당으로 모인다. 그 강당의 가운데에는 작은 무대가 있다. 아이들은 무대 옆에 빙 둘러앉는다. "틱톡!" 소리와 함께 불이 꺼지고 무대 가운데에 불빛이 밝게 비추어진다. 그 무대에는 아까 달아났던 티렉스가 있다. 그 주위에는 아이들이 만든 티렉스 간식들이 놓여 있다. 티렉스가 한 아이가 만든 간식을 집는다. 아이들은 "내가 만들었어. 맛있게 먹어!" 하며 소리쳐 준다. 하나씩 자신이 만든 간식을 먹는 모습을 보며 아이들은 크게 즐거워한다. 이윽고 간식을 다 먹은 티렉스는 너무 배가 불러 낮잠을 자러 간다는 말과 함께 또 사라진다.

이제는 아이들도 집에 가야 할 시간이다. 하나둘씩 부모님들께서 아이들을 데리러 온다. 아이들은 모든 친구들과 함께 큰 포옹을 하면서 작별인사를 한다. 아이들이 모두 집으로 돌아가고 난 후 오늘 티렉스를 본 아이들을 찍은 동영상을 유튜브에 올린다. 그리고 부모님들께 문자를 한다.

"오늘 하루 아이들과 공룡에 대해 배우고 놀았습니다. 부디 아이와 함께 영상을 보시고 아이의 반응을 짧게 코멘트로 남겨 주세요. 내일 아이들과 함께 이야기하는 시간을 가질 계획입니다."

자, 어떤가? 내 아이라도 이런 유치원이라면 행복하게 다닐 수 있지 않을까? 한 가지 주제로 마음껏 배우고 즐길 수 있는 커리큘럼. 아이들과 부모님까지 모두 참여하는 유치원. 끊임없이 말할 수 있는 이야기가 가득한 곳. 그래서 매일이 새로운 곳. 이것이 내가 만들고 싶은 유치원이다. 5년 뒤, 나는 이 꿈의 유치원을 설립할 것이다. 그래서 내 딸에게 행복한 기억만 가득한 유치원의 추억을 선물하고 싶다.

아이와 함께 한 달간
유럽 박물관 견학하기

"여기가 바로 피라미드의 중심이라는 거지?"

루브르 박물관에서 나는 고개를 들어 하늘을 향해 눈을 깜빡였다. 깨끗한 유리천장으로 들어오는 햇볕이 피라미드 아랫부분을 뜨겁게 달구고 있었다.

피라미드가 만나는 그 지점. 또 다른 작은 피라미드가 마치 거대한 피라미드를 받치고 있는 듯한 느낌은 유리를 통해 들어온 빛의 스펙트럼만큼이나 신비롭다. 처음 이 피라미드가 세워졌을 때만 해도 처음 에펠탑이 파리에 세워질 때처럼 흉물이라는 비난을 받아야만 했다. 하지만 지금 한 해 600만 명이라는 어마어마한 사람들이 이 흉물을 보려고 온다. 나 또한 그들과 다르지 않았다. 지상에서 처음 만나는 유리 피라미드에 압도되어 서성이느라 나는 그 옆 분수대를 떠나지 못했다. 만약 햇볕이 뜨겁게 내리쬐지만 않았어도 나는 루브르 박물관 안으로 들어가지 않았을 수도 있었다.

루브르 박물관 내부의 첫인상은 거대한 미로 같았다. 가도 가도 끝이 없는 길. 그 길을 꽉 메운 사람들. 가는 곳곳마다 큰 방에 전시된 전시품들이 나를 압도했다. 거대한 전시실에 빼곡히 걸려 있는 인상파 작가들의 그림과 그리스 신을 조각한 거대한 조각상들이 눈을 돌리는 곳곳마다 있었다. 하지만 이 중에서도 가장 압권이었던 것은 명작을 전시해 놓은 특별 전시관이었다. 화살표를 따라 사람들에게 밀려 끝도 없이 걷다 보면 그 유명한 〈모나리자〉를 만날 수 있다.

중학교 때 내가 가장 좋아했던 과목은 세계사였다. 세계사 선생님은 약간 풍채가 있으시고 선한 눈매의 남자 선생님이셨다. 머리카락이 점점 하얗게 변해 가고 있는, 인상 좋으신 외모였다. 나는 턱을 괴고 늘 미소를 지으며 그 선생님의 수업을 들었다. 선생님께서 설명해 주시는 세계의 역사가 그렇게 흥미로울 수 없었다. 또 그림은 얼마나 잘 그리시던지. 손만 쓱쓱 갖다 대면 세계지도가 늘 뚝딱 완성되었다. 매 시간마다 선생님께서 가지고 오시는 이야기보따리를 뒤지며 행복하게 수업을 들었다. 그 덕분에 세계사는 지금도 나에게 가장 흥미 있는 분야다.

세계사를 좋아하게 되면서 자연히 나의 관심은 미술사로 이동하게 되었다. 루이 2세가 좋아하던 화가의 그림. 귀족들에게 늘 호평 받던 화가의 일대기. 르네상스 시대를 열었던, 화려함이 고스란히 녹아든 그림들. 선생님의 설명과 함께 그런 그림들을 볼 때면 나도 모르게 그 시절을 사는 듯한 착각이 들었다. 교과서를 한 페이지씩 넘길 때마다 나는 '그 당시 유럽 사람들은 이렇게 살았구나', '이러한 생각을 하고 살았겠구나'라는 생각이 들면서 너무 흥미로웠다.

〈모나리자〉를 보러 가는 내내, 나는 흥분을 감출 수 없었다. 드디어 내가 이 그림을 만나다니. 매번 수업시간에 선생님과 상상으로만 만났었다. 〈모나리자〉에 점점 가까워질수록 심장이 쿵쾅거렸다. 하지만 실제 마주한 〈모나리자〉는 내게 아무런 감흥을 주지 못했다. 이유는 우선 그림이 생각보다 너무 작았고, 그림을 유리로 씌워 놓아 빛이 반사되면서 그림의 색을 제대로 감상할 수조차 없었다. 더군다나 너무나 유명한 명화이기 때문에 보안상 다른 그림보다 더 멀리 관람 동선이 만들어져 있었다. 그리고 무엇보다 작품을 관람하기엔 사람들이 너무 많았다.

대실망이었다. 나는 그동안 얼마나 많은 환상을 가지고 있었던가? 고작 이 작은, 게다가 잘 보이지도 않는 그림을 보려고 그렇게 먼 거리를 비행기를 타고 왔던가? 뭐라고 말로 형용할 수 없는 배신감 때문이었을까? 갑자기 의욕이 뚝 떨어졌다. 나는 뒤도 돌아보지 않고 〈모나리자〉를 등진 채 입구 쪽으로 빠르게 발걸음을 옮겼다.

지나오면서 봤던 똑같은 그림들이 아까와는 다르게 다가왔다.

다 시시하게 보였다. 어느새 마음속은 실망으로 가득 찼다. 더 이상 그림을 감상하고 싶지 않아졌다. 빠르게 발걸음을 옮기다가 사람들이 많지 않은 한가한 전시관을 들렀다. 잠시 쉬어 가려는 요량이었던 이곳에서 나는 놀라운 장면을 목격했다.

삼삼오오 모여 있는 아이들 사이로 이젤이 보였다. 이젤은 그림을 편한 자세로 그릴 수 있도록 그림판을 세우는 지지대를 말한다. 예를 들면 북 스탠드와 비슷하다고 할 수 있겠다. 이젤 옆으로 물감들도 보이고, 책도 여러 권 쌓여 있는 것이 눈에 들어왔다. 아이들은 대략 12세에서 15세 사이 정도로 보였는데, 눈빛이 꽤나 진지했다. 각자 마음에 드는 작품 앞에서 그 작품을 종이에 담고 있었다.

'이런 일이 가능한 것인가? 경비직원이 내쫓으면 어쩌려고 저러지? 아니, 어떻게 세계적인 박물관 안에서 마치 내 집 안인 것처럼 편하게 앉아서 그림을 그릴 수가 있지?' 머릿속에 별의별 생각이 다 들었다. 하지만 나를 제외한 그 누구 하나 이 아이들을 이상하게 보고 있지 않았다. 그리고 그 아이들이 그림 그리기를 마칠 때까지 경비직원이 오는 일도 없었다.

"우와!"

탄성이 절로 나왔다. 세계적인 클래스가 바로 이런 것일까? 세계적인 박물관이라고 불리는 루브르 박물관. 이곳이야말로 예술의 자유를 인정해 주는 아주 완벽한 장소가 아닌가? 누구에게나 그림을 볼 수 있는 기회를 주고, 그 그림을 본인만의 방식으로 관람할 수 있도록 자유를 주는 것. 어쩌면 나는 지금까지 지극히 좁은 가치관을 가지고 있지 않았을까?

생각에서 깨어날 때쯤 나는 큰 가르침을 얻은 것 같았다. 다시 박물관을 둘러보고 싶은 에너지가 생겼다. 이후 장장 6시간을 걷고 또 걸어서 루브르의 곳곳을 다 돌아다녔다. 그 시간 동안 많은 젊은 작가들이 명화를 본인의 스케치북에 훔치는 장면을 빈번히 보았다. 또한 그 젊은 작가의 스케치를 구경하는 관람객들도 적지 않았다.

루브르 박물관을 다녀온 후 본격적으로 박물관 투어를 하기 시작했다. 당시 나는 영국에서 머물렀다. 그때 매일 미술관, 박물관으로 향하는 데 6개월의 시간을 사용했다. 당시 나의 하루 일과는 이러했다.

아침에 일어나 점심 도시락을 싼다. 버스를 타고 전날 정해 놓은 박물관이나 미술관에 가서 하루 종일 작품 감상을 한다. 저녁 시간에 맞춰 집에 온다.

아침에 일어나서 점심 도시락을 쌌던 이유는 레스토랑이 비싸기도 했지만 사 먹는 음식이 너무 맛이 없었기 때문이다. 그래서 식어도 맛있게 먹을 수 있고, 무엇보다 한국 음식의 특유의 강한 향이 나지 않아 어디에서든 먹을 수 있는 볶음밥을 주로 싸 가지고 다녔다.

런던 사람들은 공원에서 참 많이 점심식사를 한다. 벤치에 앉아서 혼자 먹고 낮잠을 즐긴다거나 여러 명이 같이 빙 둘러앉아 먹기도 한다. 잠깐이라도 햇볕이 보이면 햇볕을 몸에 저장하고 싶어 하는 특유의 문화도 있는 것 같았다. 정말 날이면 날마다 비가 왔다. 런던에서 한 달을 살고 나니 나도 날씨만 화창하면 반바지 반팔티를 입고 그렇게 공원을 찾아다니게 되었다. 공원이라는 곳이 이렇게 사람들에게 친숙한 장소인 것 같았다. 그래서 그런지 잔디밭만 보이면 늘 사람들이 옹기종기 모여 앉기 바빴다. 그래서 나도 거의 매일 잔디밭에서 점심을 해결했었다.

식사시간을 제외하고 거의 모든 시간을 미술관, 박물관에서 보냈다. 영국은 거의 모든 미술관과 박물관에 입장료가 없었다. 그래서 언제든지 원할 때마다 가서 보고 또 볼 수 있었다. 게다가 자연사 박물관같이 거대한 박물관은 박물관 자체를 다 관람하는 데 적어도 3일은 걸렸다. 때문에 몇 번이고 갔었던 것 같다.

여기저기 박물관과 미술관을 다니면서 다양한 관람객들을 만났다. 그중 가장 많이 만났던 관람객들은 가족 관람객들이었다. 아이의 손을 잡고 들어오는 부모들을 보면서 나의 어린 시절을 생각해 보았다. 나의 부모님께서는 맞벌이를 하셨다. 그래서 이런 기억이 별로 없다. 박물관에서 만난 여러 나라의 가족 관람객을 보면서 한국과 참 다르다는 생각을 멈출 수 없었다.

먼저 관람 방식이 다르다. 아이에게 박물관 지도를 보여 주면서 어디에 무엇이 있는지 전체적인 브리핑을 해 준다. 그런 후 아이에게 어디를 먼저 가고 싶은지, 무엇이 가장 흥미로운지 물어본다. 부모는 아이의 의견을 듣고 지도에 적는다. 그런 후 시간을 알려 준다. 얼마 동안 관람을 할 수 있고, 관람 후 무엇을 할지 다시 한 번 알려 준다. 그런 후 관람을 시작하는데, 관람 중에 부모는 설명을 하지 않는다. 다만 아이들이 흥분해 공공장소 매너를 어기는 일이 생기지 않게 주의를 줄 뿐이다. 게다가 박물관 관람을 하면서 부모들은 대체로 설명을 아이로부터 듣는다. 아이의 생각을 듣는 것이다.

우리는 산교육을 참 많이 강조한다. 아이들에게 주입식 교육 말고 창의성을 길러 주는 참교육, 산교육을 해야 한다고 늘 이야기한다. 나는 전형적인 입시교육을 받고 자란 세대다. 그렇게 국영수 위주의 교육을 받고 자라다 보니 〈모나리자〉를 실제로 보고 실망하기에 이르렀던 것 같다. 만약 명화를 먼저 접하고 나중에 교과서로 만났더라면 어땠을까? 아마 나는 교과서에 나온 명화가 반가워서 스스로 공부하고 싶어졌을지도 모른다.

나는 내 딸이 미술을, 예술을 교과서에서 먼저 배우게 하고 싶지 않다. 전문가들에 의해 정의되어 있는 의견으로 먼저 만나는 그림이 아닌 아이의 의견이 먼저 각인되는 경험을 선물해 주고 싶다.

그래서 나는 아이와 미술관 여행, 박물관 여행을 떠나려고 한다. 같은 작품을 보면서 내 의견과 다른 의견을 내놓을 아이와의 시간이 무척이나 기대된다.

성공한 사업가로서
TED에서 연설하기

나에게는 세상에서 영어가 가장 어려웠었다. 아무리 배워도 무슨 말인지 이해할 수가 없었다. 왜 이렇게 문법은 어려운 건지…. 하나를 배우면 하나를 까먹었다. 도대체 이 어려운 것을 왜 배워야 하는지 의문을 품은 채 학창 시절을 보냈다.

영어는 시간이 지나면 지날수록 나와는 다른 세상의 것이었다. 그래서 나는 대학을 졸업하기 전까지 내 인생에서 영어는 없을 줄 알았다. 심지어 교양 수업으로 영어를 선택해 들으면서도 말이다.

대학을 졸업할 때쯤 많은 선배 동기들로부터 유학이라는 단어를 듣게 되었다. 나는 인테리어를 전공했다. 그런데 디자인과의 특성상 다들 유학을 당연하게 생각하고 있었다. 그래서 선배들, 동기들과 이야기를 나눌 때마다 들리던 유학이라는 단어는 나에게 꽤나 매력적으로 다가왔다. 대화가 끝나 갈 때쯤이면 마치 내일 유학을 떠날 것처럼 머릿속에서는 유학에 대한 환상이 구체적인 목표가 되어 가고 있었다.

유학을 가려면 우선 그 나라의 언어를 구사할 줄 알아야 한다. 당연한 말이다. 하지만 그 당시 나는 이 문제를 가장 뒤로 미뤄 두고 있었다. 닥치면 어떻게든 되겠지. 안일한 마음을 가지고 있었다. 그 대신 어느 나라로 갈 것인지, 어느 학교를 선택할 것인지, 나는 이런 것만 생각했다. 지금 생각해 봐도 나는 어렸고, 참 바보 같았다. 그 후 시간이 날 때마다 유학에 필요한 모든 크고 작은 정보를 수집했다. 혹시 안 될 가능성에 대비해 플랜 B, 플랜 C까지 만들어 두었다.

하지만 가장 크게 간과한 것이 있었으니, 바로 유학 자금이었다. 당시 우리 집의 경제 사정은 좋지 않았다. 나도 잘 알고 있었다. 하지만 '혹시 마련해 주시지 않을까?' 하는 철없는 마음이 들었던 것 같다. 그러나 현실적으로 그런 유학 자금이 있을 리 만무했다. 더군다나 하나밖에 없는 외동딸이 갑자기 외국으로 공부를 하러 가고 싶다고 하니 부모님께서도 적잖이 당황하셨으리라 생각한다.

결국 나는 여러 가지 상황으로 인해 유학을 떠날 수 없게 되었다. 하지만 그것이 문제의 시작이었다. 나의 생각은 엉뚱한 방향으로 흘러갔다. 나는 유학이 돈만 있으면 해결될 줄 알았다. 그래서 나는 돈을 모으기 위해 취직하기로 했다. 갓 대학을 졸업한 나는 돈이 안 되는 인테리어 회사에 취직할 수 없었다. 하지만 또 전공이 인테리어라 다른 회사에 쉽게 지원할 수도 없었다. 그러다 전공과는 상관없이 취직이 가능하고 제법 돈도 되는 서비스업에 발을 들여놓게 되었다.

처음 시작한 서비스 일은 하면 할수록 재미있었다. 사람들을 많이 만나는 것이 즐거웠다. 고객들의 질문에 답해 주는 것도, 그들의 불만 사항을 해결해 주는 것도 너무 재미있었다. 이런 것을 천직이라 하나 생각했다. 직업에 대한 만족도가 높았고, 점점 일에 빠져들었다. 그러면서 어느새 유학은 기억 저편으로 묻혀 갔다.

어느 날 모르는 번호로 전화를 받았다. 번호를 보니 국제전화였다. 누가 나한테 전화를 했지? 이미 유학을 간 친구 중 한 명이었다. 그 친구의 목소리를 듣자마자 유학을 갈망하던 나의 세포가 순식간에 깨어났다. 그 친구와 통화하는 동안 대화에 집중할 수 없을 정도로 마음속 깊이 부러움이 올라왔다. 그 친구에 대한 부러움을 누를 방법이 없었다.

다음 날 나는 회사에 월차를 냈다. 그리고 신촌 일대의 모든 유학원을 다 찾아갔다. 당장 유학을 갈 수 없으니, 어학연수라도 갈 생각이었다. 먼저 외국에 나가서 생활하다 보면 유학의 길이 보일 것 같았다.

여기저기 상담을 받아 보다 마음에 드는 곳에서 꽤 진지한 상담을 할 수 있었다. 나에게 상담을 해 주시던 과장님은 우선 내가 영어를 너무 못하니 필리핀 어학연수로 시작해 보자고 했다. 그러면서 보통은 두 달 정도 공부하고 6개월간의 호주 연계연수를 한다고 했다.

나는 순간 귀를 의심했다. 간신히 "Hello"만 말할 줄 아는 내가 두 달간의 필리핀 생활을 거쳐 호주를 갈 수 있다고? 머리를 흔들었다. 그리고 과장님께 필리핀에서 6개월간 있고 호주 연수는 2개월만 하겠다고 말했다. 어차피 워킹홀리데이로 호주에 1년을 있을 계획이었다. 그러니 필리핀에서 기초를 더 다지고 가겠다고 말했다. 과장님은 흠칫 놀라면서 그렇게 필리핀 연수를 길게 잡는 경우는 없다고 말했다. 다시 한 번 생각하고 알려 달라고 했다. 하지만 나의 생각은 확고했다. 지금 생각해 보면 결과적으로 나는 아주 옳은 선택을 했다.

필리핀을 시작으로 외국생활이 시작되었다. 한국에만 있으면 우물 안 개구리가 된다고 하는 말을 깊이 공감하는 날이 계속되었다. 매일이 새로움의 연속이었고 놀라웠다. 먼저, 외국에서 만난 한국 친구들부터가 한국에서 만나던 친구들과는 달랐다. 열린 사고, 도전 정신으로 무장한 사람들만 있었다. 그 당시 만났던 외국인 친구들에게는 충격을 받을 정도였다. 어떻게 저 나이에 저런 생각을 할 수 있지? 생각의 관점부터가 달랐다. 생각의 출발점이 다르니 전혀 다른 결과가 나오는 것은 이상하지 않았다.

그때부터였다. 내가 지금 보는 이 세상을 많은 사람들에게 알려 주고 싶었다. 외국에 나가고 싶지만 여건이 안 되는 사람들도 있을 것이다. 또한 외국에 다녀와도 이와 같은 깨달음을 얻지 못하는 사람도 있을 것이라 생각했다. 그런 사람들을 위해 큰 목소리로 알려 주고 싶었다. 가장 확실한 방법은 많은 사람이 볼 수 있는 무대에서 이야기를 해 주는 것이라고 생각했다. 연설이었다. 나는 큰 무대에서 나의 이야기를 들려주는 강연가가 되고 싶었다.

그 후 나는 내가 할 수 있는 한 정보를 모으기 시작했다. 인터넷 검색은 물론 도서관의 책을 뒤졌다. 어떻게 해야 강연가가 될 수 있는지 생각날 때마다 방법을 찾으려 애썼다. 하지만 한국에서 보내는 시간보다 외국에서 보내는 시간이 길어지면서 그 꿈은 점차 작아졌다.

그러다 어느 날 'TED'라는 것을 접하게 되었다. 처음에는 이것이 Technology(기술), Entertainment(오락), Design(디자인)의 약자인지도 몰랐다. 하지만 다양한 사람의 강연을 보면서 내가 반드시 이루고 싶은 꿈으로 바뀌었다. 영어도 못하는 20대 중반의 백수가 꾸기에는 너무 큰 꿈이었다. 하지만 그게 무슨 대수랴. 나는 매일 TED 강연을 찾아보기 시작했다. 급기야는 강연가의 말을 혼자 중얼거리기 시작했다.

처음 영어에 자신감이 붙을 때도 그랬다. 좋아하는 미국 드라마

〈프렌즈〉 시리즈 1편부터 10편까지 내용을 이해했건 하지 못했던 무조건 따라 했다. 그 당시는 '섀도잉(영어로 말하는 음성을 들으면서 동시에 말하는 것)'이라는 단어도 없던 시절이었다. 그냥 〈프렌즈〉에 나오는 레이첼이 너무 예뻤다. 그래서 나도 레이첼처럼 영어를 하면 참 좋겠다는 단순한 생각으로 한두 편 보기 시작했다. 보면서 레이첼이 너무 사랑스럽게 나오는 장면을 따라 하기 시작했다. 계속 뒤로가기를 누르면서 적게는 백 번, 많게는 천 번도 더 따라 하는 연습을 했다. 재미있었다. 그 말을 똑같이 따라 하고 싶은 목표만 있었다. 그래서 한 문장, 한 장면을 따라 하는 것이 전혀 힘들지 않았다.

이런 나의 장기가 TED를 보면서 다시 발동된 것이다. 더 이상 영어는 나에게 문제가 되지 않았다. 오히려 자신감이 생겼다. 이 자신감은 나를 5년 뒤 TED의 무대 위로 올려놓을 것이라고 생각한다.

커다란 무대 위를 비추는 조명을 제외한 모든 조명이 꺼져 있다. 관객들은 무대 아래를 꽉 채우고 있다. 숨소리가 들릴 정도로 조용한 무대다. 사회자가 나를 소개한다. 이윽고 나의 이름이 불린다. 나는 쿵쾅거리는 심장을 부여잡고 '할 수 있다!'라는 주문을 외워 본다.

나는 밝은 아이보리색 계열의 정장 바지를 입었다. 구두는 7센티미터의 검은색 지미추를 신었다. 옷과 신발이 나에게 자신감을 더욱 심어 준다. 머리는 약간 웨이브를 넣어 길게 늘어뜨렸다. 손으로 머리카락을 정리한 후 어깨를 편다. 사회자의 소개와 함께 조명이 나를 비춘다. 나는 성공한 사업가이자 동기부여가 배선아로서 무대를 향해 걸어간다.

5년 뒤
10개의 직업 갖기

누군가 내 인생에서 가장 큰 변화가 온 시기가 언제냐고 묻는다면 나는 주저 없이 2019년 6월 26일이라고 말할 것이다. 이날은 한책협의 김태광 대표 코치님을 만난 날이기 때문이다.

육아를 하며 하루하루를 의미 없이 보내다 책 한 권을 읽게 되었다. 김태광 대표 코치님이 기획하고, 허지영 작가님이 쓴 《하루 10분 책쓰기 수업》이었다. 이 책을 통해 김태광 대표 코치님을 만나게 되었다. 그리고 나의 스무 살 시절 버킷리스트인 작가의 꿈을 이루게 되었다. 더욱이 책만 쓰는 작가가 된 것이 아니다. 대표 코치님을 만난 후 내 안의 내면 의식이 단단해져 더욱 긍정적인 사람이 되었다. 긍정적으로 세상을 바라보게 되니 더 많은 꿈을 꾸게 되었다. 그리고 그 꿈들을 이룰 수 있는 실행력까지 생겼다. 그 꿈들이 이루어지는 상상을 해 본다. 5년 뒤 10개의 다양한 직업을 가진 나는 누가 봐도 성공한 사람이다.

1. 나는 베스트셀러 작가가 되었다.

그동안 살면서 책 한 권 써 보지 않았던 내가 베스트셀러 작가를 꿈꿨다. 김태광 대표 코치님께 책 쓰는 방법을 배우면서 계속 책을 쓸 수 있다는 확신이 생겼다. 최고의 코치에게 책 쓰기를 배웠다는 사실에 너무 감사한다. 내가 살아오면서 겪은 나만의 이야기, 나의 경험들이 누군가에게는 큰 정보가 될 수 있다는 사실을 책을 쓰며 알게 되었다. 꾸준히 책을 펴내, 많은 사람들에게 선한 영향력을 끼치게 되었다. 지금 나에게 이보다 더 행복한 일은 없다.

2. 커피숍의 오너가 되었다.

평소에는 잘 가지 않았던 곳이 바로 커피숍이었다. 그런데 책을 쓰면서부터 부쩍 커피숍을 가게 되었다. 글을 쓰기 위해서다. 적당한 백색소음. 편한 것 같지만 그리 편하지 않은 좌석. 무엇보다 진한 에스프레소를 신선하게 마실 수 있는 곳. 이 모든 이유가 나를 커피숍으로 이끈다. 하지만 커피숍을 다니다 보니 어딘가 딱 나에게 맞지 않는 부분이 아쉬웠다. 그래서 나의 생각이 모두 들어간 커피숍을 만들게 되었다. 내가 제일 사랑하는 공간인 나의 커피숍에서 나는 오늘도 편안히 앉아 글을 쓰고 있다.

3. 나는 성공한 유튜버가 되었다.

바야흐로 유튜브 전성시대. 이제는 내가 원하는 정보를 검색하지 않고 유튜브로 본다. 계속 유튜브를 보다 보니 나도 공유하고 싶은 것이 생겼다. 바로 한국에서 아이를 키우는 부모님들이 가장 많이 고민하는 영어교육에 관한 영상이다. 부모의 모국어가 달라 자연히 이중 언어를 동시에 배우며 구사하는 나의 딸에 관한 영상을 공유하고 싶었다. 내 아이가 어떤 식으로 언어를 받아들이고 사용하는지 보여 주는 것이다.

벌써 몇 년째 이 유튜브를 통해 사람들과 소통하다 보니 어느새 나는 엄청난 성공을 이룬 유명한 유튜버가 되어 있다.

4. 나는 성공적으로 뉴질랜드로 이민을 가게 되었다.

남편과 결혼하고 가장 오래 신중히 결정했던 것이 이민이었다. 남아프리카공화국 사람인 남편과 한국 사람인 내가 행복하게 지낼 수 있는 나라를 찾으려 애썼다. 나라를 찾는 기준은 이러했다.

첫째, 두 나라의 문화를 동시에 가진 나라
둘째, 우리 부부가 공통적으로 사용할 수 있는 언어인 영어권
　　　나라
셋째, 아이를 키우기에 복지가 좋은 나라
넷째, 현실적으로 이민을 갈 수 있는 나라

이 모든 것이 부합되는 나라가 바로 뉴질랜드였다. 우리는 꽤 오랫동안 이민을 준비했다. 이민을 가서 정착하는 방법부터 향후 5년까지의 계획을 꾸준히 세우고 수정해 왔다. 마침내 성공적인 이민후, 뉴질랜드 이민을 계획하는 사람들에게 도움이 되는 사업도 시작했다. 나는 오늘도 나를 통해 성공적인 이민을 하고 싶은 사람들에게 도움을 주러 간다.

5. 나는 뉴질랜드에서 부동산을 배워 크게 돈을 벌게 되었다.

뉴질랜드 사람들 일명 '키위'들은 부모의 자산을 물려받지 않는다. 때문에 아이들은 일찍 진로를 결정하고, 독립한다. 경제적 지원없이 시작한 독립 때문에 키위들은 일찍부터 부동산 공부를 열심히 한다. 월급만으로는 평생 살 수 없기 때문이다. 열심히 일한 많은 키위들은 40세 전후로 은퇴한다. 그리고 모든 돈을 부동산에 투자한다. 그 부동산을 계속 불려가며 노후에 쓸 자금까지 모은다. 그러곤 본인들의 삶을 즐긴다.

나는 세계 어디서든 부동산만큼 큰 부를 만드는 파이프라인은 없다고 생각한다. 그래서 내가 뉴질랜드에 도착해 가장 먼저 한 일이 부동산 공부였다. 지금 나는 부동산 공부로 인해 경제적 자유를 누리며 살고 있다.

6. 나는 아이언맨이 되어, 운동 동기부여가가 되었다.

마흔 살에 아이언맨이 된 나는 평범한 사람도 마음만 먹으면 아이언맨이 될 수 있도록 해 주는 동기부여가가 되었다. 처음 달리기를 시작했을 때 500미터를 겨우 뛰던 나도 꾸준한 연습으로 10킬로미터, 20킬로미터를 뛸 수 있게 되었다. 자전거를 타지 못했지만 결국 해냈다. 바다 수영이 무서웠지만 이겨 냈다. 그래서 나는 힘들 때, 귀찮을 때 늘 멈추는 사람들에게 "당신도 할 수 있습니다!"라고 나의 이야기를 전해 주었다. 이러한 동기부여로 많은 사람들에게 아이언맨 완주의 기쁨을 맛보게 해 주었다. 나 자신을 이겨 내는 그 짜릿함. 운동 동기부여가로서 마흔 살의 나는 지금 새로운 삶을 살고 있다.

7. 에어비앤비를 운영하는 호스트가 되었다.

나는 늘 사람들을 집으로 초대하는 것을 좋아했다. 특히 특별한 날에는 반드시 친구나 가족들과 함께했다. 사람이 많을수록 더 행복했다. 이러한 나에게 에어비앤비 호스트는 최고의 직업이다. 에어비앤비를 통해 다양한 사람들은 집으로 초대한다. 특히, 열 살 이전의 아이들과 함께하는 가족들이 많다. 아이와 함께 여행하는 가족에 초점을 맞추어 집 인테리어를 했기 때문이다. 또한 내가 운영하는 에어비앤비는 늘 최고의 평점을 유지한다. 늘 예약이 꽉 차 있다. 좋아하는 일을 하며 사는 삶. 나는 오늘도 행복하다.

8. 유치원을 설립한 설립자이자 선생님이 되었다.

내가 유치원에서 아이들을 가르치면서 늘 안타깝게 생각해 왔던 것이 있다. 어쩔 수 없는 학원의 정책이었다. 나는 아이들을 위한 교육기관을 설립하고 싶었다. 비즈니스로 접근하는 교육기관이 아닌 교육으로 접근하는 교육기관 말이다. 그래서 유치원의 벽돌 한 장부터 모두 애정을 가지고 내가 선택하고 설계했다. 내 아이가 초등학교를 가기 전 꼭 이런 유치원에서 배우고 익히게 해 주고 싶었기 때문이다. 상상을 하고 있는 지금. 내 아이는 일곱 살이다. 내가 설립한 유치원에서 매일 새로운 것을 배우고 즐기며 행복해한다.

9. 스무디 개발자 및 운영자가 되었다.

남편과 나는 매일 아침 스무디를 마신다. 날씨에 따라 기분에 따라 스무디의 종류가 정해진다. 물론 스무디의 색깔은 거의 녹색이거나 갈색이다. 참 맛없어 보이는 색이다. 하지만 맛은 다르다. 깜짝 놀랄 만큼 맛있다. 심지어 지금 두 살인 내 딸도 맛있게 마신다. 아침식사를 하지 못하는 사람들 혹은 아침을 정크푸드로 대체해야 하는 사람들을 위해 이 스무디 회사를 만들었다. 한 개의 점포로 시작한 스무디 사업이 벌써 100개의 체인점을 거느리게 되었다. 매일 아침 건강하고 맛있는 스무디를 마시기 위해 사람들은 기꺼이 긴 줄을 선다.

10. 늘 행복한 아이의 엄마이자 행복한 남편의 아내가 되었다.

일요일 아침, 아이와 남편이 함께 만든 팬케이크로 아침을 먹고 오늘도 어김없이 골프장으로 향한다. 가족 모두가 함께 즐기는 일요일의 스포츠다. 평일에는 각자 본인의 일을 하느라 소홀했던 가족과 편안한 휴일을 보낸다. 사랑하는 가족과 함께 하루 종일 대화도 하고 일상을 공유하기도 한다. 가족과 함께 느긋한 점심을 먹으며 담소를 나누는 오늘 이 시간은 내 일상의 가장 소중한 순간이다.

보물지도 18

초판 1쇄 인쇄 2019년 10월 16일
초판 1쇄 발행 2019년 10월 18일

지 은 이	서주현 최인태 이주현 변도연 최경일 김효은 황나래
	이은영 정희정 송은섭 이정림 김상수 안인숙 배선아
펴 낸 이	권동희
펴 낸 곳	위닝북스
기 획	김도사 · 권마담
책임편집	박고운
디 자 인	김하늘
마 케 팅	포민정

출판등록	제312-2012-000040호
주 소	경기도 성남시 분당구 백현로97 다운타운 2층 201호
전 화	070-4024-7286
이 메 일	no1_winningbooks@naver.com
홈페이지	www.wbooks.co.kr

ⓒ위닝북스(저자와 맺은 특약에 따라 검인을 생략합니다)
ISBN 979-11-6415-039-7 (03190)

이 도서의 국립중앙도서관 출판도서목록(CIP)은 서지정보유통지원시스템
홈페이지(http://seoji.nl.go.kr)와 국가자료공동목록시스템(http://www.nl.go.
kr/kolisnet)에서 이용하실 수 있습니다.(CIP제어번호: CIP2019038373)

위닝북스는 독자 여러분의 책에 관한 아이디어와 원고 투고를 설레는
마음으로 기다리고 있습니다. 책으로 엮기를 원하는 아이디어가 있으신 분은
이메일 no1_winningbooks@naver.com으로 간단한 개요와 취지, 연락처
등을 보내주세요. 망설이지 말고 문을 두드리세요. 꿈이 이루어집니다.

※ 책값은 뒤표지에 있습니다.
※ 잘못 만들어진 책은 구입하신 서점에서 교환해 드립니다.